U0619244

编委会

来源：江苏省教育科学"十四五"规划重大课题"以师德
师风建设为核心的新时代教师队伍发展研究"，立项编号为
A/2021/10。

从胜任到卓越

以师德师风建设为核心的
新时代教师队伍发展研究

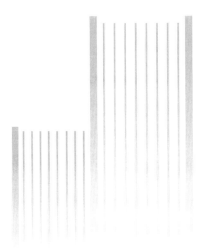

黄海旻

董　刚

钱淑云

编著

上海教育出版社
SHANGHAI EDUCATIONAL
PUBLISHING HOUSE

序
让道德之光照亮教师专业发展之路

  我对南京的江北曾经有过误解：一过长江，到了江北，教育的景象就不一样，尤其是教师的理念与南京主城区有明显差异。说差异不是没有一点道理，但从总体上看，我的认知存在偏差。高兴的是，由偏差带来的误解，随着时间的推移，我已很快地进行自我矫正，让我沉下心来实地考察、认真反思。这几年，江北教育推进教育现代化建设，促进教育高质量发展，的确有了显著进步，取得了重要成果，影响越来越大，我也对江北教育不断有新发现、新认识。这不只是我个人反思的结果，更重要的是江北教育的自我改进、优化和提升。尤其是江北新区，这样的变化和进步更明显、更突出。

  近十年，我常去江北新区。他们的每次邀请，都让我沉浸其中，真切感受到江北新区教育和社会保障局、教育发展中心有理想、有追求、有担当、有作为；校长、园长、教师关注课程教学改革的新要求和新走向，充满改革的愿望，强烈的愿望化为创新的激情和切实的行动。我去过高中、初中、小学，还有幼儿园，每次去都有新的欣喜，受到鼓舞和启发。最近一次去南京市南化实验小学，听了两堂课，一堂语文，一堂音乐；观看了学生弘扬传统文化的展演，都很出彩，让我情不自禁地叫好，心里一阵感动：江北新区的教师真的很优秀。江北新区的教育改革如此深入，变化如此显著，令我感动不已。那天会后，在去北京的高铁上，我一直在思考：江北新区教师的发展、跃升的深层次原因是什么？我心里是不平静的。

这几天，我打开江北新区重大课题研究成果《从胜任到卓越：以师德师风建设为核心的新时代教师队伍发展研究》，一部分、一部分翻过去，我基本找到了答案。当然，这还不是答案的全部，但却是答案的关键所在。如果用一句话来概括，那便是他们用研究的方式方法，激发并推动教师强大的发展内驱力，抑或是用研究"唤醒"了教师的发展自觉。"唤醒"这个词很普通，很平白，其内涵却极有深意。"唤醒"直抵教育的本质和人的内心，其力量是巨大的，唤醒了人的自觉。自觉是人生命中最珍贵的品质，自觉不仅是内在的、隐性的，而且是外化的、显性的。正因如此，《中共中央 国务院关于弘扬教育家精神加强新时代高素质专业化教师队伍建设的意见》里明确指出，弘扬教育家精神要成为广大教师的自觉追求。从这个角度看，这本专著的出版，正是对弘扬教育家精神要求的积极回应，是献给新时代教师队伍建设的一个明证、一份礼物，其意义不可低估。

江北新区加强教师队伍建设是一项工程，构建了一个体系，体现了江北新区系统思维、整体规划、顶层设计的建设思路，确立了教师发展目标：从胜任到卓越。要胜任教师这个职业，要求并不低，胜任是合格基础上的提升，而卓越则是胜任基础上的跃升。每一次提升虽然难度很大，却是必须跨越的一道道栏杆，需要自我突破、超越，这是一个漫长的过程。有人曾经提出这样的命题："优秀是卓越的敌人。"这是美国哈佛大学商学院及其他一些教授对世界500强企业调查研究的结论。这一结论不无道理，但也绝不是无法破解。实践证明，只有正确面对胜任，特别是正视优秀，即不把"胜任""优秀"当作包袱，而是当作发展、进步的阶梯，走向卓越必定可以成功。我所看到的在江北新区上课的教师，所接触的园长、校长、教研员，他们正在用自己的努力，向着卓越，迈开扎实的步伐，开启新时代教师专业发展的新征程。

值得关注的是，江北新区还全面而准确地把握了教师队伍建设的核心领域、关键环节和在先事项，并逐一加强研究，走向深入，获得持续改进和突破。江北新区把握的核心领域是师德师风建设。他们对师德、师风两者的关系加以厘清。他们的结论是：两者密不可分，而师德更是核心，师风更具外在行为性。师德师风形成了教师的整体风貌。他们的判断是基于对教育本质和核心的认识与把握。教育首先是道德事业，教育要充分映射中华传统文化的本色与底色——伦理道德，体现"德为帅也，才为资也"的思想，并践行"以至诚为道，以至仁为德"的要求。在中华优秀传统文化中，"诚"与"仁"都是基本的道德标准，而且从个人的内在自我修养延伸至外部交往，聚焦于教师的核心发展领域。这两个短语以简洁的表达解释了何为"道德"，何为师德师风，而且成为师德师风建设的重点。

江北新区把握的关键环节，是让教师积极参与课程教学改革的深化行动，将立德树人的根本任务落实在教育教学的全过程。师德师风建设是课程教学改革的方向盘，而课程教学改革是师德师风建设的落脚点，也是教师队伍建设的主平台。师德师风建设一定要在课程教学中得到锤炼，也得到考证，而专业水平则是师德师风建设的具体体现和结果。江北新区大力推动课程教学改革，强化学科育人，提高育人智慧。他们抓住了三大力量：汇聚"头雁"力量，凝聚"银龄"力量，激励"新兴"力量。这三大力量让课堂盛开改革之花，结出育人硕果，闪耀道德光芒，教师专业发展展现多彩情境。

江北新区把握了在先事项。所谓在先事项，是要走在前、走得早、走得实、走得好的重要工作。江北新区主要抓紧了三大在先事项。一是培训。几级培训，自成系统又相互关联、结合、统一。培训赋予教师飞翔的翅膀，又是师德师风建设和专业发展的加油站。二是教研和科研。做研究型的教师，自觉反思，把握文化进步的密码，做教育实践家，让教育家精神在每一个教师身上闪耀。三是评价。他们对评价作了系统设计，确立了评价原则。评价，不是为了证明他是谁，而是激发他应该成为谁。这样的理念与做法是正确的、先进的，江北新区的课题研究成果值得赞扬，他们的这本专著值得关注，他们教师队伍建设的经验值得推广。我们为之击掌。

全国教育大会召开了，教育强国建设纲要精神我们已牢记在心。百年大计，以教育为本；教育大计，以教师为本。教师可以创造学校，可以创新教育。迎着伟大的 2035，江北新区将迈开更坚定的步伐，江北新区教师队伍建设必定在教育家精神照耀下展开新的画卷。我们坚信，也乐观期待着。

成尚荣

目　录

PART 1

第一篇

理论探究

第一章
新时代教师队伍发展的现状与分析

　　新中国成立以来，国家对教师队伍的建设经历了制定基础制度、规范培训体系、提升专业素养、全面深化建设四个阶段，取得了显著成就。随着国家对教育的重视和投入的增加，教师队伍的整体素质有了显著提升；教师队伍的结构在逐步优化，包括年龄结构、学历结构、学科结构等方面；国家出台的一系列政策，提高了教师的工资水平，完善了教师的福利待遇，增强了教师职业的吸引力；各级政府和学校为教师提供了丰富的培训和发展机会，这些培训有助于提升教师的教学水平，促进教师的个人成长和职业发展。新时代教师队伍建设取得了显著成就，但仍面临诸多挑战，需要继续加强师德师风建设、不断加大对教育的投入、优化资源配置、完善培训体系、提高待遇水平、推动教育信息化发展，努力推动我国教育事业迈向更加美好的明天。

第一节　新中国教师队伍发展的政策导向

　　新中国成立以来，我国经济、政治、社会、文化发展极为迅速，教育事业也随之蓬勃发展。与此同时，教师队伍建设相关政策也紧随中国社会的变革、教育体制的改革以及国际教育趋势的发展而演变，不断地调整和完善，并在不同的发展时期呈现出不同特点。

一、新中国成立至改革开放前：确立教师地位与基础制度阶段

在新中国成立初期，面对百废待兴的局面，教师队伍建设政策的首要任务是确立教师的社会地位，规范教师队伍的发展，并构建教师发展的基础制度。这一时期的政策重点在教师的资格认证、职称评定以及基本待遇的确定，为教师队伍的稳定发展奠定基础。

当时，我国教师教育政策主要以国家指令性计划为主导，以满足国家和社会需求为目标。教师培养机构为各级各类师范院校，实行就业定向分配制度。

1951年8月，教育部召开第一次全国初等教育和第一次全国师范教育会议，明确了师范教育的工作方针，强调正规师范教育与大量短期培训相结合，为师范教育指明了发展方向——调整、整顿和发展各级师范学校。

1952年7月，教育部颁发《关于高等师范学校的规定（草案）》，进一步对全国师范院校设置、人才培养层次等作出了明确规定。

随着高等学校院系调整的完成，我国逐步建立起独立而完整的师范教育体系，为我国基础教育的发展培养了足量师资，为我国教育的进一步发展奠定了坚实基础。

二、改革开放至20世纪末：规范教师培养与培训体系阶段

为了应对教师数量严重不足的问题，1978年至2000年颁布的教师教育政策旨在全面恢复师范教育。随着改革开放的深入，我国教育领域迎来了全面的改革。教师发展政策开始注重教师的培养与培训体系的建设，推动师范教育的改革与发展，加强教师的在职培训和进修学习，提升教师队伍的整体素质。国家对教师教育的需求不再满足于教师数量，而是转向教师教育质量的提升、教师教育结构的优化。

1978年10月，教育部颁布《关于加强和发展师范教育的意见》，明确提出建立"三级师范教育"的构想。

1984 年，教育部、全国教育工会颁布《中小学教师职业道德要求（试行草案）》。

1985 年，中共中央颁布《关于教育体制改革的决定》，指出"建立一支有足够数量的、合格而稳定的师资队伍，是实行义务教育、提高基础教育水平的根本大计""必须对现有的教师进行认真的培训和考核，把发展师范教育和培训在职教师作为发展教育事业的战略措施"。

1991 年，国家教育委员会和全国教育工会联合颁布《中小学教师职业道德规范》。

1997 年，国家教育委员会和全国教育工会修订并再次颁布《中小学教师职业道德规范》。

1997 年，国家教育委员会印发《关于在中小学教师继续教育中加强教师职业道德教育的意见》。

1999 年 6 月，《中共中央、国务院关于深化教育改革全面推进素质教育的决定》颁布，提出要建设全面推进素质教育的高质量教师队伍。

三、进入 21 世纪至党的十八大前：提升教师专业素养与职业道德水平阶段

进入 21 世纪，随着素质教育的全面推进和新课程改革的实施，教师发展政策更加注重教师专业素养和能力的提升。政策强调教师的教育教学能力、创新能力和实践能力的培养，推动教师向专业化、职业化发展。同时，加强师德师风建设，提高教师的职业道德水平和社会责任感。

2002 年，《教育部关于"十五"期间教师教育改革与发展的意见》颁布。

2004 年，国务院批转教育部提出的《2003—2007 年教育振兴行动计划》，进一步强调"全面推动教师教育创新，构建开放灵活的教师教育体系"。

2005 年，教育部颁布《关于进一步加强和改进师德建设的意见》，进一步指出"要从确保党的事业后继有人和社会主义事业兴旺发达的高度，从全面建成小康社会和实现中华民族伟大复兴的高度，从落实科学发展观，落实科教兴

国、人才强国战略的高度，充分认识新时期加强和改进师德建设的重要意义"。

2008 年，教育部和中国教科文卫体工会全国委员会联合修订颁布《中小学教师职业道德规范》，提出"爱国守法、爱岗敬业、关爱学生、教书育人、为人师表、终身学习"六个方面的规范要求。

2010 年教育部、财政部为提高中小学在职教师整体素质，颁布有关教师培训的政策文件，决定实施"中小学教师国家级培训计划"（以下简称"国培计划"）。

2011 年，教育部和中国教科文卫体工会全国委员会首次颁布《高等学校教师职业道德规范》，提出"爱国守法、敬业爱生、教书育人、严谨治学、服务社会、为人师表"六个方面的规范要求。

四、党的十八大以来：以师德师风建设为核心，全面深化教师队伍建设阶段

十八大以来，我国颁布了一系列教师队伍建设和教师教育的政策法规，着力培养高素质专业化创新型教师，全面深化教师队伍建设。这一系列政策法规进一步凸显政治思想与师德师风建设的重要地位，明确提出"大力加强师德师风建设，将师德师风作为评价教师素质的第一标准，推动师德建设长效化、制度化"。

2012 年 8 月，国务院颁布《关于加强教师队伍建设的意见》，提出到 2020 年，形成一支师德高尚、业务精湛、结构合理、充满活力的高素质专业化教师队伍。

2013 年，教育部印发《关于建立健全中小学师德建设长效机制的意见》。

2014 年，教育部印发《中小学教师违反职业道德行为处理办法》。

2014 年，《教育部关于实施卓越教师培养计划的意见》指出，"大力提高教师培养质量成为我国教师教育改革发展最核心最紧迫的任务"。

2017 年 1 月，国务院印发《国家教育事业发展"十三五"规划》，提出从加强师德师风建设、提升教师能力素质等五方面对教师教育进行改革与发展。

2017 年 10 月，党的十九大报告中着重强调了新时代要"加强师德师风建设，培养高素质教师队伍，倡导全社会尊师重教。"

2018 年 1 月 20 日，中共中央和国务院印发《全面深化新时代教师队伍建设改革的意见》，这是党的十八大以来我国首次专门针对教师队伍建设与改革方面提出的政策方针，其立足国家发展现状及人民对教育事业和教师素质的期待与要求，提出要完善和发展教师教育，不断提升教师专业素质能力。

2018 年 2 月 11 日，教育部等国家五部委共同发布《教师教育振兴行动计划（2018—2022 年）》。这一政策针对我国当前教师综合素质参差不齐、教师的培养培训质量不够规范，以及师德师风、教学水平存在不足等一系列问题提出了明确的行动要求，对教师教育工作科学开展有着重要的指导意义和指向作用。

2018 年 9 月 10 日，全国教育大会在北京召开。习近平总书记强调，长期以来，广大教师贯彻党的教育方针，教书育人，呕心沥血，默默奉献，为国家发展和民族振兴作出了重大贡献。教师是人类灵魂的工程师，是人类文明的传承者，承载着传播知识、传播思想、传播真理，塑造灵魂、塑造生命、塑造新人的时代重任。全党全社会要弘扬尊师重教的社会风尚，努力提高教师政治地位、社会地位、职业地位，让广大教师享有应有的社会声望，在教书育人岗位上为党和人民事业作出新的更大的贡献。此外，习近平总书记将"坚持把教师队伍建设作为基础工作"列入教育改革发展的"九个坚持"之一，再次强调了教师对教育事业发展的极端重要性。

2018 年 9 月，《教育部关于实施卓越教师培养计划 2.0 的意见》明确要求将"四有"（有理想信念、有道德情操、有扎实学识、有仁爱之心）好老师标准等要求细化落实到教师培养全过程，着力培养"学高为师、身正为范"的卓越教师。

2018 年 11 月，为深化师德师风建设，造就政治素质过硬、业务能力精湛、育人水平高超的高素质教师队伍，教育部正式印发实施《新时代高校教师职业行为十项准则》《新时代中小学教师职业行为十项准则》《新时代幼儿园教师职业行为十项准则》。

2019 年 2 月，中共中央、国务院印发《中国教育现代化 2035》，明确强调要建设具有高素质高水平的教师队伍，并指出要培养具有创新意识和创新能力的新教师；明确要求"大力加强师德师风建设，将师德师风作为评价教师素质的第一标准，推动师德建设长效化、制度化"。

2019 年 3 月，在学校思想政治理论课教师座谈会上，习近平总书记提出"政治要强、情怀要深、思维要新、视野要广、自律要严、人格要正"的"六要"新要求。

2019 年 11 月，教育部等七部门印发了《关于加强和改进新时代师德师风建设的意见》，明确指出，要以习近平新时代中国特色社会主义思想为指导，深入学习贯彻习近平总书记关于教育的重要论述和全国教育大会精神，把立德树人的成效作为检验学校一切工作的根本标准，把师德师风作为评价教师队伍素质的第一标准，将社会主义核心价值观贯穿师德师风建设全过程，严格制度规定，强化日常教育督导，加大教师权益保护力度，倡导全社会尊师重教，激励广大教师努力成为"四有"好老师，着力培养德智体美劳全面发展的社会主义建设者和接班人。

2022 年 4 月，教育部等八部门印发《新时代基础教育强师计划》，要求全面深化新时代教师队伍建设改革，加强高水平教师教育体系建设，培养造就高素质专业化创新型中小学教师队伍，着力构建优质均衡的基本公共教育服务体系，推动教育高质量发展。提出了新时代全面建设高素质专业化创新型教师队伍的实施路径，以立德树人为指导，以师资强化为重任，以管理保障促发展。

2022 年 10 月，在党的二十大报告中，习近平总书记再次强调要"坚持为党育人、为国育才"基本原则，"聚天下英才而用之"，为"加快建设教育强国、科技强国、人才强国"提供战略性支撑。

2023 年 7 月，教育部发布了《关于实施国家优秀中小学教师培养计划的意见》，其总体目标是从 2023 年起，国家支持以"双一流"建设高校为代表的高水平高校选拔专业成绩优秀且乐教适教的学生作为"国优计划"研究生，通过"国优计划"研究生培养吸引优秀人才从教，为中小学输送一批教育情怀深厚、专业素养卓越、教学基本功扎实的优秀教师。

2023 年 9 月，在第三十九个教师节到来之际，习近平总书记致信全国优秀教师代表，深刻阐述了教育家精神的科学内涵。教育家精神是教育家和优秀教师在教书育人的实践中积累的宝贵精神财富，生动展现了人民教师的精神风貌，为新时代教师队伍建设提供了原则遵循，注入了精神动力，指明了奋斗方向。

2024 年 3 月，教育部在浙江省杭州市召开了 2024 年教师队伍建设工作部署会。会议指出，推进教育强国建设，教师队伍是最重要的基础工作。教师队伍建设面临新形势，应担负起新使命。要深刻学习领会习近平总书记关于教育的重要论述和关于教师队伍建设的系列重要指示批示精神，转化为抓教师队伍工作的高位认识、政策举措、务实行动，在统筹谋划、机制建设、协调统合、宣传推广、督查评估上下功夫，深入推进高素质专业化创新型教师队伍建设。

在新时代背景下，教师发展政策更加注重教师的全面发展。教师队伍建设高度强调坚定文化自信，加强师德师风建设，弘扬教育家精神。政策鼓励教师跨学科、跨领域的知识学习和能力提升，推动教师成为终身学习者和研究型教师。同时，加强国际交流与合作，引进国外先进的教育理念和教学方法，提升教师的国际化水平。

此外，随着信息技术的快速发展，教师发展政策也更加注重教师的信息技术应用能力培训。政策推动教师掌握现代教育技术，提高数字化教学能力，以适应数字化教学的需求。

第二节　新时代教师队伍发展取得的重要成就

新中国成立以来，教师队伍的发展取得了显著成就，这些成就体现在多个方面，以下是对这些成就的具体归纳。

一、教师地位显著提升

新中国成立以来，教师地位的提高得益于国家在政策、法律、计划、项目、职称评定以及表彰奖励等多方面的支持和保障。同时，社会各界的宣传和教育也为提升教师地位发挥了积极作用。特别是党的十八大以来，以习近平同志为核心的党中央高度重视教师工作，将教师工作提升到了前所未有的战略高度。

主要政策与事件：

1985 年，中国正式设立教师节，大大激发了教师献身教育事业的积极性，提升了教师的职业声望和社会地位。

1993 年的《中华人民共和国教师法》明确规定教师的平均工资水平应当不低于或者高于国家公务员的平均工资水平，这从法律层面保障了教师的经济地位。国家通过实施艰苦边远地区津贴等政策，以及集中连片特困地区乡村教师生活补助政策，努力改善乡村教师的工作和生活条件，提高乡村教师的待遇和地位，加强乡村教师待遇保障。国家完善民办学校教师社会保障机制，确保民办学校依法与教师签订合同，按时足额支付工资，保障教师的福利待遇和其他合法权益。

国家推出了一系列旨在提升教师队伍素质的计划和项目，如"国优计划""师范生公费教育""师范教育协同提质计划"等，这些措施不仅提高了教师队伍的整体素质，也间接提升了教师的职业吸引力和社会地位。

国家推进了教师职称评定政策的改革，如按教龄直升高级职称的政策，这大大简化了职称评定的程序，提高了教师的职业满意度。

国家定期举办各种表彰和奖励活动，如"全国教育系统先进集体和先进个人表彰奖励"等。这些活动不仅表彰了优秀教师和教育工作者，也进一步弘扬了尊师重教的良好风尚。

二、教师队伍的壮大与素质提升

（一）数量增长

全国专任教师数量实现了翻番，从 1985 年的大约 931.9 万增长到 2023 年的 1891.8 万，为教育事业的发展提供了坚实的人才保障。

（二）学历提升

教师的学历层次稳步提升，小学、初中阶段本科及以上学历教师的占比显著增加，教师队伍的整体素质得到了显著提升。2023 年，小学阶段本科及以上学历的教师占比达到了 78%，初中阶段本科及以上学历的教师占比达到了 93%，分别比 2012 年增加了 45 个百分点和 22 个百分点。

（三）职称结构优化

教师队伍的职称结构更加优化，高级职称教师占比显著增加，特别是中小学正高级教师岗位的设置，强化了教师工作的专业性。截至 2024 年 8 月，累计评聘中小学正高级教师 28125 名。中等职业教育"双师型"教师占比也显著提升，2023 年达到了 56.7%，为培养技术技能人才提供了有力支持。

（四）教师队伍素质的提高

教师队伍坚持正确的政治方向，为人民办好教育事业。教师坚持四项基本原则，树立看齐意识，研读马克思主义哲学，坚持辩证唯物主义思想和方法。教师忠诚党的教育事业，坚持党的教育方针，寓德于教。教师为人师表，诲人不倦，勇于创新，严己宽人。近年来，国家还加强了师德师风建设，出台了一系列师德规范文件，如《中小学教师职业道德规范》和《新时代中小学教师职业行为十项准则》等，逐步构建了师德师风建设的长效机制。

教师不仅在自己的学科专业上做到精深，还广泛涉猎其他领域的知识，拓展知识结构的宽度。同时，教师不断吸取新理念、新方法，提升教育教学能力。近年来，各级教育工作部门和广大教师还在积极探索人工智能赋能教师专业发展，致力于师生数字素养提升。

三、教师教育体系健全

（一）培养体系完善

建立了由 226 所师范院校和近 600 所非师范院校共同参与的中国特色教师培养体系，实现了办学层次从"中专、大专、本科"老三级向"大专、本科、研究生"新三级的跃升。

（二）培训制度建立

国家启动"国培计划"，建立起以五年为一个周期的教师全员培训制度，国家、省、市、县、校五级研培体系不断完善。同时，启动了"国优计划"，支持高水平高校吸引、选拔、培养研究生层次的优秀人才从教。

（三）教师教育政策的支持

国家出台了一系列政策文件支持教师教育体系的发展。例如，《中华人民共和国教师法》《中华人民共和国教育法》等法律法规为教师教育提供了最基本的法律依据和保障。同时，各级政府和教育部门还制定了具体的政策措施支持教师培训和优秀人才培养。

（四）教育技术的融合

随着信息技术的发展和应用，教师教育体系也开始注重教育技术的融合与创新。例如，利用互联网和大数据技术开展在线教育和远程培训等工作；探索人工智能赋能教师专业发展的新路径；等等。

四、教师管理改革深入

（一）完善教师准入制度

通过改革教师资格认定，严把教师队伍入口关。出台教师资格条例、教师资格定期注册暂行办法等，推进教师资格考试与定期注册制度改革试点，确保教师准入更加规范。

（二）深化教师考评和职称制度改革

统一中小学教师职称制度，设置正高级教师职称，打破教师晋升"天花板"。同时，深化高校教师职称制度改革，将高校教师职称评审权下放至学校。完善教师评价标准，突出教育教学能力和业绩，实行分类评价，持续推进破"五唯"。

（三）推动教师流动机制

实施"县管校聘"管理改革，提高教师资源的配置效率，均衡不同学校之间的师资力量。通过教师轮岗制度，促进优秀教师在不同地区、不同学校之间的流动，缓解教育资源分配不均匀的问题。

（四）强化教师聘期管理

部分地区开始实行中小学教师聘用制度和岗位管理制度，打破传统的"一聘定终身"模式，构建人员能上能下、能进能出的灵活用人机制。设置明确的聘期考核标准，确保教师在聘期内能够保持高水平的教学质量和职业操守。

（五）提升教师待遇与保障

通过健全中小学教师工资长效联动机制，确保中小学教师平均工资收入水平不低于或高于当地公务员平均工资收入水平。同时，完善教师社会保障机制，确保民办学校教师依法签订合同、按时足额支付工资，保障其福利待遇和其他合法权益。

（六）加强师德师风建设

出台师德规范文件，逐步构建师德师风建设的长效机制。加强对教师的职业道德教育和监督，确保教师能够以身作则，为学生树立良好的榜样。

五、教师贡献突出

教师在国家发展中的突出贡献是多方面的，他们不仅是知识的传播者，更是国家未来发展的重要力量。

（一）教育人才培养与提升国民素质

教师在基础教育领域辛勤耕耘，确保每个孩子都能接受基本的教育，为提升国民整体素质奠定了坚实的基础。他们的努力使我国基础教育普及率不断提高，国民受教育水平显著提升。

（二）教育改革与创新

教师积极参与教育改革，提出并实施了一系列创新的教育理念和教学模式。他们通过不断探索和实践，推动了教育体系的不断完善和优化。他们的创新实践不仅丰富了学生的学习体验，也为其他教师提供了宝贵的经验借鉴。

（三）科研贡献与知识创新

许多教师在科研领域取得了丰硕的成果，为国家的科技进步和社会发展作出了重要贡献。他们的研究成果不仅推动了学科的发展，还促进了相关领域的产业升级和技术创新。教师在传授知识的同时，也注重培养学生的科研能力和创新精神。他们通过科研项目的指导和实践经验的分享，激发了学生对科学研究的兴趣和热情，为国家培养了大量的科研后备人才。

（四）社会服务与公益事业

许多教师在完成教学任务的同时，还积极参与社会服务工作。他们利用自己的专业知识和技能为社区、企业等提供咨询和服务，推动了社会的和谐与进步。部分教师还致力于公益事业的发展，通过募捐、支教等方式为贫困地区和弱势群体提供帮助和支持。他们的善举不仅改善了当地的教育条件和生活环境，也传递了爱心和社会正能量。

（五）思政引领与价值观塑造

教师通过思政课等渠道加强对学生的思想政治教育，引导他们树立正确的世界观、人生观和价值观。他们的努力为培养德智体美劳全面发展的社会主义建设者和接班人提供了有力保障。教师在日常教学中注重培养学生的道德品质和社会责任感。他们以身作则、言传身教，为学生树立了良好的榜样形象。通过他们的努力，学生不仅掌握了专业知识，还具备了高尚的道德情操和强烈的社会责任感。

新中国成立以来教师队伍的发展取得了历史性成就，这些成就不仅体现在教师数量的增长和学历层次的提升上，更体现在教师地位的提高、待遇的改善、管理改革的深入以及教育体系的健全等多个方面，这些成就为我国教育事业的持续健康发展提供了有力保障。

第三节　新时代教师队伍发展现状的分析与思考

根据当前教育发展的趋势和国家对教师队伍建设的高度重视，新时代教师队伍发展现状的趋势如下。

一、进一步弘扬教育家精神，担负起民族复兴大任

凸显师德师风建设在教师队伍发展中的核心地位，进一步强化师德教育，通过加强师德教育、完善师德考核和奖惩机制等措施，引导教师树立正确的职

业观、价值观和道德观。深入挖掘和弘扬教育家精神，通过举办教师节庆祝活动、表彰优秀教师等方式，营造尊师重教的良好氛围，增强教师的职业荣誉感和使命感。

要将学习贯彻习近平总书记关于教师队伍发展的重要指示精神转化为建设高素质教师队伍的具体实践，持之以恒抓好教师思想政治和师德师风建设。广大教师要以教育家为榜样，大力弘扬教育家精神，牢记为党育人、为国育才的初心使命，树立"躬耕教坛、强国有我"的志向和抱负，自信自强、踔厉奋发，为强国建设、民族复兴伟业作出新的更大贡献。

二、进一步加强高素质专业化教师队伍建设，向着教育强国迈进

教师队伍建设将继续朝着高素质、专业化的方向发展，未来可能会出台更多具体、细化的政策措施，以提升教师队伍的整体素质和专业水平。这些措施可能包括加强教师教育培训、完善教师准入和退出机制、优化教师资源配置、提高教师待遇和地位等方面。

同时，随着教育信息化和人工智能的发展，教师队伍建设也将与现代教育技术深度融合。未来可能会加大投入，推动人工智能、大数据等现代技术在教师教育教学中的应用，提高教师的教学水平和教育创新能力。

此外，乡村教师队伍的建设也是未来教师队伍建设的重要方向之一。为了缩小城乡教育差距，提高乡村教育质量，国家可能会继续加大对乡村教师队伍的支持力度，包括改善乡村教师的工作和生活条件、提高乡村教师的待遇和地位、加强乡村教师的培训和培养等方面。

强教必先强师，要把加强教师队伍建设作为建设教育强国最重要的基础工作来抓，健全中国特色教师教育体系，大力培养造就一支师德高尚、业务精湛、结构合理、充满活力的高素质专业化教师队伍。

三、进一步提高教师待遇，营造尊师重教的社会氛围

不断深化教师管理综合改革，优化管理和资源配置，加大待遇保障力度，

完善荣誉表彰体系，弘扬尊师重教社会风尚。不断提高教师政治地位、社会地位、职业地位，使教师成为最受尊重的职业之一，支持和吸引优秀人才热心从教、精心从教、长期从教、终身从教。

当然，随着社会对教育需求的不断增加和变化，教师队伍建设也需要不断创新和完善。未来可能会根据社会发展的需要和教师队伍的实际情况，及时调整和完善相关政策措施，以适应教育发展的新要求和新挑战。以下是教师队伍建设可能遇到的问题：

第一，人口结构变化导致的教师过剩。近年来，我国新生儿数量持续下降，导致未来学生人数减少，进而影响社会对教师的需求。例如，北京师范大学研究团队预测，到 2035 年，全国将有约 150 万名小学教师、37 万名初中教师过剩。随着学生数量的减少，一些学校，尤其是幼儿园和乡村小规模学校，将面临关停或整合的风险。这直接导致教师岗位减少，加剧了教师过剩问题。

第二，教师退出机制与职业稳定性挑战。多地开始探索教师退出机制，如北京丰台区等地试点推行"末位淘汰制"，对教师的教学水平进行评估，处理不能胜任的教师。这种机制打破了教师是"铁饭碗"的观念，增加了教师的失业风险。随着教师编制改革的推进，越来越多的地区开始转向合同制管理，这使得教师需要更多地凭借个人能力和表现来赢得职业机会。

第三，教师工作内容与时间的不稳定性。教师除了教学之外，还需要承担大量的非教学任务，如备课、批改作业、给家长反馈等，这些任务占用了教师大量时间和精力。教师的工作时间远超一般认知中的"朝九晚五"。放学后、非工作时间，教师还需要处理家长的咨询、加班批阅试卷等，这导致教师的工作时间大大延长，工作与生活平衡受到影响。

第四，教师晋升平台与发展空间有限。教师的晋升和评优往往受到各种因素的影响，并不完全取决于教师的教学水平和专业素养。高级职称指标有限，内部竞争激烈，导致很多教师难以获得晋升机会。尤其是在乡村地区，由于资源有限，教师的专业发展机会较少。缺乏培训和交流平台，使得教师的专业素养难以得到提升。

　　第五，工资待遇与职业认同感问题。在一些地区，尤其是乡村地区，教师的工资待遇偏低，难以满足生活需求，这导致教师的工作积极性下降。由于工作压力大、待遇偏低等原因，一些教师对自己的职业认同感不足。这进一步影响了教师队伍的稳定性和教学质量的提升。

　　解决这些问题，需要政府、学校、社会以及教师个人共同努力，从政策、制度、资源、培训等多个方面入手，为教师提供更好的发展机会和环境。

第二章
以师德师风建设为核心的新时代教师队伍发展的理性思考

　　教师是教育高质量发展的第一资源，是建设教育强国、科技强国、人才强国和文化强国的关键支撑，是全面建设社会主义现代化国家的重要保障。党的二十大报告提出："加强师德师风建设，培养高素质教师队伍，弘扬尊师重教社会风尚。"将教师队伍发展作为教育高质量发展的重中之重。中共中央、国务院2019年2月印发的《中国教育现代化2035》指出："大力加强师德师风建设，将师德师风作为评价教师素质的第一标准，推动师德建设长效化、制度化。"将师德师风建设置于教师队伍发展的首要位置，师德师风建设在教师队伍发展中的核心地位得到进一步凸显。

第一节　教师队伍发展在新时代的重要意义

一、教师队伍发展是贯彻党的教育方针的重要保障

　　教育大计，教师为本；教师素养，师德为先。教师是道德建设的实践者和推动者，是推进素质教育的主力军，是教育教学改革的实施者，是青少年成长

的引路人和人生导师。教师与社会、教育与国家紧密关联，能否建设一支优秀的教师队伍直接关系到党的教育事业的兴衰成败，关系到广大青少年能否健康成长，关系到国家的前途命运和民族的未来。党的十九大报告中着重强调了新时代要"加强师德师风建设，培养高素质教师队伍，倡导全社会尊师重教。"习近平总书记在2018年全国教育大会上强调，建设社会主义现代化强国，对教师队伍建设提出新的更高要求。全面落实立德树人根本任务，培养德智体美劳全面发展的社会主义建设者和接班人，首先要加强师德师风建设，提高教师队伍素质，这是贯彻党的教育方针的重要保障。

二、教师队伍发展是推动教育现代化的必然需求

当今世界正处在大发展、大变革、大调整之中，新一轮科技和工业革命正在孕育。新的增长动能不断积聚。中国特色社会主义进入了新时代，开启了全面建设社会主义现代化国家的新征程。时代越是向前，知识和人才的重要性就愈发突出，教育和教师的地位和作用就愈发凸显。习近平总书记曾指出："当今世界的综合国力竞争，说到底是人才竞争，人才越来越成为推动经济社会发展的战略性资源，教育的基础性、先导性、全局性地位和作用更加突显。"培养人才的关键是依靠教育，而在整个教育体系中，教师是兴教强国的根本，教师队伍建设更是直接关系着基础教育改革和人才强国战略的实施。在新的时代背景下，在推进教育现代化的进程中，教师是教育发展的第一资源和根本保障，为推进教育现代化释放强劲动力，抓好教师队伍发展这一基础工作是推动教育现代化的必然需求。

三、教师队伍发展是实现民族复兴梦的时代召唤

习近平总书记在与北京师范大学师生座谈会上的发言中强调，今天的学生就是未来实现中华民族伟大复兴中国梦的主力军，广大教师就是打造这支中华民族"梦之队"的筑梦人。教师承担着传播知识、传播思想、传播真理的历史使命，肩负着塑造灵魂、塑造生命、塑造人的时代重任，是教育发展

的第一资源，是国家富强、民族振兴、人民幸福的重要基石。"教育强则国家强"，实现中华民族伟大复兴的中国梦需要我们大力培养造就一支适合新时代发展要求的高素质、专业化、创新型教师队伍。以师德师风建设为核心的新时代教师队伍发展回应了时代的召唤，为实现中华民族伟大复兴的中国梦奠定坚实基础。

第二节　新时代师德师风的内涵与核心地位

一、师德师风的内涵

（一）中国古代师德师风溯源

中华民族自古尊师重教，并将这一传统视为社会文明进步之基。古之学者必有师。上古时代，很早就出现了教师这一职业。《列女传》载"契之性聪明而仁，能育其教，卒致其名"，其中"聪明"是指天赋和见识，"仁"是指爱心和品格，而契兼而有之，因此后世永远铭记他。"聪明而仁"是我国比较早的教师职业道德标准。作为中国历史上最伟大的老师，孔子提出了大量有关师德师风的原则。在他的学生眼中，"仁且智"是孔子身上的鲜明特点，也是孔子被后人看作圣人的重要原因。

（二）中国近代师德师风传承

1931年12月3日，梅贻琦先生援引古代大贤孟子"所谓故国者，非谓有乔木之谓也，有世臣之谓也"的观点，提出"所谓大学者，非谓有大楼之谓也，有大师之谓也"的著名论断，旗帜鲜明地指出大学的实力不在于教学设施（硬件条件），而在于拥有一批学识和道德都堪为模范的大师（软件条件）。陶行知先生开创了中国近代教育的典范，他关于师德师风的诸多观点至今仍被广泛学习和应用。他强调教师的职责是"千教万教教人求真，千学万学学做真人"，并指出"要想学生好学，必须先生好学"，唯有学而不厌的先生才能教出学而不厌的学生。他强调，要尊重学生的个体差异，并告诫教师"你的教鞭下有瓦特，你的冷眼里有牛顿，你的讥笑中有爱迪生"。

（三）中国当代师德师风发展

新中国成立以来，尤其是改革开放后，党和国家领导人高度重视师德师风，提出了一系列关于师德师风建设的重要论述。党的十八大以来，习近平总书记对师德师风建设提出了一系列重要指示。2014 年 9 月 9 日，在同北京师范大学师生代表座谈时，习近平总书记指出"国家繁荣、民族振兴、教育发展，需要我们大力培养造就一支师德高尚、业务精湛、结构合理、充满活力的高素质专业化教师队伍，需要涌现一大批好老师"，并提出一个好老师必须具备"理想信念、道德情操、扎实学识和仁爱之心"四个基本条件。

（四）师德师风的国际比较与启示

国外教师职业行为规范基本包含师德理想、师德原则、师德规则三个层面，主要围绕教师与学生、教师与家长、教师与同事、教师与雇主等方面的关系进行界定；各国师德行为规范条文相对具体，可操作性强；在师德规范培养上，普遍注重实践中的养成教育。但不同国家的教师行为规范在制定主体、功能定位上存在明显差异。以此为参照，我国的教师职业行为规范教育必须继续坚持社会本位；应适当加强师德规则教育，强化教师的行为底线意识；在师德教育方法上，应进一步注重多样化和实践性，把师德教育贯穿于教师职业生涯发展的始终。

（五）新时代师德师风的内涵

关于师德师风的内涵，主要存在三种观点。一是师德、师风是并列的两个概念，是师道的重要内涵。[①]师德是对教师操行修养的基本要求，是教书育人的动力源泉。师风是教师职业道德行为所表现出的特有精神状态。二是师德师风是个完整概念，是师德和师风的组合。[②]师德师风就是教师从事教育工作时必须呈现的品质和遵从的规范及其稳定的做事风格。三是师风是师德的一部分。[③]师德可以从爱岗敬业（师业）、关爱学生（师爱）、严谨治学（师能）、为人师表

① 毕诚.中国古代师道、师德和师风［J］.中国德育，2010，5（04）：18—21.
② 黎平辉，郭文.社会转型期我国师德师风内涵的再界定［J］.现代教育科学，2011（03）：29—32.
③ 林崇德.基于中华民族文化的师德观［J］.西南大学学报（社会科学版），2014，40（01）：43—51+174.

（师风）四个方面来归纳和解读，将师风视为师德的四个方面之一。综合以上观点，我们认为，师德是指教师自身的职业道德，是教师在从事教育劳动中所遵循的行为准则和必备的道德品质，师风是教师职业道德行为所表现出的稳定的做事风格。关于师德与师风之间的关系，将师德师风作为一个完整概念来理解，较为符合新时代师德观念的发展趋势。

近年来，我国师德观念发展呈现出三大趋势：一是从崇高师德转向底线师德；二是从拓展性师德转向专业化师德；三是从抽象化师德转向实践性师德。[①] 在第三个趋势中，抽象化师德凸显了道德认知的重要性，实践性师德凸显了道德行为的重要性。新时代师德的实践性转向，并不意味着在强调道德行为的同时弱化道德认知，而是要实现两者的有机结合，通过两者的共同作用强化道德信念。新世纪以来，师德师风越来越多地作为一个整体概念出现在国家有关的重要论断、工作报告、政策文件中，这些文件并未将两者进行分开论述。将师德师风视为一个完整概念，更有利于促进教师在师德方面做到知行合一，从底线师德逐步走向崇高师德，在社会公德的基础上发展专业道德。作为整体概念的师德师风，就是指教师在从事教育劳动中所遵循的行为准则和必备的道德品质，以及其表现出的稳定的做事风格。

二、师德师风建设在新时代教师队伍发展中的核心地位

进入 21 世纪，随着素质教育的全面推进和新课程改革的实施，教师发展政策更加注重教师专业素养的提升。国家教育政策在强调教师教育教学能力、创新能力和实践能力的培养，推动教师向专业化、职业化发展的同时，特别强调加强师德师风建设，提高教师的职业道德水平和社会责任感，揭示了师德师风建设在教师队伍发展中的核心地位。

（一）教师队伍发展必须以德为先

教育高质量发展离不开高素质的教师队伍。人无德不立，师无德不育，发

---

① 王凯 . 近年来我国师德观念发展的三大趋向［J］. 中国教育学刊，2013（01）：49—52.

展高素质的教师队伍必须以师德师风建设为核心。中共中央、国务院 2019 年 2 月印发的《中国教育现代化 2035》指出："大力加强师德师风建设，将师德师风作为评价教师素质的第一标准，推动师德建设长效化、制度化。"明确提出师德师风是评价教师素质的第一标准。2020 年教育部办公厅印发了《中小学教师培训课程指导标准》，分为师德修养、班级管理、专业发展三大板块，将师德修养列为三大内容板块的首位。在 2018 年中共中央、国务院发布的《关于全面深化新时代教师队伍建设改革的意见》和 2022 年教育部等八部门印发的《新时代基础教育强师计划》中，均将思想政治和师德师风列在主要内容的首位。这些政策文件充分凸显了师德师风建设在教师队伍发展中的核心地位。

（二）师德师风是教师队伍发展的内在动力

师德师风建设不仅仅是教师队伍发展的核心内容，更是引领教师队伍发展的核心影响力。良好的师德师风对教师的教育实践和专业发展有积极的促进作用，反之则会造成极为不利的影响。《新时代基础教育强师计划》在论述加强和改进师德师风建设时，不仅强调要将各类师德规范纳入新教师岗前培训和在职教师全员培训必修内容，还明确提出要将师德师风建设贯穿教师管理全过程，高度关注师德师风对新时代教师队伍发展和教育教学实践的重要影响。这也为我们发展教师队伍带来一个重要的启示：充分发挥师德师风对教师队伍发展的核心影响力，紧紧围绕师德师风建设来发展新时代教师队伍。

（三）师德师风建设在教师队伍发展体系中居于核心位置

进入新时代以来，习近平总书记高度重视师德师风建设，先后提出"三个牢固树立"、"四有"好老师、"四个相统一"、"大先生"等重要论断，并通过"大力弘扬教育家精神"对这些重要论断进行了进一步凝练概括。以这些重要论断为依据，将师德师风建设作为核心，明确教师队伍发展的重要目标，通过以价值引领促共识凝聚、以制度创新促协同推进、以终身学习促持续发展、以崇高风尚促社会认同等主要路径，可以建构高素质、专业化、创新型教师队伍的发展模型。（见图 2-1）

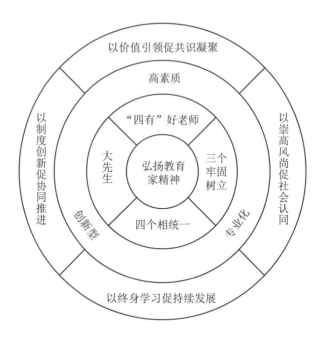

图 2-1　以师德师风建设为核心的教师队伍发展模型

第三节　以师德师风建设为核心的新时代
教师队伍发展目标

　　基于上述的发展模型，可以进一步明确教师队伍发展的目标。师德师风建设的目标是实现师德规范的内化于心和外显于行，内外两个方面互相影响、相互促进，逐步走向知行合一。相应地，以师德师风建设为核心的教师队伍发展也可以从做人和做事两个方面来划分发展维度。教师做人，一是要做好自己，二是要做好教师，可以划分为个人修养和教育情怀两个维度。教师做事，要求教师认真完成本职工作和不断提高专业能力，可以划分为教育实践和专业成长两个维度。根据新时代的要求，明确这四个维度的核心师德规范和相应的教师队伍发展目标，可以初步建构以师德师风建设为核心的新时代教师队伍发展目标框架。（见表 2-1）

表 2-1 以师德师风建设为核心的新时代教师队伍发展目标

发展维度	师德规范	发展目标
教育情怀	至诚报国	爱党爱国、遵纪守法、忠于教育
	胸怀天下	关注社会、弘扬正气、团结共进
	仁爱之心	甘于奉献、诲人不倦、潜心育人
教育实践	教书育人	育人为本、德育为先、全面发展
	科学严谨	遵循规律、严格要求、因材施教
	关爱学生	严慈相济、保护安全、守护身心
专业成长	与时俱进	更新理念、优化结构、扎实学识
	精益求精	深度学习、深入实践、深刻反思
	求是创新	勤于观察、善于审辨、勇于创新
个人修养	品格高尚	自尊自强、自爱自律、乐观向上
	团结友善	尊重他人、关心集体、与人为善
	身正为范	处事公正、以诚待人、言行雅正

　　上述发展目标框架可以进一步细化为具体的行为表现，形成发展目标体系。不同地区和学校在认真贯彻落实国家发布的《中小学教师职业道德规范》《新时代中小学教师职业行为十项准则》《小学教师专业标准（试行）》《中学教师专业标准（试行）》《中小学教师培训课程指导标准》《关于全面深化新时代教师队伍建设改革的意见》以及《新时代基础教育强师计划》等政策文件精神与要求的基础上，结合本地区和学校的实际情况制定细则，注重从底线师德的角度提出具体要求，形成具有本土特色的教师队伍发展目标体系，并随着教师队伍发展的情况逐步进行调整，使其更具有可操作性与有效性。

一、教育情怀

　　以"心有大我、至诚报国的理想信念"立根。《礼记·学记》有云："古之王者，建国君民，教学为先。"体现了社会本位论的教育目的观，彰显了教育的政治功能，也反映了教育家应有的国本意识和家国情怀。广大教师从事的是中国特色社会主义教育事业，培养的是社会主义建设者和接班人，必须坚持贯彻党的教育方针，全面落实立德树人根本任务，坚持为党育人、为国育才，这既体现了教师心怀"国之大者"的价值志向与忠诚信仰，更彰显了中华民族自古"先天下之忧而忧，后天下之乐而乐"的风骨气度，既是立德之源，更是立功之本。

以"胸怀天下、以文化人的弘道追求"立志。《孟子·尽心上》有云："夫君子所过者化，所存者神，上下与天地同流。"讲的就是兼善天下、弘道养正的精神力量。教师自古身负建国君民、教化人伦的社会责任，是真理的发现者、生产者和传播者，作为"弘道"的主体，具有崇高的济世理想和精神境界。在中国式现代化新征程上，教育家更应具有大格局、大情怀、大志向，坚守正道、坚定卫道、坚持弘道，树立全球视野、跨文化理解和可持续发展思维，培育学生正确的世界观、人生观、价值观，矢志成为全人类共同价值的捍卫者和倡导者，成为"大道之行、天下为公"的守卫者和践履者。

以"乐教爱生、甘于奉献的仁爱之心"立魂。教育家夏丏尊先生形容教育里的爱，就像池塘里的水，没有爱就没有教育。教育是对生命的高度觉醒，爱就是教育的灵魂。教育家于漪老师进一步指出，师爱的最高境界叫作"仁爱"。"仁爱"是一种博大而深邃的情怀，是中华民族道德精神的象征，既孕育着教师春蚕吐丝、蜡炬成灰的高尚情操，也彰显了教师厚德载物、无私奉献的宽厚胸怀。"仁爱"的教育温润"仁爱"的社会，"仁爱"的社会滋养"仁爱"的教育，"仁爱"的民族同心同德，就是强国建设的精神支柱和理想之魂。

二、教育实践

以"'五育'并举、德育为先的育人理念"明标。教书育人是教师的神圣使命和职责所在。它不仅仅是指教师向学生传授知识和技能，更重要的是让教师在传授知识的过程中，关注学生的全面发展，包括他们的品德、情感、态度和价值观等方面。教书育人的核心在于"育人"，即通过教育引导学生成为有道德、有知识、有能力、有担当的人。在教育的全过程中，德育应被置于首要地位。这要求教师在传授专业知识的同时，还需要注重学生的品德教育和道德素养的培养，更强调在整个教学过程中，要将德育的理念贯穿始终，使其成为学生全面发展的基石。

以"启智润心、科学严谨的育人智慧"明业。《论语·述而》有云："不愤不启，不悱不发。"学生是教育的逻辑起点，也是教育的过程终端，更是教育的本位主体。教育家作为教师队伍中的业务翘楚，必须深谙教育规律和学生成长规律，具有发展思维和教育人文素养，能够尊重学生的主体地位和独立人格，因人而异、因势利导地开展教育活动，让学生在启迪智慧、润养心灵的过程中实现全面而个性化的成长。育人智慧是教师的理念主张、价值取向、策略偏好、行为风格、职业境界等的"集大成者"，是广大教师的立业之本、履职所求，更是弘扬和赓续教育家精神的关键载体和重要内容。

以"严慈相济、健康成长的育人使命"明行。关爱学生要求教师具备高度的责任心和使命感，把学生的成长和发展放在首位，以深厚的情感去关心、爱护、理解和尊重学生，关注他们的健康成长和全面发展，为他们提供必要的支持和帮助。这要求教师既能在教育教学过程中对学生有严格的要求，注重培养学生的自律性和责任感，又能以慈爱的态度关注学生的个体差异和特殊需求，注重与学生的情感交流，关注学生的身心健康，通过真诚的关怀和耐心的倾听，建立起与学生之间的信任和理解，及时发现和解决学生可能存在的健康问题，帮助他们建立积极的心态，培养情绪管理能力，以应对学习和生活中的各种挑战。

三、专业成长

以"终身学习、与时俱进的发展态度"求学。教育者在不断变化的社会环境中，要保持敏锐的洞察力，积极适应时代的需求，不断提升自身的专业素养和教育能力。教育者要紧跟时代步伐，关注社会发展的新趋势和新要求，不断学习和研究新的教育理论、教学方法和技术手段，不断更新自己的教育观念和教育思想，优化自己的知识结构和能力结构，丰富与深化专业知识，以更加科学、合理的方式指导教育实践，为学生的全面发展和社会的进步贡献自己的力量。

以"深度学习、精益求精的超越态度"求真。精益求精是一种追求卓越、不断超越自我的精神态度。在教育领域，这种精神尤为重要，因为它鼓励教师对自己的工作保持高度的责任心。敬业精神，让教师有持续进行深度学习和自我提升、对工作进行深入反思和改进、不断提升教学水平和专业素养的自驱力。在此基础上，教育者在实践中不断优化教学方式和思维模式，积极探索新的教学方法和手段，为学生创造更加丰富多彩的学习环境和发展空间，以更好地服务于学生的成长和发展。

以"勤学笃行、求是创新的躬耕态度"求新。《论语》有言："百工居肆以成其事，君子学以致其道。"学习、实践和创新是教师必须具备的能力，是教师的专业胜任力、时代适应力及其发展可持续性的关键要素。陶行知先生认为唯有日日论教方得其乐，也强调有敢探新理之深的创造精神、有敢入边境之远的开辟精神者，即为"第一流的教育家"。可见，躬耕态度是一种教人向学的内在力量和使人向新的直接驱动，表明了教师对知行合一的不懈追求，彰显了教师愿与时俱进的革新志向，为教师终身践履育人本职提供内生动力和重要引擎。

四、个人修养

以"自尊自强、乐观向上的高尚品格"律己。自尊自强、乐观向上是一种高尚的人格品质，它体现了个人在面对生活挑战时所展现出的积极态度和坚定信念。教师要认可和尊重自我价值，清晰地认识到自己的优点和长处，并珍视自己的身份和地位，坚守自己的信念和原则，保持独立的人格和尊严；教师要不畏惧困难和挫折，积极寻找解决问题的方法，不断努力提升自己；教师要保持积极的人生态度，看到生活中的美好和希望，即使遇到挫折和困难，也能够保持积极的心态和信心，以乐观的心态去面对生活中的每一个挑战或机遇。

以"与人为善、关心集体的团结精神"待人。团结精神是一种积极、正面的社会价值观，它体现了个人在与他人交往和社会生活中所应持有的态度和行为准则，教师在与他人相处时，要以善意和友善为出发点，尊重他人的权利和尊严，关心他人的感受和需求。与此同时，时刻关注集体的利益和发展，积极参与集体事务的讨论和决策，增强团队的凝聚力和向心力，在面对困难和挑战时激发团队的凝聚力和战斗力，共同克服困难、迎接挑战，推动集体不断向前发展。

以"言为士则、行为世范的道德情操"垂范。清识难尚，至德可师。教师被誉为"人类灵魂的工程师"，是"太阳底下最光辉的职业"，自古被赋予"高山仰止，景行行止"的职业规范、行为准则、道德操守和人格力量。《礼记》有道："师也者，教之以事而喻诸德也。"言传身教是教育本体功能的有力呈现，教师克己慎独、明善诚身，学生耳濡目染、不学以能，则教育春风化雨、厚德广惠。广大教师肩负着培根铸魂的伟大使命，更应立德垂范、教化育人，以身作则，引导学生践行社会主义核心价值观，健全人格，全面发展，为社会和谐、国家繁荣、文明赓续作出积极贡献。

第三章
以师德师风建设为核心的新时代教师队伍发展评价

　　教师队伍发展评价，应该凸显师德师风的核心地位，让它在评价体系中占有最大的比重。具体评价时，既要关注教师队伍发展的过程与结果，还要关注学校所在地区的社会背景和教育投入对教师队伍发展的重要影响。

第一节　新时代教师队伍发展评价的原则

　　新时代教师队伍发展评价应遵循针对性、完整性、发展性等原则，确保评价的全面、客观、公正，并有效促进教师专业发展和教学质量的提升。

一、针对性原则

　　针对性原则强调在评价过程中，应当根据问题的性质和内涵，有的放矢地选取指标。教师队伍建设内涵丰富，应当针对教师队伍建设的内涵选取具有针对性的指标。针对性原则在教师队伍发展评价中扮演着重要角色。它强调评价应根据教师的个体差异、工作特点以及学校的发展需求来制定和实施，以确保评价的有效性和针对性。以下是对针对性原则的具体阐述：

（一）针对不同教师进行差异化评价

1. 教师个体差异

考虑到每位教师在教学经验、教育背景、专业技能等方面的差异，评价时应避免一刀切的标准。制定个性化的评价方案，突出每位教师的优势和不足，为其提供有针对性的改进建议。

2. 教师发展阶段

根据教师所处的不同发展阶段（如初入职场的教师、成熟教师、资深教师等），设定相应的评价标准和重点。对于初入职场的教师，侧重于教学技能的提升和职业素养的养成；对于成熟教师，则更注重教学创新和科研能力的提升。

（二）结合学校发展需求进行评价

1. 学校定位与目标

评价应紧密围绕学校的定位和发展目标进行，确保评价工作与学校的整体发展方向相一致。对于不同类型的学校（如普通学校、特色学校、示范学校等），评价标准和重点也应有所不同。

2. 学校资源与环境

考虑到学校资源（如师资力量、教学设施、经费支持等）和环境（如校园文化、学习氛围等）的差异，评价时应关注实际情况，避免过于理想化的评价标准。根据学校的实际情况，灵活调整评价方案，确保评价的可行性和有效性。

（三）实施针对性的评价策略

1. 多维度评价

采用多维度评价方式，包括教学水平、科研能力、师德师风、工作态度等多个方面，以全面反映教师的综合素质。针对不同维度设定不同的权重和评分标准，以体现评价的针对性和差异性。

2. 定期与不定期评价相结合

定期进行综合评价，了解教师的整体发展情况；不定期进行专项评价，针对特定问题进行深入剖析和诊断。通过定期与不定期评价的结合，确保评价的全面性和及时性。

3. 反馈与指导

及时向教师反馈评价结果，指出其优点和不足，并提供具体的改进建议和指导。鼓励教师积极参与评价过程，通过自我评价和同行评价等方式，不断提升自身的教学水平和专业素养。

综上所述，针对性原则在教师队伍发展评价中具有重要作用。它要求评价工作应充分考虑教师的个体差异、工作特点以及学校的发展需求，制定和实施差异化的评价方案，以确保评价的有效性和针对性。同时，还需要注重评价策略的灵活性和多样性，以适应不同学校和教师的实际需求。

二、完整性原则

教师队伍建设涉及的内容广泛，意涵丰富，建立完整的教师队伍评价指标体系，就必须充分考虑纳入指标体系中的各个重要因素，如若缺失重要指标，容易导致评价指标体系不准确。教师队伍发展评价的完整性原则，强调的是评价过程必须全面、系统，涵盖教师队伍发展的各个方面，确保评价的全面性和准确性。以下是对完整性原则在教师队伍发展评价中的具体阐述。

（一）注重评价内容和过程的完整性

完整性原则在教师队伍发展评价中，指的是评价工作应全面覆盖教师队伍的各个方面，包括教师的教育背景、专业能力、教学水平、科研能力、职业道德等多个维度。同时，评价过程应系统、连贯，确保评价的全面性和准确性。

（二）实施完整性评价的方式

1. 多维度评价

评价应涵盖教师的教育背景、专业能力、教学水平、科研能力、职业道德等多个维度，确保评价的全面性。

2. 动态评价

评价过程应动态、连贯，关注教师的发展过程，及时发现并纠正问题，促进教师的持续发展。

3. 个性化评价

针对每位教师的特点和需求，制定个性化的评价方案，确保评价的针对性和有效性。

4. 多元化评价主体

评价主体应多元化，包括领导、同事、学生、家长等，以获取更全面的评价信息。

（三）把握完整性评价的要点

1. 避免片面评价

评价时应全面考虑教师的各个方面，避免只关注某一方面的表现而忽略其他方面的评价。

2. 确保评价公正性

评价过程应公开、透明，确保评价的公正性和准确性。

3. 及时反馈评价结果

评价结果应及时反馈给教师，以便教师了解自己的表现，及时改进和提升。

综上所述，完整性原则在教师队伍发展评价中具有重要作用。它要求评价工作全面、系统，涵盖教师队伍的各个方面，确保评价的全面性和准确性。通过实施完整性原则，可以促进教师的全面发展，提升教师队伍的整体素质，为教育事业的发展提供有力保障。

三、发展性原则

教师队伍建设是一个不断丰富、不断完善的过程，当前的教师队伍现状是将来教师发展的基础。发展性原则旨在通过全面、灵活的评价方式，激发教师的内在动力，促进其持续、稳定发展，主要体现在以下几个方面：

（一）面向未来

发展性原则强调教师队伍发展评价应着眼于未来，关注教师的长期发展和专业成长，而不是仅仅停留在对过去表现的总结上。

（二）促进发展

该原则旨在通过评价促进教师的专业发展，鼓励教师不断提升自己的教育教学能力和水平，实现个人和组织的共同成长。

（三）动态调整

发展性原则要求评价过程应是动态的、可调整的，能够根据教师的实际情况和发展需求，灵活调整评价标准和方式，确保评价的针对性和有效性。

（四）个体差异

它承认教师之间存在个体差异，鼓励教师根据自身的特点和优势，制订个性化的发展目标和计划，并在评价中给予充分的认可和支持。

总之，教师队伍发展评价，既要关注教师队伍的结果，也要关注教师队伍建设中的投入与过程。同时，教育行政部门可以将评价指标体系与政策相结合，通过评价，持续提高教师队伍质量。

第二节　教师队伍发展评价指标体系的理论与框架

教师队伍发展评价指标体系主要基于 CIPP 模式进行构建，参考既往研究并结合中小学教师队伍发展现状，采用层次分析法（AHP）和德尔菲法相结合的方式，在专家判断的基础上辅以一系列定量计算来获得各指标的权重。CIPP 模式，亦称决策导向或改良导向评价模式，它认为评价就是为管理者做决策提供信息服务的过程。主要从四个层面对评价对象进行评估，分别为背景评价（Context Evaluation）、投入评价（Input Evaluation）、过程评价（Process Evaluation）、结果评价（Product Evaluation）。背景评价是通过对目标形成的社会背景、环境条件，以及目标对各方需求的满足情况进行评价，从而对目标本身的科学合理性进行价值判断；投入评价是通过对实现目标所需要的条件、可获得的资源、相应的程序设计进行评价，进而对方案设计的可行性进行评价；过程评价是对方案的实施过程进行全面记录，检查实施过程是否依据计划而行以及在实施的过程中遇到哪些问题；结果评价通过考察方案对目标人群需求的满足程度和各种预期与非预期效果等，对方案实施结果进行价值判断。[1][2] 基于CIPP 模式，教师队伍发展评价指标体系由背景、投入、过程、结果四个维度构成基本框架。

一、背景评价

背景评价强调对所处的社会背景、环境条件等方面的全面评价，以评估项目是否具有实施的基础条件和必要性。教师队伍建设离不开社会经济的保障，也必须适应社会经济的发展水平。同时，当下教师队伍的现状也是重要的基础条件，基于当下教师队伍的现状，才能更好地推进教师队伍的建设。

基于 CIPP 模式，教师队伍发展评价指标体系中的背景包括教师队伍建设基础、学校社会经济基础、区域社会经济基础三个部分。教师队伍建设基础通过师生比、学历结构、职称结构、年龄结构、性别结构等数据来评价教师数量和教师结构等基础情况；学校社会经济基础通过学校城乡比例、学校等级比例、标准化学校建设达标率来评价区域学校基础情况；区域社会经济基础通过区域城市化率和人均 GDP 等指标对区域教育背景进行评价。

二、投入评价

投入评价主要是对教师队伍建设过程中所需的人力、物力、财力等进行综合评价。教师队伍建设需要经费支持以对教师进行培训，需要对教师队伍进行组织及人员管理。因此，教师队伍建设的投入评价主要从经费投入、机制建设以及教师管理三个角度进行衡量。

---

① 张馨予 . 基于 CIPP 模式的卓越教师培养评价指标体系建构［D］. 浙江师范大学，2019.
② 肖远军 .CIPP 教育评价模式探析［J］. 教育科学，2003（03）：42—45.

基于 CIPP 模式，教师队伍发展评价指标体系中的投入包括经费投入、机制建设、建设人员三个部分。经费投入通过教师工资水平和教育经费在区域财政支出中的占比来评估；机制建设通过组织保障、教师队伍建设保障、师德建设保障等方面的制度、文件进行评估；建设人员主要看区级和校级的教师发展专项人员配置情况。

三、过程评价

过程评价主要是对教师队伍建设中的具体情况进行评价。教师队伍建设中需要体现教师的师德师风、教育教学水平、教师的专业发展状况以及组织管理现状。

基于 CIPP 模式，教师队伍发展评价指标体系中的过程包括师德建设、专业发展、组织管理三个部分。师德建设通过思想政治、师德师风、民主测评、师德考评、师德先进表彰、违规行为查处等方面评估师德教育、监督、奖惩的情况；专业发展通过岗位培训、区域教研、校本研修、自我研修、信息技术五个方面进行评估；组织管理通过人才引进、均衡发展、发展激励三个方面进行评估。

四、结果评价

结果评价是指对教师队伍建设所带来的结果和效果进行评价和分析。教师队伍建设的产出评价主要从师德成效、专业成长及师资成果三个角度进行评价。

基于 CIPP 模式，教师队伍发展评价指标体系中的产出包括师德成效、专业成长、师资成果三个部分。师德成效通过师德表彰与违纪惩处的情况进行评估；专业成长通过教学水平与研究水平进行评估；师资成果通过骨干成长与成果获奖的情况进行评估。

根据基于 CIPP 模式构成的教师队伍发展评价指标体系基本框架，进一步明确三级指标的数据来源，可以形成区域教师队伍发展评价指标体系。（见表 3-1）

表 3-1　基于 CIPP 模式教师队伍发展评价指标体系

	一级指标	二级指标	三级指标	数据来源
C（背景）	教师队伍建设基础	教师数量	师生比	小学、初中、高中三个学段教师与学生的人数比
		教师结构	学历结构	小学阶段本科以上学历教师在教师总数中的占比；初中、高中阶段硕士研究生以上学历教师在教师总数中的占比
			职称结构	高级教师在全体教师中的占比
			年龄结构	45 岁及以下教师在全体教师中的占比
			性别结构	小学、初中、高中三个学段男教师在全体教师中的占比
	学校社会经济基础	学校层级	学校城乡比例	城乡学校数量比与城乡适龄人口比之比
			学校等级比例	四星级及以上高中数在高中学校数中的占比
		标准化学校建设达标率	标准化学校建设达标率	标准化学校建设达标率
	区域社会经济基础	区域城市化率	区域城市化率	区域城市化率
		人均 GDP	人均 GDP	区域人均 GDP
I（投入）	经费投入	教育经费	教师工资水平	教师平均工资收入水平与当地公务员平均工资收入水平之比
			教育经费占比	年度教育经费在区域财政支出中的占比
		专项经费	教师队伍建设经费占比	教师队伍建设经费在教育经费中的占比
			人均培训经费占比	教师年人均培训经费
	机制建设	组织保障	组织保障	教师队伍建设有由区域行政、业务和学校共同组成的体系，区域教师培训、教研、科研等机构健全，分工明确
		制度保障	教师队伍建设保障	出台加强中小学教师队伍建设的系列文件，制定相应制度和措施，教师队伍建设工作管理制度完善
			师德建设保障	建立具体的师德建设计划和制度，建立有效的师德评价与奖惩机制

（续表）

	一级指标	二级指标	三级指标	数据来源
I （投入）	建设人员	专项人员配置	区级人员占比	教育行政部门专职人员、区级专职研训人员的总人数占全区教师人数的比
			校级人员占比	学校校本研修负责人、教科室、教师培训/发展中心、教研组长的总人数占全区教师人数的比
P （过程）	师德建设	师德教育	思想政治	具体落实意识形态工作责任制，将习近平新时代中国特色社会主义思想融入培养培训课程，积极开展争做"四有"好老师的宣传推进工作
			师德师风	每所学校每年至少开展四次师德师风集中学习和讲演活动
		师德监督	民主测评	每学期至少组织一次学生对教师职业道德、业务水平等方面的民主测评
			师德考评	在干部任用、职称评定、骨干评选、教学竞赛、荣誉表彰中均实施师德表现一票否决制
		师德奖惩	师德先进表彰	区域每年都开展师德先进模范专项表彰活动
			违规行为查处	建立健全违反师德行为的惩处制度并能严格执行
	专业发展	岗位培训	参训率	近五年内所有在岗教师参加培训的平均学时总数
			培训设计	区域教师培训体系完善、结构合理、分工明确、方法有效、时间科学
			培训实施	培训目标明确、方案完善、内容具体、资源丰富、组织有序
		区域教研	学科教研	所有学科每月至少开展一次面向全体的学科教研活动，一个学期的教研主题保持一致，教研活动与教师教育教学实践密切联系
			教育科研	定期组织开展各级课题申报与论文评比活动，课题管理与征文组织规范有序，有计划地开展课题研究与教师写作指导工作

（续表）

	一级指标	二级指标	三级指标	数据来源
P （过程）	专业发展	区域教研	教学视导	有明确的教学视导要求与操作办法，至少两年完成一轮面向全体学校的教学视导，视导工作组织规范有序，视导反馈及时有效
		校本研修	小组教研	至少有两人的教研组每月至少进行一次教研活动，教研主题明确，内容具体，教师人人参与，及时反思
			集体备课	同一学科的教师有两人及以上的，须设集体备课组，按要求做好至少每两周一次的集体备课活动，集体备课后教师再二次备课
		自我研修	个人发展规划	青年教师（35岁以下）和骨干教师有个人发展规划，有根据个人发展规划制订的阶段或年度的发展计划和方案，有相应的个人发展的阶段或年度反思和总结
			自主成长	近三年参与区级以上的征文和教师课题研究的教师占全体教师比
		信息技术	任务落实	认真组织开展上级部门举办的信息技术培训与考核工作，做好相应的教师指导工作，教师参与度均达到上级部门各项活动的相关要求
			区域自主	有区域教师信息技术提升计划或方案，近三年每年至少举办一次面向全体的教师信息技术培训或竞赛或其他考核活动
	组织管理	人才引进	骨干引进	有科学合理的区域骨干引进计划或方案，骨干引进流程规范、公平、公正，80%的引进骨干作用明显
			新教师招聘	区域新教师招聘计划或方案关注优秀毕业生的引进，新教师招聘流程规范、公平、公正，对入职的新教师有系统的培训方案并认真落实
		均衡发展	区管校聘	有区管校聘的实施方案，区管校聘教师数在全体教师中的占比
			农村教师发展	有支持农村教师发展的政策或方案，有效开展支持农村教师发展的具体行动，职评评优评先政策向乡村教师、援助者倾斜

（续表）

	一级指标	二级指标	三级指标	数据来源
P （过程）	组织管理	均衡发展	骨干教师交流	有具体的骨干教师交流政策，教师在交流轮岗期间按规定享受相关的保障政策，骨干教师交流纳入职称评比要求
		发展激励	骨干评选	有具体的区级骨干教师评比政策，骨干教师评比操作公平规范，定期开展骨干教师考核并予以奖励
			先进表彰	区域每年开展表彰教育教学先进活动，每年对教育教学工作优秀和研究取得成果的教师进行表彰奖励的学校占全区学校的比
P （结果）	师德成效	师德表彰	"四有"好教师	市级以上"四有"好教师或"四有"好教师团队获奖数达到所在设市的平均数得 3 分，每超出 / 低于平均数一人次加 / 减 0.5 分
			先进模范	近三年获国家师德先进模范每人 2 分，省级每人 1.5 分，市级每人 1 分
		违纪惩处	教育投诉	区域近三年无投诉得 5 分，出现一次投诉且核实减 0.5 分（集体性投诉且产生明显负面影响的每次减 2 分）
			违规违纪	区域近三年无违规违纪得 5 分，出现一项违规违纪减 2.5 分
	专业成长	教学水平	教学能力	近两年区域教学视导的总优课率
			教学质量	最近一次小学省学业水平调研平均分
		研究水平	课题项目	获得最近一期国家级 / 省级 / 市级课题项目立项每项分别得 0.5 分 /0.2 分 / 0.1 分
			论文发表	近三年教师出版研究专著每本 0.2 分，核心期刊发表论文每篇 0.2 分，一般正规期刊发表论文每篇 0.02 分
	师资成果	骨干成长	骨干数量	国家级骨干教师每人 0.5 分，省特级教师每人 0.2 分，市学科带头人每人 0.05 分

（续表）

	一级指标	二级指标	三级指标	数据来源
P（结果）	师资成果	骨干成长	辐射作用	最近一轮省名师工作室每个 1 分，市名师工作室每个 0.5 分，区名师工作室每个 0.2 分
		成果获奖	研究获奖	最近一期国家级 / 省级 / 市级教学成果奖和教科研优秀成果奖最高奖每项得 2 分 /1 分 /0.5 分，次级奖项得分依次减半计算
			竞赛获奖	最近一轮国家级 / 省级 / 市级教学竞赛和基本功竞赛最高奖每项得 1 分 /0.5 分 /0.1 分，次级奖项得分依次减半计算

第三节　教师队伍发展评价指标体系的方法与权重

基于 CIPP 模式，教师队伍发展评价指标体系权重测算采用的方法是 AHP。AHP 即层次分析法（The Analytic Hierarchy Process），是由美国运筹学家、匹兹堡大学的萨蒂教授于 1980 年提出的一种多准则决策方法。这一方法为人们提供了一种处理复杂社会经济问题的简便实用、定性与定量相结合、系统化、层次化的分析方法。目前，这一方法已经被广泛运用到社会经济的诸多领域，得到了较高重视并发挥了应有的作用。①

AHP 可以分为四个步骤：构建所研究问题的递阶层次结构；根据各层元素间的隶属关系，下层元素以上层某元素为准则，以重要性为依据进行两两比较，构造比较判断矩阵；通过定量计算，确定下一层元素对上一层元素相对重要性的排序权重，并进行一致性检验；计算组合权重并做一致性检验。当方案层的组合一致性比率 CR（n）<0.1 时，整个层次通过一致性检验。这样，就可以根据组合权重的排序选择方案，以此作为决策的依据。②

---

① 许树柏.层次分析原理［M］.天津：天津大学出版社，1988.
② 殷焕武.AHP 方法在人事分配制度改革中的应用［J］.科技与管理，2000（03）：26—29+32.

建了递阶层次结构以后，AHP 需要构造两两比较判断矩阵。在这个过程中，评价者需要根据某一准则对相关因素的重要性进行评价，并运用 9 级标度法对评价结果进行量化，即根据被比较元素的相对重要程度把评价结果分为 1—9 级，从 1 级到 9 级重要性程度逐步递增。

表 3-2　标度指标图

取值（重要性标度）	相关定义（两元素关系）
1	i 元素与 j 元素同等重要
3	i 元素比 j 元素稍微重要
5	i 元素比 j 元素明显重要
7	i 元素比 j 元素强烈重要
9	i 元素比 j 元素极端重要
2、4、6、8	重要性等级介于 1、3、5、7、9 之间
以上各数的倒数 1/N	重要性等级与上述取值（标度）相反

在应用层次分析法时应确保判断思维的一致性[①]，为此，需对判断矩阵进行一致性检验来对其进行检查。具体计算公式如下：

$$CI = \frac{\lambda_{max} - n}{n - 1}$$

其中，λ_{max} 为判断矩阵的最大特征值，CI 值为一致性指标，当 CI<0.1 时，即可认为判断矩阵具有满意的一致性。

对于多阶判断矩阵，还应结合平均随机一致性指标 RI 计算其随机一致性比率 CR（Consistence Ratio）来检验判断矩阵的一致性。

$$CR = \frac{CI}{RI}$$

其中，RI 为平均随机一致性指标值，对应多阶判断矩阵的 RI 值如表 3-3 所示。若判断矩阵的 CR=0，则说明矩阵是完全一致的；当 CR<0.1 时，表明判

[①] 白亮，范亮.基于层次分析法构建农村寄宿制学校质量指标体系研究［J］.教育科学研究，2018（10）：24—29.

断矩阵通过了一致性检验；当 CR>0.1 时，表明并未通过一致性检验。

表 3-3　平均随机一致性指标 RI 值

N	1	2	3	4	5	6	7	8	9
RI	0	0	0.52	0.89	1.12	1.26	1.36	1.41	1.46

　　基于此，本研究结合专家意见，对评价结果仔细推敲，反复修改，得出目标层（A）对应准则层（B1—B12）元素，准则层（B）对应子准则层（C1—C28）元素，及子准则层（C）对应指标层（D1—D56）元素的比较判断矩阵，在此基础上，对各矩阵进行了一致性检验。所得结果为所有矩阵均通过一致性检验，指标及权重见表 3-4。

表 3-4　教师队伍发展评价指标体系及权重

目标层（A）	目标层权重	准则层（B）	相对于目标层的单层权重	子准则层（C）	相对于准则层的单层权重	指标层（D）	相对于子准则层的单层权重
C（背景）	0.32	教师队伍建设基础 B1	0.24	教师数量 C1	0.44	师生比 D1	1
				教师结构 C2	0.56	学历结构 D2	0.28
						职称结构 D3	0.15
						年龄结构 D4	0.27
						性别结构 D5	0.30
		学校社会经济基础 B2	0.46	学校层级 C3	0.27	学校城乡比例 D6	0.44
						学校等级比例 D7	0.56
				标准化学校建设达标率 C4	0.73	标准化学校建设达标 D8	1
		区域社会经济基础 B3	0.30	区域城市化率 C5	0.44	区域城市化率 D9	1
				人均 GDP C6	0.56	人均 GDP D10	1

（续表）

目标层（A）	目标层权重	准则层（B）	相对于目标层的单层权重	子准则层（C）	相对于准则层的单层权重	指标层（D）	相对于子准则层的单层权重
I（投入）	0.23	经费投入 B4	0.15	教育经费 C7	0.50	教师工资水平 D11	0.75
						教育经费占比 D12	0.25
				专项经费 C8	0.50	教师队伍建设经费占比 D13	0.57
						人均培训经费占比 D14	0.43
		机制建设 B5	0.50	组织保障 C9	0.50	组织保障 D15	1
				制度保障 C10	0.50	教师队伍建设保障 D16	0.21
						师德建设保障 D17	0.79
		建设人员 B6	0.35	专项人员配置 C11	1	区级人员占比 D18	0.26
						校级人员占比 D19	0.74
P（过程）	0.18	师德建设 B7	0.38	师德教育 C12	0.22	思想政治 D20	0.41
						师德师风 D21	0.59
				师德监督 C13	0.40	民主测评 D22	0.42
						师德考评 D23	0.58
				师德奖惩 C14	0.38	师德先进表彰 D24	0.47
						违规行为查处 D25	0.53

（续表）

目标层（A）	目标层权重	准则层（B）	相对于目标层的单层权重	子准则层（C）	相对于准则层的单层权重	指标层（D）	相对于子准则层的单层权重
P（过程）	0.18	专业发展 B8	0.31	岗位培训 C15	0.17	参训率 D26	0.34
						培训设计 D27	0.28
						培训实施 D28	0.38
				区域教研 C16	0.14	学科教研 D29	0.22
						教育科研 D30	0.58
						教学视导 D31	0.20
				校本研修 C17	0.22	小组教研 D32	0.68
						集体备课 D33	0.32
				自我研修 C18	0.15	个人发展规划 D34	0.66
						自主成长 D35	0.34
				信息技术 C19	0.32	任务落实 D36	0.76
						区域自主 D37	0.24
		组织管理 B9	0.31	人才引进 C20	0.23	骨干引进 D38	0.63
						新教师招聘 D39	0.37
				均衡发展 C21	0.51	区管校聘 D40	0.16
						农村教师发展 D41	0.25
						骨干教师交流 D42	0.59

（续表）

目标层 （A）	目标层 权重	准则层 （B）	相对于目 标层的单 层权重	子准则层 （C）	相对于准 则层的单 层权重	指标层 （D）	相对于子 准则层的 单层权重
P （过程）	0.18	组织管 理 B9	0.31	发展激励 C22	0.26	骨干评选 D43	0.63
						先进表彰 D44	0.37
P （结果）	0.27	师德成 效 B10	0.41	师德表彰 C23	0.29	"四有"好 教师 D45	0.47
						先进模范 D46	0.53
				违纪惩处 C24	0.71	教育投诉 D47	0.25
						违规违纪 D48	0.75
		专业成 长 B11	0.33	教学水平 C25	0.74	教学能力 D49	0.22
						教学质量 D50	0.78
				研究水平 C26	0.26	课题项目 D51	0.50
						论文发表 D52	0.50
		师资成 果 B12	0.26	骨干成长 C27	0.56	骨干数量 D53	0.25
						辐射作用 D54	0.75
				成果获奖 C28	0.44	研究获奖 D55	0.50
						竞赛获奖 D56	0.50

PART 2

第二篇

区域实践

第四章
以师德师风建设为核心的新时代教师队伍发展区域培养体系

在新时代的教育背景下，人民群众对公平和高质量教育的向往更加迫切，为适应新的时代要求，中国教育亟须培养一支高素质教师队伍，教师队伍的专业发展与师德师风建设成为提升教育质量、培养德智体美劳全面发展的社会主义建设者和接班人的关键要素。本章将深入探讨以师德师风建设为核心的新时代教师队伍发展区域培养体系，旨在构建一支高素质、专业化、创新型的教育工作者队伍。一支高素质的教师队伍首先要思想政治素养过硬，能扎根中国大地，办好中国教育。其次，要师德高尚，师德师风是教师职业的灵魂，是教师队伍建设的首要任务，它要求教师具备高尚的职业道德情操、坚定的教育理想信念、深厚的爱国情怀和强烈的社会责任感。在新时代，强化师德师风建设，就是要引导教师树立正确的世界观、人生观、价值观，坚持立德树人、以身作则，成为学生健康成长的引路人和指导者，能通过正确的世界观、人生观、价值观影响和引领学生把握好人生方向，带头弘扬社会主义道德和中华传统美德。再次，要业务精湛，具有多角度观察、分析问题的能力和应用多种教学模式进行教学的能力。最后，要富有创新精神，能通过不断地学习适应信息化、人工智能等新技术变革,并创造性地应用于自己的教育实践。"5+3+N"区域教师培养体系就是以中国特色社会主义进入新时代后的新要求为背景,以师德师风建设为核心,以让每位教师都成为"大先生"为目标,以新教师培训、职初教师培训、研训员工作坊培训、名师工作室及项目研究中心、领航名师班五级师训和领雁校长培训、鸿雁校长培训、飞雁校长培训三级干训为主线及 N 个特色培训为补充的区域教师培训体系。要做好教师专业发展培养体系的构建,根据教师不同发展阶段和学科特点,设计有针对性的培训方案,包括新教师培训、骨干教师研修、名师工作室等,形成阶梯式成长路径。将师德师风教育贯穿教师培训全过程,通过专题讲座、案例分析、师德论坛等形式,增强教师的职业道德认同感和责任感。要引导教师学习现代教育理论,了解教育改革发展趋势,掌握先进的教学方法和手段,提升教育教学能力。坚持思想政治建设和师德教育为先,坚持问题导向和前瞻引领,坚持多维培养和实践育师,坚持同向发力和协同创新,并通过建立"5+3+N"区域教师培训申报、立项、实施、评价制度,以及班主任制度、学员制度和"5+3+N"区域教师培训管理平台,确保培训的质量,从而使教师在师德师风、专业知识、专业能力、专业品质等方面不断提升。

第一节　新时代教师队伍专业发展
对师资培养的新要求

"经过长期努力,中国特色社会主义进入了新时代……明确我国社会主要矛盾已经转化为人民日益增长的美好生活需要和不平衡不充分的发展之间的矛盾。"[①] 人民群众对公平和高质量教育的向往更加迫切,为适应新的时代要求,教师培养要"加强师德师风建设,培养高素质教师队伍,倡导全社会尊师重教。

---

① 习近平.决胜全面建成小康社会　夺取新时代中国特色社会主义伟大胜利——在中国共产党第十九次全国代表大会上的报告［EB/OL］.（2017-10-27）［2024-12-20］. https://www.gov.cn/xinwen/2017-10/27/content_5234876.htm?eqid=c50f8720000036020000000003645999e1.

办好继续教育，加快建设学习型社会，大力提高国民素质"①。"教师要成为大先生，做学生为学、为事、为人的示范，促进学生成长为全面发展的人。要研究真问题，着眼世界学术前沿和国家重大需求，致力于解决实际问题，善于学习新知识、新技术、新理论。要坚定信念，始终同党和人民站在一起，自觉做中国特色社会主义的坚定信仰者和忠实实践者。"②

一、新时代社会发展的新要求

（一）教师要思想政治素养过硬

中共中央和国务院在《关于全面深化新时代教师队伍建设改革的意见》中提出，"加强理想信念教育，深入学习领会习近平新时代中国特色社会主义思想，引导教师树立正确的历史观、民族观、国家观、文化观，坚定中国特色社会主义道路自信、理论自信、制度自信、文化自信。引导教师准确理解和把握社会主义核心价值观的深刻内涵，增强价值判断、选择、塑造能力，带头践行社会主义核心价值观。引导广大教师充分认识中国教育辉煌成就，扎根中国大地，办好中国教育"③。

教师是教育活动的主要实施者，与学生共同构成了教育系统中的两个最基本的要素，承担着传播知识、传播思想、传播真理的历史使命，肩负着塑造灵魂、塑造生命、塑造人的时代重任。教师承担着人类社会延续的重任，对人类社会进步有着重大作用，是国家富强、民族振兴、人民幸福的重要基石，应当代表并推动社会进步的方向，引导教师牢记为党育人、为国育才的使命，保证教师队伍建设政治方向正确才能确保教育发展方向正确，才能落实立德树人的

① 习近平. 决胜全面建成小康社会　夺取新时代中国特色社会主义伟大胜利——在中国共产党第十九次全国代表大会上的报告［EB/OL］.（2017-10-27）［2024-12-20］. https://www.gov.cn/xinwen/2017-10/27/content_5234876.htm?eqid=c50f8720000036020000003645999e1.
② 新华社. 习近平在清华大学考察时强调　坚持中国特色世界一流大学建设目标方向　为服务国家富强民族复兴人民幸福贡献力量［EB/OL］.（2021-04-19）［2024-12-20］. http://www.qstheory.cn/yaowen/2021-04/19/c_1127348969.htm.
③ 中共中央　国务院. 关于全面深化新时代教师队伍建设改革的意见［EB/OL］.（2018-01-31）［2024-12-20］. https://www.gov.cn/gongbao/content/2018/content_5266234.htm.

根本任务，培养德智体美劳全面发展的社会主义建设者和接班人，才能真正办好人民满意的教育。

（二）教师要师德高尚

学高为师，德高为范，"师也者，教之以事而喻诸德者也"。教师应是道德上的合格者，以身作则、率先垂范，要"引导广大教师以德立身、以德立学、以德施教、以德育德，坚持教书与育人相统一、言传与身教相统一、潜心问道与关注社会相统一、学术自由与学术规范相统一，争做'四有'好教师，全心全意做学生锤炼品格、学习知识、创新思维、奉献祖国的引路人"[①]。

教师应注重自我修养，提升个人品德，要在品德修养、人格魅力上为学生树立榜样，通过良好的行为习惯、高尚的道德情操来感染学生，成为学生成长道路上的引领者和同行者。教师要通过正确的世界观、人生观、价值观影响和引领学生把握好人生方向，以自己的模范行为影响和带动学生自觉坚守精神家园、坚守人格底线，带头弘扬社会主义道德和中华传统美德，增强学生的社会责任感和实践能力，引导学生将个人理想融入国家发展大局之中，引导学生成为有理想、有本领、有担当的时代新人。

教师应用爱心、耐心和细心关注每一个学生的成长，努力构建和谐的教育生态环境，尊重学生的个性差异，认识到每个学生都是独一无二的个体，尊重他们的性格、兴趣、能力等方面的差异，以包容的心态接纳每一个学生，因材施教，坚持公正原则，不偏袒、不歧视，确保每个学生都能得到公平对待，激发学生的自信心和上进心，促进每个学生的全面发展。关注学生的身心健康，关心他们的学习、生活情况，及时给予帮助和指导。在学生面对困惑与挑战时，能以积极的心态和有效的策略帮助学生克服困难，培养他们的韧性和抗挫能力，让学生在挫折中学会坚持，在失败中汲取力量，鼓励和支持学生，帮助他们克服困难，健康成长。

---

① 中共中央　国务院关于全面深化新时代教师队伍建设改革的意见［EB/OL］.（2018-01-31）［2024-12-20］. https://www.gov.cn/gongbao/content/2018/content_5266234.htm.

（三）教师要业务精湛

业务精湛是提升教学质量、促进学生全面发展的关键。1966 年，联合国教科文组织在《关于教师地位的建议》中提出，应该把教师工作视为专门职业，这是一种要求教师具备经过严格训练和持续不断的研究才能获得并维持专业知识及专门技能的公共业务。教师的职业特点决定了教师必须经过专门的职业训练，包括专业意识、专业态度、专业知识、专业技能、专业品质等。"扎实的知识功底、过硬的教学能力、勤勉的教学态度、科学的教学方法是老师的基本素质。"[①] 教师需要通过不断的学习和教育实践来拓展自己的专业内涵，提升专业知识与技能。

教师不仅要具备深厚的专业知识，还需经过严格的职业训练，涵盖专业意识的培养、专业态度的塑造、专业知识的积累、专业技能的锤炼以及专业品质的养成。教师应拥有扎实的知识功底，这是教学之基。教师需对所教领域有广泛而深入的理解，能够紧跟学科前沿，不断更新知识结构，确保教学内容的准确性和时代性。要善于将理论知识与实践案例相结合，增强学生的理解和应用能力，能够灵活运用理论知识解决实际问题。同时，过硬的教学能力是教师必备的素质，包括清晰流畅的表达能力，能够准确传达知识要点；灵活多变的教学方法，如采用小组讨论、案例分析、实验探究等多种形式，激发学生的学习兴趣和主动性；敏锐的洞察力，能够及时发现学生的学习难点并给予有效指导，确保教学过程的高效与生动。勤勉的教学态度是教师职业道德的体现，能以高度的责任心和使命感对待教学工作，热爱教育事业，关心学生成长，乐于奉献时间和精力，能耐心倾听学生的想法和困惑，鼓励学生提问和探索，关注学生的个体差异，因材施教，为学生营造积极向上的学习氛围。科学的教学方法则是教师智慧的结晶，通过运用现代教育理念和技术手段，如情境教学、项目式学习等，提升学生的学习体验和效果。此外，教师还需持续参与专业发展活动，

---

① 习近平 . 做党和人民满意的好老师——同北京师范大学师生代表座谈时的讲话［EB/OL］.（2014-09-10）［2024-12-20］. https://www.gov.cn/xinwen/2014-09/10/content_2747765.htm.

不断拓宽自己的专业视野，提升专业素养。通过实践反思、同行交流、专家指导等方式，提高自己的观察分析能力、问题解决能力以及教学创新能力，使自身的教学实践更加符合教育规律和学生需求。

业务精湛是教育质量的保障，教师要通过不断学习与实践，提升自身的专业水平，要通过参与专业决定，负起专业责任，提高多角度观察、分析问题的能力和应用多种教学模式进行教学的能力，提升自身的专业水平，逐渐达到专业的成熟，为学生的成长成才贡献智慧与力量。

（四）教师要有创新精神

进入 21 世纪以来，世界处于大发展、大变革、大调整之中，科技革新不断孕育，新的增长动能不断积聚。为适应新的形势，中共中央和国务院在《关于全面深化新时代教师队伍建设改革的意见》中提出："到 2035 年，教师综合素质、专业化水平和创新能力大幅提升，培养造就数以百万计的骨干教师、数以十万计的卓越教师、数以万计的教育家型教师。教师管理体制机制科学高效，实现教师队伍治理体系和治理能力现代化。教师主动适应信息化、人工智能等新技术变革，积极有效开展教育教学。"①

教师要不断探索和实践新颖的教学内容，将最新的科研成果、行业动态融入课堂，激发学生的学习兴趣和求知欲。同时，采用多样化的教学方法，如项目式学习、合作学习等，鼓励学生主动探索、合作学习，培养学生的批判性思维和解决问题的能力。积极学习并应用现代教育技术手段，如多媒体教学、在线教育平台、智能教学工具等，提升教学效率与互动性。同时，鼓励和支持学生利用信息技术进行自主学习和创造性表达，培养他们的信息素养和创新能力。设计跨学科、综合性强的课程项目，打破学科壁垒，促进学生全面发展。通过设计贴近生活实际、具有挑战性和趣味性的学习任务，激发学生的创造潜能，培养他们的实践能力和团队协作精神。建立多元化、发展性的学生评价体系，

---

① 中共中央 国务院.关于全面深化新时代教师队伍建设改革的意见［EB/OL］.（2018-01-31）［2024-12-20］. https://www.gov.cn/gongbao/content/2018/content_5266234.htm.

不仅关注学生的学业成绩，更注重评价学生的创新思维、实践能力、情感态度等综合素质。采用学生自评、互评和教师评价相结合的方式，促进学生的自我反思和持续改进。教师自身应树立终身学习的理念，不断学习新知识、新技能，保持对新鲜事物的好奇心和探索欲。2024世界数字教育大会"人工智能与数字伦理"平行论坛上，伦敦玛丽女王大学校长科林·贝的报告提到：在ChatGPT发布后不久，通过针对本校学生的调查显示，有89%的学生借助ChatGPT做作业；48%的学生承认在家考试时使用ChatGPT；53%的学生曾使用ChatGPT来写论文。教师要通过不断地学习适应这些新的变化，并创造性地应用于自己的教育实践。同时，积极参与教学研究、学术交流等活动，提升自己的专业素养和创新能力，为学生树立榜样。在班级和学校层面营造鼓励创新、包容失败的良好氛围。通过组织创新竞赛、创意展示等活动，鼓励学生大胆尝试，勇于表达自己的想法和创意，从失败中学习和成长，激发学生的创新热情，培养他们的创新意识和实践能力。

教师要勇于突破传统束缚，勇于尝试新的教学理念和方法，为学生提供一个充满活力和创造力的学习环境，助力他们成长为具有创新精神和实践能力的新时代人才。

二、新时代学生家长的新期盼

2021年6月至7月，课题组进行了"教师队伍发展"家长访谈调查，涉及江北新区从幼儿园到高中的部分家长，其中幼儿园参加访谈家长25人，小学低段（一至三年级）参加访谈家长27人，小学高段（四至六年级）参加访谈家长27人，中学参加访谈家长30人。访谈内容主要围绕五个话题：一是"您和老师接触的过程中有没有遇到过让您感动的事"，二是"您和老师接触的过程中有没有遇到过不愉快的经历"，三是"作为家长，您认为老师在师德、业务能力等各方面哪一项比较重要"，四是"作为家长，您认为现在的教师亟待提高的素养是什么"，五是"您理想中的好老师是怎样的"。本次调查较好地反映了新时代学生家长对教师的教育期盼。

（一）新时代学生家长对教师的教育期盼

1. 家长将具有良好师德作为评价教师和教育的重要指标

在调查和访谈过程中，无论是幼儿园的家长还是小学、中学的家长，都谈到了教师要热爱教育事业，具有职业理想，具有正能量，能够引领学生践行社会主义核心价值体系，履行教师职业道德规范，依法执教，关爱学生，为人师表。家长在访谈中表示：教育就是一份有爱的事业，所以一位优秀的教师必须是一位有爱的教师。首先，要爱教师这个行业，优秀的教师不会把它单纯地看作谋生的职业，而是把它当作一生孜孜以求的事业，全身心地投入教学。其次，教师要爱学生，要爱生如子，精心地传其道，用心地授其业，耐心地解其惑，欣喜于学生的点滴进步，快乐于学生的健康成长，满足于学生的成功收获。用丝丝缕缕的爱编织一张密密实实的网，用甜甜蜜蜜的知识琼浆浇灌一株株苗壮的幼苗。一位真正的好教师，心中一定是有爱的。所谓心中有爱，不仅是对教师这份职业的热爱，更是对学生的关爱。把学生当成自己的孩子，用爱去教导学生，用爱去传授知识。一位心中有爱的教师，内心必定是温和的，对学生是持有欣赏的态度的。一位优秀的教师，有为人民服务的理念，具备正确的价值取向：育人为本——有良好的职业操守，学高身正——有高尚的品德言行，一专多能——有多元的知识结构，精通业务——有娴熟的教学艺术，学以致用——有较强的工作能力，与时俱进——有先进的教育观念，幽默风趣——教学通俗易懂。

2. 家长对教师评价标准的优先次序会随着孩子年龄变化

调查要求家长对教师的师德素养、知识素养、能力素养、心理素养四个指标进行排序，幼儿园和小学阶段家长优先选的是师德素养，他们心中的好教师具有爱心、呵护学生。随着孩子年龄增长，家长优先选能力素养的逐渐增加，心中的好教师逐渐倾向要求严厉，在学生心中具有威信。幼儿园家长在访谈时表示：一位好的教师需要对小朋友有爱心，耐心地教导他们，毕竟幼儿园是孩子的一个起点，希望教师能不厌其烦地在学习上和生活上帮助孩子。中学家长在访谈时表示：理想中的好教师就是在注重德智体美劳全面发展的同时，更加注意学习成绩。理想中的好教师，应该是在教育管理中严格，有办法真正走进学生心里，通过活动不断激发学生的积极性和潜能，让学生在班级中有很强的归属感、荣誉感；在教学中有着扎实的基本功，游刃有余，有非常明确的思路和目标，采取既减负又增效的策略，让学生在学习中有快乐和成就感。理想中的好教师应该有理想信念，有道德情操，有扎实学识，有仁爱之心。书教得好，班级管理到位，和家长沟通谦虚有礼，对学生严格要求，班级成绩优异。

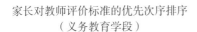

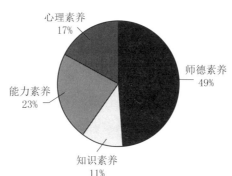

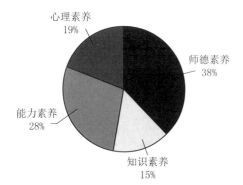

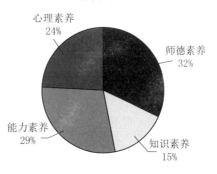

图 4-1　家长对不同学段教师评价标准的优先次序统计图

3. 不同年龄段孩子家长对师德的具体指标内容选择存在差异

通过访谈发现，幼儿园和小学低年段家长在师德的具体指标内容选择上更关注教师的爱心、耐心，中学家长在师德的具体指标内容选择上更关注教师对学生的尊重和对学生自信心的呵护。幼儿园家长在谈到师德具体指标内容时表示，作为幼儿园教师，不管学识有多高，专业有多强，具有仁爱之心是最重要的。给予孩子爱，让他们幼小的心灵感受世界的美好，把爱心传递下去。爱需要培养呵护，陪伴孩子一生。专业能力可以在成长过程中慢慢学习锻炼，可是爱一旦破碎受损，幼小的心灵很难修复。一位好的教师需要对小朋友有爱心，耐心地教导他们，毕竟幼儿园是孩子的一个起点，从什么都不会到自己会穿衣服、吃饭、上厕所等。千万不可以有体罚孩子的现象，要让孩子在幼儿园里开心地过每一天。在和教师接触当中，最感动的事是教师很细心地帮助孩子成长，并且用照片或视频记录下来，教师每次都会主动与家长沟通交流孩子在学校的表现，细心呵护孩子成长。好教师要有耐心，能够想儿童所想、听儿童所听，以儿童为中心，帮助儿童在原有的基础上提高自身的发展水平，成为孩子的朋友，同时也是孩子最信任的教师。中学家长在谈到师德具体指标内容时表示：能给予孩子良好的信念，给予孩子最大的正能量，对社会和学校还有自身充满信心，不打击孩子自尊心，挖掘每个孩子的优点，提升他们的自信。好教师应有教育情怀，能多元化看待学生，因材施教，尊重学生人格；不以分数看学生，公平、公正对待每个孩子；对工作认真负责，宽厚待人，注重与学生沟通，是学生的良师益友。

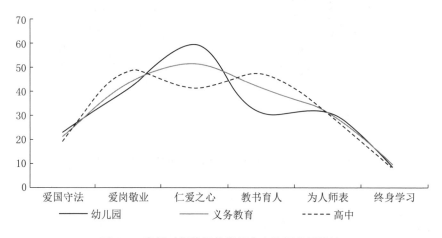

图 4-2　家长对师德具体指标内容选择差异统计

4. 家长对教育的期盼会随着孩子年龄增长而变化

通过调查和访谈，要求家长对孩子具有正确的人生观和良好道德素养、广泛的兴趣爱好、良好的学习习惯、身心健康、优异的学业成绩、创新意识和能力六个指标进行排序发现，家长对教育的期盼会随着孩子年龄增长而改变，越来越关注孩子的成绩，存在因孩子成绩未达到家长的期望而焦虑的现象。幼儿园和小学低段家长在谈到对孩子的教育期盼时表示：希望孩子在校园生活中身心愉悦，希望教师能帮助孩子培养广泛兴趣爱好和良好学习习惯，能快快乐乐地健康成长。小学高段和中学家长在谈到对孩子的教育期盼时表示：希望教师能事事为孩子着想，在学业上帮助孩子提高，在平时的行为习惯中能纠正孩子的缺点；能因材施教，不偏袒优秀的孩子，不放弃成绩相对落后的孩子，共同帮助孩子进步。印象最深最感动的是教师特别真诚，为了提高孩子的成绩，使出自己的看家本领。好教师能有平和的态度和情绪，能够懂孩子，在孩子遇到困难或取得成绩时能够鼓励、肯定和夸赞孩子，给孩子自信心、成就感和价值感。好教师应该关心每一位学生，和学生友好沟通，不进行体罚或因个人恩怨而惩罚；应尊重和平等对待每一个学生，将学生的品德放在第一位，不对学生有刻板印象；有扎实学识，将知识倾囊传授给学生；照顾每一个学生，不放弃

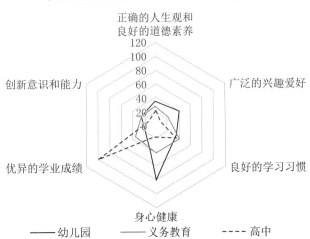

图 4-3　家长对教育的期盼随着孩子年龄增长变化统计

任何一个学生,对学生的未来负责。孩子的天赋不同,优劣势不一样,有的孩子耐挫力强,有的孩子内心脆弱一点,好教师要能看到孩子的闪光点,看到孩子的进步,善于鼓励表扬,让孩子的一点点小进步变成他努力进步的动力。对成绩相对落后的学生,不抛弃,不放弃,鼓励孩子比批评更有效。

(二)对学生家长的教育期盼的思考

1. 坚持师德教育为先

坚持教育者先受教育,坚持正确方向,突出思想铸魂,坚持扎根中国大地办教育,不忘立德树人初心,牢记为党育人、为国育才使命。加强和改进师德师风建设,常态化推进师德培育涵养,将师德规范纳入教师培训必修内容。严格落实师德师风第一标准,以培养"四有"好老师为核心,引导教师热爱教育事业,具有职业理想,践行社会主义核心价值体系,履行教师职业道德规范,锤炼教育教学技能,提升育人本领,依法执教,关爱学生,为人师表;引导广大教师争做"四有"好老师,当好"四个引路人"。创新师德教育方式,激发教师涵养师德的内生动力,将师德师风建设贯穿教师培训全过程。

2. 关注家长合理诉求,提升教师相关能力

通过调查和分析可以发现,家长对教育的诉求存在群体差异,这些差异有些是在以往的工作中未关注到或未达到家长期望的。应以家长合理诉求为导向,注重教师队伍建设的前瞻性、预见性、创新性,在提升教师思想政治素质、师德师风水平的同时,将与家长合理诉求相关的能力纳入教师教育教学能力培养内容,遵循教师成长发展规律,强化教育实践环节,突出教书育人实践能力,整体提升教师队伍教书育人能力。

(1)开展保育教育培训

通过调查和分析可以发现,由于孩子年龄小的原因,同样是关于教师关爱孩子,幼儿园和小学低段孩子家长更希望教师在生活上关爱孩子,尤其是小学一年级孩子刚从幼儿园进入学校,存在不适应的问题,所以对小学低段教师开展保育教育培训是有必要的。通过培训,提高教师为儿童提供校园学习和生活支持的技能,通过为儿童提供适宜的校园学习和生活环境,促进儿童的认知、

语言、社交、情感等方面健康发展。

（2）开展个性化指导教育培训

随着孩子年龄的增长，家长更希望教师在学业上帮助孩子，能严慈相济，做学生的良师益友。作为孩子成长过程中的重要他人，在孩子进入校园后，教师往往比家长对孩子更有影响力。同时，随着孩子年龄的增长，孩子的身心也在不断成长，所以要对教师开展心理教育、生涯规划、思想教育、学业诊断分析等个性化指导教育培训，帮助学生更好地成长。

3. 做好家庭教育指导，实现同向发力

通过调查和访谈可以发现，家长对教育的诉求也存在不合理的地方。如：幼儿阶段的家长有的过分担心孩子在幼儿园被别的孩子欺负，有的对孩子的学业成绩期望过高，等等。因此要做好家庭教育指导，帮助家长树立正确的人才观，引导家长关注孩子德智体美劳全面发展，尊重孩子合法的权利，正确运用家庭教育方式方法。

综上所述，从家长视角反思教师队伍建设的改进之处，有利于提升教师队伍发展水平，建立高水平教师教育协同创新平台，建立学校教育、家庭教育的有效联系，强化与家长的有效沟通，实现同向发力，促进教育发展。

第二节　以师德师风建设为核心的"5＋3＋N"区域教师培训体系建构

一、以师德师风建设为核心的"5＋3＋N"区域教师培训体系概述

"5＋3＋N"区域教师培训是以师德师风建设为核心，以让每个教师都成为"大先生"为目标，以新教师培训、职初教师培训、研训员工作坊培训、名师工作室及项目研究中心、领航名师班培训五级师训和领雁校长培训、鸿雁校长培训、飞雁校长培训三级干训为主线及 N 个特色培训为补充的区域教师培训。

（一）"5+3+N"区域教师培训体系提出的依据

"5+3+N"区域教师培训源自原南京化学工业园区的五级教师培训，随着南京江北新区的成立，教育状态、教育需求发生了显著的变化。原企业办校划归地方，老城区校、中心校大多面临社区老化、生源萎缩问题，在桥北和江北核心区，一批新校成立且生源急剧增加，同时《普通高中课程方案（2017 年版 2020 年修订）》《义务教育课程方案（2022 年版）》《深化新时代教育评价改革总体方案》等一系列重大改革举措出台，教育发展面临新要求、新挑战，随着社会经济的发展，需要通过高位引领，深化课程改革，落实新的要求。

（二）教师专业发展阶段的划分及其特征与需求

依据裴跃进关于教师专业发展阶段的研究，"检视判断教师发展阶段的基本内涵确定为三个范畴：教学系统、自我系统和组织系统"，结合区域教师专业发展的实际情况，从心理状态、行为表现、思想表达和发展需求等四个维度，教师专业发展阶段可以分为适应期、胜任期、成熟期、歧变期、创造 / 稳定期和卓越 / 退隐期等六个阶段，各阶段的主要特征与需求见表 4-1。

表 4-1　教师专业发展阶段及其特征与需求

发展阶段	心理状态	行为表现	思想表达	发展需求	教龄（年）
适应期	兴奋、焦虑	缺乏经验	随笔反思	具体帮扶	1—2
胜任期	自信、热情	规范有序	案例分析	经验积累	3—5
成熟期	满意、积极	灵活有效	经验总结	展示交流	6—12
歧变期	迷茫、期许	寻求突破	研究报告	名师指引	10—16
创造 / 稳定期	自信、热情 / 失落、倦怠	特色鲜明 / 故步守成	学术论文 / 经验总结	前瞻引领 / 深度参与	15—25
卓越 / 退隐期	谦和、通达 / 平和、知命	建构体系 / 按部就班	专业著作 / 日常交流	高端协作 / 身心愉悦	25+

（三）以师德师风建设为核心的"5+3+N"区域教师培训体系构成

"5+3+N"区域教师培训体系分为师训、干训两条主线和 N 个特色培训项目，力求做到全覆盖、全方位、多角度、立体化，构建全面覆盖、层级清晰、纵横沟通、上下衔接的培养机制。

1. 五级师训体系

五级师训体系以教师专业发展阶段研究为基础，结合本区教师专业发展的实际情况，从心理状态、行为表现、思想表达和发展需求等维度，结合教师专业发展各阶段的主要特征与需求，分别建立新教师培训、职初教师培训、研训员工作坊、名师工作室及项目研究中心和领航名师班五个层级培训，对全区教师进行分层培养，在全面提升的同时，促进骨干教师不断发展。

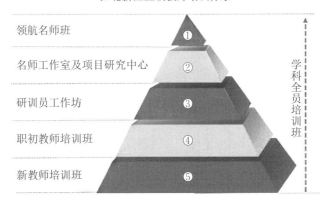

图 4-4　五级师训体系基本架构

2. 三级干训体系

三级干训体系是依据南京江北新区教育和社会保障局提出的提高站位，练好内功，充分调动学校管理积极性，强化政治定力，强化治校实力，强化创业魄力，强化创新活力的干训要求，在干训上抓住重点、抓好热点、突破难点，落实立德树人的"扎根计划"、队伍建设的"英才计划"、资源统整的"优质计划"、教学改革的"增值计划"、智慧校园的"互联网＋计划"、体制创新的"超越计划"，形成教育发展的新区特色、新区经验。

领雁校长培训：着力提升一把手校长的校园文化开发力、课程实施领导力、质量管理内控力、师生动机影响力。

鸿雁校长培训：着力提升副职校长的学校规划的执行力、引领力和协同力。

飞雁校长培训：着力提升新任职校长的岗位适应力。

图 4-5　三级干训体系基本架构

（四）特色培训

特色培训主要作为以上培训的补充，安排了一些培训项目。如：成长型班级培训、国学培训、艺术教育培训、劳动教育培训等。

二、"5+3+N"区域教师培训体系实施要求

严格落实师德师风第一标准，以让每位教师都成为"大先生"为培养目标，引导教师热爱教育事业，具有职业理想，践行社会主义核心价值体系，履行教师职业道德规范，锤炼教育教学技能，提升育人本领，依法执教，关爱学生，为人师表，引导广大教师争做"四有"好老师，当好"四个引路人"。

（一）坚持思想政治建设和师德教育为先

首先是全面加强中小学教师思想政治建设，坚持教育者先受教育，坚持正确方向，突出思想铸魂，将习近平新时代中国特色社会主义思想融入教师培养培训课程，坚持扎根中国大地办教育，不忘立德树人初心，牢记为党育人、为国育才使命。

其次，加强和改进师德师风建设，常态化推进师德培育涵养，将师德规范纳入新教师岗前培训和在职教师培训必修内容。创新师德教育方式，激发教师涵养师德的内生动力，将师德师风建设贯穿教师培训全过程。

（二）坚持问题导向和前瞻引领

以习近平新时代中国特色社会主义思想为指导，依据教育部等八部门关于印

发《新时代基础教育强师计划》要求和教育前沿发展成果，以问题为导向，注重教师培训的前瞻性、预见性、创新性和教育的可持续性，遵循教师成长发展规律，以高素质教师人才培养为引领，以提升教师思想政治素质、师德师风水平和教育教学能力为重点，整体提升区域中小学幼儿园教师队伍教书育人能力。

（三）坚持多维培养和实践育师

依据区域现状和未来发展需求及加快实施高素质教师人才培育的目标，从专业理念、专业知识、专业能力、专业品质四个维度，强化教育实践环节。把学科知识、教育理论与教育实践有机结合，突出教书育人实践能力；研究学生，遵循学生成长规律，提升教育教学专业化水平；坚持实践、反思、再实践、再反思，不断提高专业能力。聚焦基础教育课程改革的理念、要求教育教学方法变革，改进教师培养培训方法手段。通过建立标准、项目拉动等举措，优化培训内容，打造高水平课程资源，建立完善自主学习机制和精准帮扶机制，创新线上线下混合式研修模式，充分发挥区域名师名校的示范和辐射带动作用。持续实施卓越教师培养计划和区域名师名校长领航计划，培养造就一批引领区域教育改革发展、辐射带动区域教育质量提升的名师名校长。筑基提质、补短扶弱、做优建强，全面提高区域教师培养培训质量。

（四）坚持同向发力和协同创新

建立高水平教师教育协同创新平台，鼓励支持学校教育、家庭教育、社区教育协同共振，中小学幼儿园各学段同向发力，推动优质课程资源共享、学科建设经验分享、教育教学问题共同研究，整体提升区域师资建设和办学水平。支持区域内和集团校内相关中小学幼儿园在教育科学研究、师资队伍建设、校本研修等方面开展合作。强化与高等师范院校等高校的已有工作联系，依托高等院校的师资等教育资源，开展基础教育服务，提高师资发展水平。

三、以师德师风建设为核心的"5+3+N"区域教师培训体系课程设置

（一）以师德师风建设为核心的区域教师队伍专业发展的总目标

根据中小学教师专业发展标准及国家的相关政策文件，经过几年的实践与

探索，五级教师培训体系的总目标如表 4-2 所示。

表 4-2　区域教师队伍专业发展总目标

维　度	目　标　内　容
师德师风	热爱祖国的教育事业，具有强烈的从业、敬业、乐业的动机，坚持以生为本、为人师表，具有鞠躬尽瘁、热爱学生、甘为人梯的专业态度，把立德树人作为教育目标，为实现使学生感到幸福的教育理想勇于创新
专业知识	了解国家和区域教育的现状及发展趋势，了解现代主要的哲学、教育学、心理学等领域的基本思想及发展历程；了解学生的基本需求和发展规律，掌握学生教育与班级建设的策略与方法；了解学生的认知规律与特点，掌握任教学科的课程标准、结构与内容、教学方法、学习方式
专业能力	能建立民主、和谐的师生关系，使学生在抱持的环境中幸福成长；能合理选择科学方法和现代技术有效地开展教学工作，促进学生自主学习；能通过自主、合作进行的研究与反思，改进、创新教育教学实践，完善、深化对教育教学理论的理解
专业品质	具有广泛的兴趣、丰富的情感、乐观的精神、坚韧不拔的意志和创新精神，能上好每一节课、关爱每一个学生，相信每一个学生的发展潜能

总目标为进一步建构培训课程及提高培训的针对性和有效性提供了依据。总目标在国家的教师培养目标的基础上，把师德师风建设、学生的身心健康及和谐的人际关系作为教育的重要内容，为其他目标的有效达成提供有力支持。总目标通过区域五级骨干教师培养体系和学科全员培训得以具体落实，使区域教师在师德师风、专业知识、专业能力、专业品质四个方面不断提升。

（二）以师德师风建设为核心的"5+3+N"区域教师培训体系课程设计

根据教师队伍专业发展阶段的划分及其特征与需求，结合教师队伍发展层级，可以将区域教师队伍发展的总目标进行分层细化。

1. 五级师训课程设计

从职业认同、师德修养、教学能力、课程理解、科研方向、科研能力、教育理论、教育思想、影响范围九个维度出发，明确培养教坛新秀、优秀青年教师、学科教学带头人、特级教师、教育家培养对象等不同层级骨干教师的具体要求，为五级骨干教师培养体系的建构与培训课程开发提供依据。（见表 4-3）

表 4-3 五级骨干教师培养的具体要求

骨干教师等级	职业认同	师德修养	教学能力	课程理解	科研方向	科研能力	教育理论	教育思想	影响范围
教坛新秀	适宜	合格	教学基本功	教材结构	教材	主持个人课题	记忆	接受	组内
优秀青年教师	满意	良好	教学设计与组织	学科特点	教法	参与集体课题	理解	内化	学校
学科教学带头人	幸福	高尚	教学特点与创新	课程目标	课标	主持集体课题	应用	更新	区内外
特级教师	崇高	高尚	教学风格	课程整合	课程	主持课程项目	分析	创新	市内外
教育家培养对象	崇高	高尚	教学主张	课程理念	教育	主持教改项目	评价创造	独创	省内外

以上述几项研究成果为依据，建构区域五级教师培养体系（见表4-4），由新教师培训班、职初教师培训班、研训员工作坊、名师工作室及项目研究中心、领航名师班五级培训项目组成，从专业发展阶段、学员教龄、班级数量、培训周期/学时、班级学员人数、培训主要形式、课程主要特点、学员发展目标八个方面做出了明确的规定，与常年开展的学科全员培训互为补充、互相促进。其中名师工作室与项目研究中心为同一层级，由表现突出的名师工作室独立或联合升级组建。

表 4-4 区域五级教师培养课程整体架构

培训班名称	专业发展阶段	学员教龄（年）	班级数量	培训周期/学时	班级学员人数	培训主要形式	课程主要特点	学员发展目标
新教师培训班	适应期	新入职	1	1 年 /80	全员	集中、分组、师徒	具体帮扶	胜任教师
职初教师培训班	胜任期	2—4	1	3 年 /80	全员	集中学习	案例分析	教坛新秀
研训员工作坊	成熟期	5—12	24—32	3 年 /80	10—15	展示交流	课例研究	优秀青年教师
名师工作室及项目研究中心	歧变期/创造期	10—16	16—24	3 年 /80	10—15	专题研讨	课题研究	学科教学带头人
领航名师班	创造期/卓越期	15—25	1—2	3 年 /80	40—50	讲座、观摩、导师	前瞻引领	特级教师

在完成区域五级骨干教师培训体系的基本构架的基础上，课程设置充分发挥区域骨干教师和研训员的作用，积极引进高端培训资源，根据教师专业发展阶段的特征与需求，进行分层培养，有针对性地设置相应的培训课程，为满足不同阶段教师的专业发展需求提供支持与帮助。（见表 4-5）

表 4-5　区域五级教师培训课程设计

培训项目	培训模式	具体实施
新教师培训班	"153"	"1"是指一年时间 "5"是指五个阶段：入职前暑假集中培训、第一学期分学科培训及导师带徒、第一学期寒假集中培训与诊断、第二学期基于诊断的分学科培训及导师带徒、第一学年暑假集中培训与考核 "3"是指三个方面：入职心理与职业认同、教学流程与技能、教育管理与班主任工作
职初教师培训班	"341"	"3"是指三年时间 "4"是指四个方面：职业理解与职业规范、教学设计和课堂教学、班级建设和活动设计、教育科研与自主发展 "1"是指一次考核：职初教师培训后的合格性考核
研训员工作坊	"343"	"3"是指三年时间 "4"是指四个方面：备课、上课、说课、评课 "3"是指三种成果：优秀教学设计、典型教学案例、成功经验论文
名师工作室及项目研究中心	"324"	"3"是指三年时间 "2"是指两个方面：学习和研究 "4"是指四个阶段：选题论证阶段、研究方案设计与论证阶段、实践研究实施与调整阶段、研究成果展示与交流阶段
领航名师班	"324"	"3"是指三年时间 "2"是指两条主线：上行线和下沉线 "4"是指四项修炼：教育理念与教育思想的凝练；教学主张与教学风格的形成；团队协作与管理能力的增强；专业素养与科研境界的提升

2. 三级干训课程设计

"三雁"校长培训课程内容优选国内外专家和一线优秀教育管理者实证研究出来的、卓有成效的教育教学方法措施和关键技能。具体培训实施时坚持问题导向、实践导向、技能和能力导向。

图 4-6　三级干训课程理念

在课程结构上，直接针对校长实际工作需要的技能和能力结构，经实证检验确能优化教育教学行为、校长管理行为，提高工作效能。

表 4-6　区域三级干训课程设计

培训项目	培训模式	具 体 实 施
领雁校长培训班	"334"	"3"是指三年时间 "3"是指三个主题：教师队伍建设与教育质量提升、校园文化建设与课程建设、学校发展与品牌建设 "4"是指四个流程：理论学习、名校跟岗、自我诊断、交流推广
鸿雁校长培训班	"333"	"3"是指三年时间 "3"是指三个主题：课堂改革与教学质量提升、国家课程的校本化实施与校本化课程建设、教学评价 "3"是指三个流程：理论学习、自我诊断、跟岗实践三个阶段
飞雁校长培训班	"133"	"1"是指一年时间 "3"是指三个主题：教育政策与法规学习、教育管理与行政规划、沟通与团队建设 "3"是指三个流程：理论学习、自我诊断、跟岗实践三个阶段

3. 特色师训课程设计：成长型班级培训

成长型班级培训的培训对象不是一个个教师，而是由同一班级的若干任课教师组成的团队，以跨学科教师团队共研协作、学生团体建设、班级文化构建为内容，以立德树人为中心，通过培训实现全员育人、全程育人、全方位育人。

项目通过"双轨并行"模式推进，以教师发展与学生成长为最终落点，通过两大载体——领航教师工坊与成长型试点班级互为依托、相互促进。领航教师工坊作为同一子项目研究共同体的加油站，通过专家指导、经验共享以及同伴互助促进问题解决与经验提炼；而成长型试点班则是共同体思想落地、实践创生的孵化场，为教师的创意实践提供有力诠释与实证。

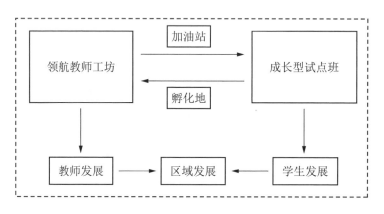

图 4-7　特色师训课程基本模式

行动路径：两年项目始终以研究共同体为主体，通过初态调研—顶层规划—分段推进—评审验收—提炼推广五段螺旋式行动实践，促进难点突破与经验成果提炼。

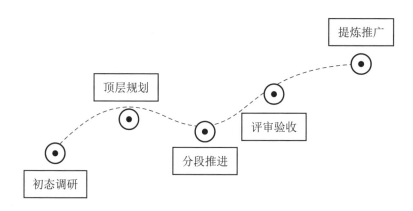

图 4-8　特色师训课程行动路径

第三节 以师德师风建设为核心的"5+3+N"区域教师培训管理模式

一、以师德师风建设为核心的"强师惠师"行动方案

2022 年 4 月，教育部等八部门印发了《新时代基础教育强师计划》，新区教育和社会保障局根据文件精神编制《南京江北新区"强师惠师"三年行动方案》。依据政策研究、评价研究和调查研究取得的成果，形成以师德师风建设为核心，从实施教师队伍思想铸魂行动、实施教师队伍专业强基行动、实施教师队伍管理赋能行动、实施教师队伍安心保障行动四个维度架构的行动方案。（见图 4-9）

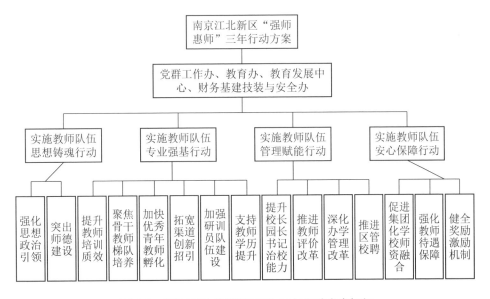

图 4-9　江北新区"强师惠师"三年行动方案框架

二、以师德师风建设为核心的区域教师队伍发展评价指标

以师德师风建设为核心的新时代教师队伍发展的 CIPP 评价指标体系（见图 4-10），从背景评价（Context Evaluation）、投入评价（Input Evaluation）、过

程评价（Process Evaluation）、结果评价（Product Evaluation）等四个维度出发，以师德师风建设为核心编制具体的三级评价指标，通过该指标全面评估区域教师队伍发展的现状。

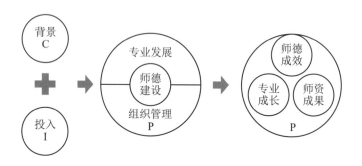

图 4-10　区域教师队伍发展的评价指标体系

三、以师德师风建设为核心的"5+3+N"区域教师培训管理制度

（一）建立"5+3+N"区域教师培训申报、立项、实施、评价制度

依据教育部、省教育厅及市教育局有关教师培训工作的相关文件和财务要求，建立"5+3+N"区域教师培训申报、立项、实施、评价制度和相关工作流程。

以师德师风建设为核心的"5+3+N"区域教师培训项目工作流程说明

项目产生
（依据培训实际需要和相关制度，经项目工作组讨论通过）
↓
拟定方案
（依据项目工作组讨论结果确定培训工作领导小组及培训对象、人数、课程、经费等）
↓
项目报批
（将项目实施方案提交项目工作组）
↓
项目实施
（依据方案组织项目实施）
↓
项目结项
（在项目完成后提交项目相关资料，项目工作组依据方案实施情况进行评价）

以师德师风建设为核心的"5+3+N"区域教师培训项目申报表

培训班名称	
培训目标	
培训内容	
培训起止时间及课时数	
培训对象 （学科、人数、特征）	
培训模式	
课程设置 （专题名称、时间、培训方式、授课教师姓名、培训地点）	
考核办法	
培训组织管理 （管理人员分工及职责）	
培训经费执行预算 （师资、场租、资料、住宿与餐费等）	
效能预期	
培训专家基本情况（姓名、工作单位、职务/职级、研究领域）	
培训评价（背景评价、投入评价、过程评价、结果评价）	

（二）建立"5+3+N"区域教师培训班主任制度

班主任需要在相关领导部门统一领导下，做好协调工作：及时向主管培训领导、相关工作人员和学员通报培训班的工作动态和临时任务安排；听取班内学员的建议和意见，及时向上级领导汇报；为任课教师和学员提供良好的后勤服务；做好培训班开班的接待工作；做好培训班教学期间的专家接待及日常管理工作。做好培训班学员结业工作：根据学员出勤记录整理学员出勤考核汇总，与班委一起做好学员评优工作。做好课时数据审核和提交工作：依据培训项目管理要求，做好培训项目的实施评价、资料收集及后期培训工作的各项工作汇总，积极参与培训质量评审工作。

（三）建立"5+3+N"区域教师培训学员制度

学员集中研修和跟岗研修阶段须加强自我管理，按时参加各项研修学习活动。

严格考勤制度，原则上不予请假，每场培训考勤两次。如有特殊情况需要请假的，需要向培训班主任请假，经批准后方可离开。

集中研修阶段，严格遵守相关规定和会议纪律，课上认真听讲，做好培训笔记，课后及时巩固消化所学内容，按时、高效、优质完成研修任务；跟岗研修阶段，应结合自己的实际情况，认真观摩、主动交流，有针对性地、高效优质地完成研修任务。

加强过程评价，培训结束将依据平时学习和考核情况，评定学员成绩。经培训考核合格，且无下列情况者颁发结业证书：无故缺旷课累计达面授总学时或者跟岗总学时 20% 及以上；不遵守面授或者跟岗学校的安排，未经同意擅自更改面授或跟岗学习计划；其他明显违纪行为。

四、以师德师风建设为核心的"5+3+N"区域教师培训管理平台

（一）构建"5+3+N"区域教师培训信息平台

构建以师德师风建设为核心的"5+3+N"区域教师培训信息平台，充分利用教育政务微信平台的便捷性与广泛覆盖性，结合省级教师培训的深度与专业

性，实现培训流程的全面数字化管理。

支持按地区、学段、学科等条件快速创建培训班，自动分配班级编号与二维码，便于学员扫码入班。采用"GPS 定位 + 二维码扫描"双重验证方式，确保培训出勤的真实性与准确性，同时支持请假、迟到等异常情况的在线处理。实时记录每位学员的学习时长、课程完成情况，生成个性化学习报告，帮助管理者掌握培训进度与效果。建立班级论坛、专家答疑区，促进学员间经验分享、问题讨论，以及与教师培训专家的直接交流。

根据学员的岗位需求、兴趣偏好及前期评估结果，智能推荐最适合的学习课程与资源，定期分析学习数据，评估培训效果，为优化培训内容、改进教学方法提供数据支持。完成培训任务的学员可获得电子结业证书，平台提供成果展示专区，鼓励优秀学员分享学习心得。确保平台在各类智能手机上流畅运行，便于教师随时随地学习，实现 PC 端、平板、手机等多设备间学习数据的无缝同步。为学校或地区提供定制化的师德师风培训方案设计服务，鼓励教师上传自制课件、教学心得，形成资源共建共享的良好生态。

（二）建立学员成长档案

利用信息平台，建立学员成长电子档案。为了规范培训项目档案管理工作，保证档案的完整性，理顺工作程序，应明确工作职责，杜绝资料流失。

培训项目档案专设负责人。凡是关于培训项目的制度、方案、合同、协议、学员签到表、满意度调查表、食宿安排、会务安排等具有查考利用价值的文件资料均属归档范围，均应集中统一管理。

归档资料时办公室要进行登记，编制归档目录，设专门培训档案。通过成长档案了解学员成长状态，分析学员培训需求，评价教师培训效果，并依据数据分析对教师培训项目设置、教师培训课程和教师培训内容等进行适时的调整和安排。

第五章
以师德师风建设为核心的新时代教师队伍专业发展区域行动

自党的十八大以来，习近平总书记围绕培养担当民族复兴大任的时代新人的战略思考，发表了系列重要教育论述，尤其是对我国教师地位、作用、任务、师德师风建设等都提出了十分明确而具体的要求，为新时代教育事业创新发展和教师队伍建设提供了根本遵循。新时代中小学教师队伍的建设，要以新形势下的师德师风建设为核心，以教师教书育人能力素养为导向，根据高质量教育体系建设的客观需要，明确新任务，更新师德观念与素养目标，从制度和机制建设入手，以德立教，找好着力点，把中小学教师队伍建设提高到一个历史的新水平。

第一节　以师德师风建设为核心探索区域教师队伍专业发展区域行动的提出

教育是国之大计、党之大计，教师是立教之本、兴教之源。建设教育强国，最重要的基础在教师队伍，最坚实的依靠在教师队伍。南京江北新区教育始终坚持以习近平新时代中国特色社会主义思想为指导，全面贯彻党的教育方针，紧紧围绕凝聚人心、完善人格、开发人力、培育人才、造福人民的教育工作目标，加大力度破解教育人才发展难题，以更加主动的作为、更加有力的举措，为建设高质量教育体系，推进中国式现代化新区实践提供更加坚实的基础性、战略性支撑。

一、顶层设计："强师惠师"三年行动方案

为深入贯彻《中共中央　国务院关于全面深化新时代教师队伍建设改革的意见》精神，按照《南京江北新区教育事业发展"十四五"规划》《南京江北新区教育现代化 2035》要求，南京江北新区于 2022 年 9 月出台《南京江北新区"强师惠师"三年行动方案》，旨在全面深化新时代教师队伍建设改革，培养造就新区高素质、专业化、创新型教师队伍，为办好人民满意的教育提供强有力的师资保障。

该方案以习近平新时代中国特色社会主义思想为指导，全面贯彻党的十九大和十九届历次全会精神，全面贯彻党的教育方针，坚持社会主义办学方向，遵循教师成长发展规律，以高素质教师人才培养为引领，以高水平教师培训体系建设为支撑，以提升教师思想政治素质、师德师风水平和教育教学能力为重点，让每一位教师都成为"大先生"，在岗位上有幸福感，事业上有成就感，社会上有荣誉感，努力形成优秀人才争相从教、教师人人尽展其才、好教师不断涌现的教育生态。

二、行动指南：明确"行动方案"基本原则

在《南京江北新区"强师惠师"三年行动方案》中，明确提出了四条基本原则，作为南京江北新区在教师队伍发展工作中必须要遵循的原则，以此来规范与规定"强师惠师"行动的方向、核心内容、发展保障等工作。四条原则分别是坚持正确方向、突出师德师风、强化发展保障、深化改革创新。

坚持正确方向，即要坚持党管干部和党管人才，坚持依法治教和依法执教，

坚持严格管理和激励关怀相结合，全面发挥党组织领导作用，确保党牢牢掌握教师队伍的领导权，保证正确的政治方向。

突出师德师风，即坚持德才兼备、以德为先，把教师思想政治和师德师风建设放在首要位置，全面加强教师思想政治建设，严格落实师德师风第一标准，突出全员全方位全过程师德养成，推动教师成为先进思想文化的传播者、党执政的坚定支持者、学生健康成长的指导者。

强化发展保障，即要把深化教师队伍建设作为一项重大政治任务和根本性民生工程，坚持教育优先发展战略，优先谋划教师工作，优先保障教师工作投入，优先满足教师队伍建设需要。

深化改革创新，即坚持解放思想，攻坚克难，抓住关键环节，进一步强化问题导向，优化制度设计，破解发展瓶颈，推动实践探索，把管理体制改革与机制创新作为突破口，把提高教师地位待遇作为真招实招，增强教师职业吸引力。

第二节　以师德师风建设为核心探索区域教师队伍专业发展区域行动的目标

在全面客观分析南京江北新区教育人才现状的基础上，《南京江北新区"强师惠师"三年行动方案》明确提出，经过三年努力，到 2025 年，江北新区教师师德师风、综合素养、专业化程度、教育教学水平、创新能力要有显著提升；且要建成一支与新区教育事业高质量发展相适应的师德高尚、业务精湛、结构合理、充满活力的高素质、专业化、创新型教师队伍，培养造就一批有影响力的名教师、名校长，教师队伍发展总体水平位居全市前列，尊师重教蔚然成风。

一、立身：师德高尚

强国必先强教，强教必先强师，强师必先铸魂。党的十八大以来，习近平总书记多次在讲话、考察当中谈到师德师风建设的重要性，指出教师队伍素质的第一标准是师德师风。2018 年 1 月印发的《中共中央 国务院关于全面深化新时代教师队伍建设改革的意见》，从宏观角度对师德师风建设做出了总体部署。随后，教育部相继出台《关于加强和改进新时代师德师风建设的意见》等相关政策文件，明确了新时代背景下教师职业规范要求和师德底线标准，形成了新时代背景下的师德师风建设体系。可见，加强新时代师德师风建设至关重要，是立德树人根本任务的首要因素和教书育人的根本[1]。习近平总书记在不同场合强调要加强教师的职业道德水平建设，并提出了"四有"好老师、"四个引路人"、"大先生"等相关要求，从不同方面对新时代背景下师德师风的内涵进行了全新的阐释。

根之茂者其实遂，膏炎沃者其光晔。我们认为师德高尚，必根植于中华民族深厚的文化土壤，其首先应该表现在要有热爱教育的定力，淡泊名利的坚守和以赤诚之心、奉献之心、仁爱之心投身于教育事业的情怀；其次应该表现在文明的举止和美好的人格上，即教师要以高尚的品格熏陶人，以整洁的仪表示范人，以和蔼的态度感染人，以渊博的学识引导人，以广阔的胸怀爱护人，成为学生道德上的引路人。因此我们将师德师风的目标内容简单定义为：热爱祖国的教育事业，坚持以生为本、为人师表，把立德树人作为教育目标，为实现使学生感到幸福的教育理想勇于创新。

二、施教：业务精湛

师者，传道受业解惑也。教师是学生成长成才的"引航人"和"筑梦人"。在这瞬息万变的新时代，教师要站在知识浪潮的前沿，处于终身学习的状态，思维新、视野广，不仅要有扎实的学科基础知识、科学的教学方法、专业的教学技能、认真的教学态度，还要有启智润心、因材施教的育人智慧，勤学笃行、求实创新的躬耕态度，以及包容的胸襟视野、广博的交叉知识。教师要践行工匠精神和教育家精神，严谨笃学，刻苦钻研，成为学生学习路上的指导者、引路人。

---

[1] 刘朝晖.新时代高校师德师风建设研究［J］.中国德育，2022（03）：36—40.

三、统筹：结构合理

教师队伍建设是教育事业发展的战略性、奠基性工程，是复杂、系统的工程，有必要提前谋划、科学部署。江北新区根据《南京江北新区教育事业发展"十四五"规划》《南京江北新区教育现代化2035》要求，制定《南京江北新区"强师惠师"三年行动方案》，坚持以师德师风建设为核心，以机制创新为突破口，以破解制约学校师资队伍高质量发展的深层次矛盾为切入点，抓住关键环节，立足整体发展，优化系统设计，全面推进以师德师风建设为核心的教师队伍建设。根据目前新区教师队伍的年龄梯队，以新教师培训班、职初教师培训班、研训员工作坊、名师工作室及项目研究中心、领航名师班等为抓手，科学建构五级金字塔骨干教师队伍培养体系，搭建适合不同发展需求的梯级教师成长平台，以形成培养教坛新秀、优秀青年教师、学科教学带头人、特级教师、教育家培养对象等不同层级骨干教师梯队培养体系。同时，立足持续与均衡发展，探索建立"骨干引领、抱团成长、以点带面、广泛覆盖"的人才辐射引领机制和校际互动机制，推进市、区两级领军人才培养工作，全面提升教师队伍的专业化、整体式发展，使之成为推进区域教育高质量发展的重要引擎。

四、生态：充满活力

江北新区遵循人才成长规律，立足持续发展和主动发展，充分盘活资源，进一步深化学校办学管理体制改革；以尊重规律、以人为本、以德为先、注重实绩、促进发展、公平公正为原则，进一步优化绩效分配制度；细化人才培训方式，实化人才考核机制，强化后备人才培养；加大宣传力度，树立"大先生"榜样，构建健康向上的教师专业发展生态，持续激发教师成长活力。

习近平总书记在2021年4月19日考察清华大学时发表重要讲话，提出教师要成为大先生，做学生为学、为事、为人的示范，促进学生成长为全面发展的人。什么是大先生？顾明远先生认为：教师要做大先生，首先要有坚强的理想信念，不断提高思想政治修养，关心国家大事、世界大事，心怀祖国，坚定党的领导和走中国特色社会主义的道路，为实现中华民族伟大复兴作出贡献；

教师要做大先生，就要不断提高专业水平，要严谨治学，深耕科研，研究真问题；教师要做大先生，就要把立德树人作为根本任务，培养肩负中华民族伟大复兴的下一代。因此教师要不断提升思政修养，树立高尚的师德师风，以身作则，为人师表，做学生为学、为事、为人的榜样，成为学生树立理想信念、刻苦学习、奉献祖国的引路人，把学生培养成为德智体美劳全面发展的社会主义建设者和接班人。

第三节 以师德师风建设为核心探索区域教师队伍专业发展区域行动的实践

南京江北新区根据国家、省、市有关人才、队伍建设的意见和《南京江北新区教育现代化2035》等文件精神，结合《南京江北新区教育事业发展"十四五"规划》的制定，精心研制教育人才发展专项规划《南京江北新区"强师惠师"三年行动方案》，在全面客观分析研究南京江北新区教育人才现状的基础上，研判江北新区教育事业发展未来趋势，以"培养和造就一支与新区教育现代化相适应的师德高尚、业务精湛、结构合理、充满活力的高素质、专业化、创新型教师队伍"为目标，制定了教师队伍发展的主要指标，确立了各项重点任务、重点项目和创新举措，育引并举，高质量实施教师队伍思想铸魂行动、教师队伍专业强基行动、教师队伍管理赋能行动、教师队伍安心保障行动四项行动，加快优秀青年教师孵化，拓宽渠道创新招引，支持教师学历提升，提升校（园）长、书记治校能力，深化办学管理改革，强化教师待遇保障等十六项举措。

一、方向盘：实施教师队伍思想铸魂行动

（一）强化思想政治引领

1. 党建引领有坐标

在新区公办中小学、特殊教育学校、公办幼儿园全面建立党组织领导的校

（园）长负责制，制定党组织领导的校长负责制"1+3"等配套文件；聚焦党组织的引领功能，把党的全面领导坚定有力落实到学校，充分发挥基层党组织战斗堡垒作用和党员先锋模范作用，凝聚教师合力；坚持德才兼备、以德为先，选优配强党组织书记、副书记领导职数；举办党组织书记、党务工作者培训，开展严肃党的组织生活专项督查，加强年度党的建设考核，科学应用考核结果；开展学年度教育系统领导干部考核及"一报告两评议"；持续推进"名书记工作室"建设，为学校党员干部校准引领示范的"信仰坐标"；认真学习、宣传贯彻《中国共产党支部工作条例（试行）》，制定基层党组织规范化建设清单，打造"四先行"示范党支部，推广"一支部一品牌"；结合"青贝志愿服务中心"，提倡亮党员身份，全面开展"小时光"党员志愿服务项目，评选一批创新案例；全面推进"一体化思政育人'江北样本'"省级示范项目建设。着力打造充满活力和战斗力的先锋模范教师队伍，让党旗在教育一线高高飘扬。

2. 思政育人有特色

在新课标背景下，形成江北新区中小学"双减"背景下的新样态思政课堂的评价标准，以此来引领思政课堂教学改革，提升思政教学成效；加强"江北云思政"学习平台的使用与维护，组织思政教师制作二十节思政"金课"，进一步丰富平台资源；建立"长江大保护"学校课程基地，开展"同饮一江水，共护长江美"专场思政活动，打造新区学校思政课特色品牌；评选六所思想政治工作先进个人和思政育人特色学校，开展思政课示范教学展示活动；推动人工智能等现代信息技术在思政课教学中的应用，探索建设虚拟仿真思政课体验课堂；壮大江北新区大、中、小幼思政课一体化建设联盟，实施"马克思主义学院＋中小学校"结对，组建思政课教学研究团队，促进各学段思政课纵向衔接、横向贯通；建立内容全面、指标合理、方法科学的思想政治工作年度考核体系，推进落实《江北新区教育和社会保障党工委意识形态工作责任制实施方案》。

3. 思政教师有成长

配齐建强思政课教师队伍，初、高中思政教师实现100%专职化，骨干教师占比15%；小学思政教师实现10%专职化，30%专任化，骨干教师占比

4%；开展思政课教学基本功比赛2场，区域思政赛课活动3场，区域联盟研讨3场，提升思政教育专业水平；强化教师培训培养工作中的理想信念教育，进一步健全教师理论学习制度，重视在优秀青年教师中发展党员，把好教师的政治观、思想关；开展思政课教师全员研训48场，完成96学时/人的专业学习；组织思政课教师专题培训学习48学时；开展"思政一体化"论坛6场，形成共同成长、互相补充的中小学一体化成长的思政课教师共同体；实行思政课兼职教师制度，形成领导干部、国企骨干、新时代先进人物、红色基地讲解员、志愿者等群体经常性进中小学参与思想政治教育的长效机制；积极建设思政特色课堂，形成全场域一体化思政课程。

（二）突出师德建设

江北新区把师德师风作为评价教师队伍素质的第一标准，建成"师德培训有保障、先进典型有表彰、内部监管有力度、举报渠道能通畅"的"培、扬、管、畅"体系化的新区师德师风建设长效机制，全面推动师德师风建设落地、落实、落细。引导广大教师明师德要求、学师德楷模、遵师德规范、守师德底线，持之以恒、久久为功，为教育事业改革发展提供坚强政治保证，推动教育治理体系和治理能力现代化。

1. 培：拓展学习教育广度，筑牢师德师风防线

（1）加强师德警示教育

坚持将"正德清风"确立为全年师德工作主题，实施十条重点工作计划，推动新区师德师风建设的高质量内涵式发展。加强师德警示教育，紧盯假期、节日等关键节点，紧抓职初教师、班主任教师等关键人群，通过案例剖析、法治宣讲、实地参观等方式，确保每学期至少开展一次面向全体教师的师德师风警示教育。引导教师对照师德师风和典型案例反映的问题进行自查自纠。每年9月，组织新入职教师签订并上传拒绝有偿家教承诺书，严明师德师风行为底线，严防师德失范行为发生。

（2）纳入培训体系全过程

新区把教师素质提升作为加强教师队伍建设的突破口，将师德师风教育纳

入五级金字塔培训体系各环节，让师德培训成为教师发展的必修课。在课程培训中，紧紧围绕"课改""质量""创新""提升"的工作思路，创新实施师德培训"1+X+1"计划，"1"是指所有教师每学期至少参加一次师德专题辅导报告，"X"是指教师可根据实际参加阅读教育专著、撰写师德感悟、参加志愿服务等内容中的两项，最后一个"1"是指形成一份师德培训个人档案，记录教师师德学习教育情况。以此真正让师德师风建设在新区教育系统"人人知部署、明责任、有行动"。

2. 扬：放大榜样典型亮度，着力强化灯塔领航

（1）表彰激励立典型

实施中小学校思政课教师"扬帆"计划，开展师德先锋、师德先进和"四有"好教师团队评选，十五所学校成为江北新区"四有"好教师团队，浦园路幼儿园、浦口实验小学、浦口外国语学校成为南京市"四有"好教师团队，其中浦园路幼儿园入选江苏省2024年"四有"好教师团队。做好教师全员培训，让每位教师都得到发展。

（2）加大宣传树榜样

江北新区还坚持以线上线下融合、系统内外联动的方式强化师德主题宣传。以"师·爱"——先进事迹专题报道、"师·心"——短视频征集、"师·诺"——师德承诺书线上签署、"师·像"——教师群像主题海报、"师·画"——Q版教师形象征集五大主题进行了系列化师德专题宣传，进一步提高了社会各界对新区师德师风的感受度，更提升了新区教师的职业认可度。在此过程中，我们推进媒体融合，采用区、校两级联动的方式拓展学习教育场域，创造性开展了覆盖全区教师的师德师风承诺书线上签署仪式，"云上的承诺"以一种崭新的形式引导全区教师依法执教、廉洁从教、勤学乐教、因材施教、敬业崇教。

（3）志愿服务塑形象

江北新区积极组织和鼓励一线教师参加南京教师志愿者联盟，在立足岗位的同时利用业余时间走进社区、场馆，走进百姓生活的方方面面，在学生成长关照、家庭教育指导等方面贡献力量，塑造新区教师新时代新形象。

3. 管：健全督导监管体系，提升师德师风满意度

新区教育督导室牵头制定师德督导方案，每年六月由责任督学挂牌督导中小学教师师德建设工作，同时结合日常督导开展不定期督查，针对到校外培训机构兼职取酬、顶风违纪有偿补课（有偿家教）、违规向学生推销教辅材料、收受学生和家长礼品礼金等问题继续大力开展专项整治。推进第三方师德满意度调查，根据南京市督导工作要求，对新区64所中小学进行"办学满意度、师德满意度"情况调查，综合满意率98.82%。畅通师德举报渠道，制定《江北新区师德师风投诉办理要求》，设立区、校层面的师德专用邮箱和电话，并向社会长期公布，健全来信、来访、来电、网络"四位一体"的师德师风举报渠道。

4. 畅：规范师德查处流程，助力良好师德重塑

发布《关于进一步完善师德师风监督考评机制的通知》，加强师德师风日常监督。对于群众信访、12345政务服务平台、电话等渠道的信息严格落实"1270"查处规范，即收到投诉件后，1个工作日内完成事实了解，2个工作日内与投诉人进行第一次沟通交流，7个工作日内完成首次全流程处理。一旦投诉查实，依据相关规定严肃处理，学校高质量发展考核相应扣分，产生严重后果的，严格落实年度考核一票否决制。强化师德师风要求，突出师德师风第一标准，进一步加强新区教育系统师德师风建设，营造风清气正的良好氛围。

二、加油站：实施教师队伍专业强基行动

（一）提升教师培训质效

1. 打造"五级金字塔"培训工程品牌

进一步优化"5+3+N"架构下的五级金字塔培训课程设置。这是一个落实教师多元、分层、立体培训的组织形式，包括"5、3、N"三个子系统。第一个子系统是由新教师培训班、职初教师培训班、研训员工作坊、名师工作室及项目研究中心、领航名师班组成的五级分层培训，培训课程以不同年龄、不同层次、不同性质教师的不同需求为依归，以提高业务能力为主要培训目标，以课程标准解读、课程的实施与评价、课堂教学的一般范式为主要培训内容。第

二个子系统是由领雁校长培训、鸿雁校长培训、飞雁校长培训组成的"三雁"校长培训班，以提高校长、副校长的教育管理能力为主要培训目标，以校园文化建设、课程建设、课堂诊断等为主要培训内容。第三个子系统由高考学科质量提升培训、初三中考学科封闭培训、小学质量提升培训、美育培训、劳动教育培训等专项培训、特色培训组成。

2. 人工智能助推教师专业发展

对照新质生产力的发展要求，作为教育部第二批人工智能助推教师队伍建设试点区，运用人工智能助推教师队伍建设，以实际试点研修案例引导区域教研和学校校本教研走向精准、协同和融合，提升以校本研修为基础的全员培训质量。截至 2023 年年底，九所学校、十八个教研组、七十二个备课组参与试点，形成一百多节课例，其中十节为精品展示课。

3. 创新管理提升学科研训质量

认真组织研训，创新研训模式，严格研训纪律，做好资料保存，做好课时数据审核和提交工作，做好成果提炼和培训总结。在教师培训考核上，继续坚持教师参训与教师成长相结合、过程性考核与终结性考核相结合，重点做好学员档案管理与评价。为了进一步规范培训流程，提升各类培训效果，在原有的江北新区教师研训平台中添加了教师培训档案模块，除了研训活动通知、活动方案、线上签到、学时管理、在线研讨功能，研训员或培训组织者可以面向培训对象，建立主题性作业，学员通过手机端或电脑端皆可上传培训收获包括习得技能、认知提升、作品等，培训组织者通过批改作业、撰写评语、赋予评价等第等多种评价方式给学员进行反馈。

4. 整合资源打造学科领军团队

依据江北新区教育发展中心研制的《江北新区学科建设指南》的要求，通过领航名师班培训、名师工作室培训、研训员工作坊培训，依托江苏省师干训中心及南京信息工程大学教师学院、东北师范大学、陕西师范大学、福州师范大学等省内外高校资源，围绕新时代教育评价改革、新时代目标教学——教学评一致、核心素养与课堂变革、教科研能力与教学风格、新媒体在教育教学管理中的应用等，从教育教学理论、学习心理学、课程目标解读、课程实施与课程评价培训、课例研修培训、教学基本功培训等多角度开展培训工作，聚焦于目标的解读能力、课程的实施能力、作业的设计能力、学生的评价能力，引导领航名师班、名师工作室、研训员工作坊学员在学习、实践、反思、提炼中不断成长。

（二）聚焦骨干教师梯队培养

1. 形成区级骨干教师梯队

目前江北新区定期开展教坛新秀、优秀青年教师、学科带头人、名教师、领衔名师评选，已形成区级骨干教师五级梯队。

2. 实施骨干教师倍增计划

自 2018 年以来共评选特级教师两人、省教学名师两人，评选市学带（含德带）59 人，评选市优青（含德青）142 人。1 人入选"苏教名家"培育对象，2 人入选"宁教名家"培育对象，3 人入选南京市优秀青年教师培育计划。评选区领衔名师 6 人、区名教师 20 人，评选区学带（含德带）374 人。新区市级骨干教师人数与 2017 年比，提高 113.5%，区级骨干教师人数提高了 76.3%。

3. 实施骨干教师"领军"计划

引入竞聘机制，实施竞聘上岗，通过双向选择，充分放大新区优秀骨干教师的引领作用，打造一批教育教学领军式人才，实现区域内骨干教师均衡配置。两年一聘，2021 年第一批聘用领军教师 192 名，其中跨校竞聘 9 名；2023 年第二批聘用领军教师 261 名。

4. 加大骨干教师考核力度

江北新区两次修订《南京江北新区骨干教师考核方案》，坚持高标准、严要求、多维度、重实绩，有效提升骨干教师业务能力、示范作用和流动意识。

（三）加快优秀青年教师孵化

1. 做好职初培训，使其站稳讲台

《江北新区新教师培训方案》分为入职前集中培训和入职后网络三年跟踪培训。近年集中培训都安排在 6 月底于行知基地封闭培训五天，网络培训每年安

排 80 学时，加上全员培训，第一年学时不少于 200 学时。落实校、区共同培养责任，制定《江北新区见习期教师培训和考核办法》《江北新区五年职初教师培训和考核办法》，由江北新区教育发展中心组织所有参与考核人员进行线下集中培训，围绕通识知识、学科知识、班级管理、教学设计等内容进行精准指导。464 名见习期教师全部考核合格，336 人参加职初考核，334 人顺利通过。

2. 实施"优才培育"，促其快速成长

遴选入职两年内，试用期满且已转正的青年教师 30 名为"江北新区优秀青年教师培育计划"首批培育对象，并进行为期五年培育工作、三阶段考核。培育实施双导师制，根据个人现有发展情况和发展需求，学校、区级导师（区教研员）分别制订五年培养规划、指导规划，个人制订五年发展规划。教育发展中心制订五年培育计划，实施精准培养，使其通过有计划地培养，达到"一年站稳成新秀、三年成熟变骨干、五年区域能引领、十年市域有影响"的目标。首批遴选的青年教师中，有 6 人被列入"南京市优秀青年教师培育计划"人选。

3. 组建领航名师班，让其更好发展

2023 年遴选 34 名市学科教学带头人，组成新一届领航名师班，围绕热点课题，通过理论学习、实践观摩、自修提升等形式开展培训。制定切实可行的培养方案，聘请省市名师为指导专家。进行个性化诊断，采用"抱团发展 + 量身定制"的策略，聚焦课题研究和论文论著写作，让其更好地发展。

4. 做好教师全员培训，让每位教师都得到发展

2023 年新区共有 33909 人次参加各类培训，培训率达 100%，其中境外培训 6 人，国家级培训 3 人次，省级培训 10692 人次，市级培训 139 人次。高度重视继续教育学时签证工作，为因病或借用人员提供网络学习机会，确保义务教育阶段所有在职教师学时不低于 360 学时。2023 年新区 29 人被评为市优青，11 人被评为市德带，2 人被评为正高级教师。

（四）拓宽渠道创新招引

教育兴，则人才兴。要想办好人民满意的教育，就要广纳贤才，充分发挥优秀教育人才的带动作用，努力实现跨越式发展。在这一背景下，新区设立教

育高端人才专项资金每年 4000 万元，出台《南京江北新区中小学教师政府专项奖励实施办法（试行）》文件，积极引进中小学优秀教育人才。按文件规定，特级教师一次性给予每人 70 万元的科研和安置费用；设区市学科带头人一次性给予每人 30 万元的科研和安置费用；名校长给予每人 100 万—150 万元科研和安置费用（分五年发放）。退休返聘"银龄"骨干教师每人每年给予 15 万元工作补贴，知名校长、知名教师一事一议。对新教师招聘录用的博士研究生一次性给予 4 万元的奖励；录用的省级及以上优秀毕业生、省师范生技能大赛一等奖获得者，一次性给予 2 万元的奖励。

1. 汇聚"头雁"力量

出台《江北新区教育系统高层次人才引进办法（试行）》，面向全国招募名校长和骨干教师，并分别给予 100—150 万、30—70 万的安家费。引进名校长 5 名，特级教师 2 名，设区市学科带头人 27 名，区级骨干教师 40 名。引进的名校长、骨干教师在学校充分发挥示范带动作用，广受好评。

2. 凝聚"银龄"力量

先后聘用"银龄"教师 5 名，均为省特级教师、设区市学科带头人，发挥退休骨干教师的优势专长，帮助学校提高教育教学水平和育人管理能力。

3. 激励"新兴"力量

对新教师招聘，录用的博士研究生一次性给予 4 万元奖励；录用的省级及以上优秀毕业生、省师范生技能大赛一等奖获得者，一次性给予 2 万元奖励。2023 年奖励新录用省级优秀毕业生 6 人，省师范生教学基本功大赛一等奖 1 人。

江北新区以高规格、大规模、多经费、优待遇，进一步推动实践探索，破解发展瓶颈，不断夯实教师队伍建设，吸引了一批批好校长、好教师来到新区，教师队伍整体面貌发生了格局性变化，促进教育事业提质增效。

（五）加强研训员队伍建设

1. 选优配强研训员队伍，提升整体研训水平

建立健全研训员准入和退出制度。严把研训员入口关，从优秀一线教师中选拔聘用专兼职研训员，或在其他相关机构聘请符合条件的兼职研训员。强化

研训员考核评价，建立研训员到学校定期任教、开设公开课、示范课或专题讲座制度，打造一支政治素质过硬、职业道德优良、教育理论功底扎实、教研能力较强、教学经验丰富的研训员队伍。

2. 加强研训员岗位培训，提升区域研训指导力

加强教师培训者队伍建设，通过个人自修与集中培训、专家指导与自我提升相结合的方式做好研训员培训，把学科质量提升作为研训员工作主要目标，重在操作、体验，在研训员"八好"要求的基础上进一步加大对研训员的培训力度。依据教学工作做到八个一，围绕师德教育、课程标准解读、主题式课例研修、单元教学理论与策略四大课程，通过自主研修、实践研究、行动反思等形式，结合研训员在教育教学前沿理论、学科理解、课堂教学以及教学研究等方面的专业需求，以理论学习与实践研究相结合的方式，提升研训员教研能力、评价能力、培训操作方案设计能力和学科引领力。组织研训员到南通通州区教师发展中心学习研训一体化建设经验；学习南通"立学课堂"课改推进情况。到浙江学习嘉兴南湖区区域教改项目"学导型教学：推进课堂转型的区域实验"成为国家级教学成果奖二等奖的凝练过程；学习杭州市上城区教育学院在推进研训者成长方面的实践路径和具体举措；学习浙江省教研室对考试评价改革与质量管理的实践和思考。完成全体研训员120学时/年度的培训任务，打造一支素质优良、结构合理的教师培训者队伍，增强为教师提供优质培训的能力。

3. 实施学科振兴行动，提升中高考应对能力

在学科研训员及相关专家的指导下，围绕质量提升主题，聚焦课堂教学改革，每学期两次封闭式培训，组织相关人员开展教学设计、作业设计、考试命题等专题培训，提升教学校长、教务主任、教研组长、备课组长、学科骨干业务能力，实现中高考质量的持续稳步提升。

4. 依托人工智能，从数据精准走向教学精准

依托新区江苏省前瞻性项目"基于智能研修平台的精准教研区域行动"，借助中央电化教育馆智能研修平台，先后五次组织区教研员、试点学校开展全员培训，邀请中央、省市电化教育馆专家到校指导，并定期与徐州、淮安相关区

开展交流，探索智能研训与精准教学的策略和方法。

（六）支持教师学历提升

支持教师在职攻读硕士、博士学位。江北新区加大奖励力度，在市奖励的基础上，再给予硕士总学费 50%、博士总学费 100% 的一次性补贴。有 13 名教师完成在职研究生学历提升，共奖励 22.15 万元。

三、发动机：实施教师队伍管理赋能行动

（一）提升校（园）长、书记治校能力

1. 着眼"三雁"，打造教育管理团队

通过领雁校长培训、鸿雁校长培训、飞雁校长培训、江北新区名校长工作站及与南京信息工程大学教师学院合作共建"江北新区领雁校长硕士课程班"，以集中研修与岗位实践结合，共性必修与个性选修结合，省内研修与省内外访学、跟岗结合，经验反思与课题研究结合，基地研训与跨界游学结合，理论导师与实践导师结合等多种组织方式，培养中小学幼儿园管理团队的领导力、思维力、创造力和表达力等核心素养，全面提升办学治校、立德树人的实践创新能力，成就江北新区知行合一、德才兼备、理实双优的卓越教育管理代表。以实践为导向，理论与实践相结合，切实提升教育管理团队的领导力和校园管理能力。不断推出教改成果，建设名师梯队，打造示范窗口，优质资源辐射，为江北新区基础教育服务。促进区域教育管理队伍建设整体水平、教育教学质量高位提升，推动基础教育改革健康快速发展。

2. 分层培育，增强不同岗位管理能力

针对江北新区各中小学不同专业岗位的管理内容与要求，组织课程化、定制化培训，提升相关管理能力。为期八个月的"双减"背景下校本研修管理者培训，让教学校长、教务主任明确了"双新""双减"背景下校本研修的新要求，掌握新形势下优化课堂教学的路径与方法；为期一学年的德育管理者高级研训班，让德育校长、德育主任把握学校德育工作规律，掌握德育工作方法；持续一学期的教科室主任履职能力培训班，以教科研思维推动区域及学校教育

教学质量的发展；为期一年半的与南京信息工程大学合作开办的江北新区校长领导能力提升班，提升了参与其中的 40 名校长的管理团队和治校能力；暑期的校（园）长研修班，前往北京、杭州、宁波，围绕课堂改革、学校管理、学校文化、教师理想追求等诸方面进行了高层次、高水平的培训与研学，开阔了校长们的视野，提升其办学理念；遴选 30 名优秀副职干部参与的后备干部管理能力培训班，为选好用准干部"画好像""把准脉"，实现选用结合；遴选 76 名优秀青年中层经过培训，使其能力得到提升，为学校后备干部储备了人才。

3. 创新机制，逐步完善校长职级制

健全校（园）长、书记考核管理和激励机制，加强履职考核和民主监督。推动校长专业化发展，在全市率先试行"校长职级制"改革，设置特级至四级校长职级，给予每年最高 10 万职级津贴，实行一年一考、三年一任。校长职级制改革优化了中小学校长专业化发展支持系统，被南京市教育局列为典型创新项目。截至 2024 年，新区共有特级校长 5 名，一级校长 12 名，二级校长 10 名，三级校长 3 名，四级校长 16 名。

4. 加大力度，发挥名校长的辐射带动作用

名校长工作室、愿景式管理、协同式成长、品牌化打造，一系列的举措与行动中，江北新区近 10 位有思想、有视野、有情怀、有能力的，在教育事业改革发展中发挥"头雁"作用的领军校长脱颖而出，他们逐步形成具有个人特色的育人理念、课堂特色、管理品牌，并在团队研究、课题引领、集体反思等一系列的"品牌输出"中，发挥其辐射带动作用，扩大名校长办学影响力。

（二）推进教师评价改革

1. 建立教师教学述评制度

贯彻落实《深化新时代教育评价改革总体方案》，把习近平总书记提出的"四有"好老师标准，作为新区教师评价的指导思想，把立德树人成效作为根本标准，将教师评价的重心转移到教书育人的本职工作上，形成符合新区发展要求的教师评价综合指标体系，并将该体系与教师的职称晋升、评优评先、绩效奖励相挂钩。评价中，抓住教师发展核心环节，注重教学实绩，强化一线学生

工作，把认真履行教育教学职责作为评价教师的基本要求，引导教师上好每一节课，关爱每一个学生。全区建立健全大数据教师专业发展管理平台，探索建立教师教学述评制度，述评情况纳入教师考核内容，形成符合新区发展要求的教师评价综合指标体系，以评价推动教师专业发展。

2. 重视优秀教师培养选树

新区重视优秀教师培养选树，2018 年来，新区教师共有 1 人获省优秀教师，9 人获市"斯霞奖"，66 人获市优秀教育工作者，2 人获市"师德标兵"，12 人获市"师德先进个人"；40 人获区"模范教师"，10 家单位获区"师德先进集体"，139 人获区"师德标兵""师德先进个人"。

（三）深化办学管理改革

唯改革者进，唯创新者强，唯改革创新者胜。新区积极直面教师队伍建设中存在的短板和不足，多项改革齐头并进，激发队伍活力。

1. 定点试点，总结经验

实行"学校招、包干用、自主管"的创新模式，以浦口外国语学校高新分校（含浦口外国语学校高新小学）为试点，逐步建立起多劳多得、优质优酬的教师成长机制。截至 2024 年 12 月，两校获区级及以上荣誉教师 35 人，骨干教师数占比达 31%，比区域内公办中小学高 10 个百分点。经过五年多试点改革，教育教学质量进入全区前列，学校已逐渐成为公办热点名校之一。

2. 复制推广，走出困境

江北新区出台《关于在江北新区部分新建学校实施办学管理改革的方案（试行）》文件，逐步在新区核心区域内部分新建学校复制推广以上两所学校的办学管理改革经验，强化学校管理自主权，有效缓解新区教师编制不足的困境。文件规定改革学校的校长、教师均采用自主聘用制，采用社会化合同管理模式，学校全面实行"学校招、包干用、自主管"的办学管理模式，实行现代化管理。"学校招"是由学校按需招聘校长、教师，不列入编制，实现学校教师由"编制管理"向"岗位管理"转变。同时建立教师退出机制，退出后自动终止聘用合同。"包干用"是学校的人员经费实行总包干。学校实行"按岗取酬、多劳多得、优质优酬"的分配制度。"自主管"指学校校长、教师在校期间封存原有身份，实行自主聘用管理。新建校在三年过渡期内可调配部分事业编制骨干教师，用于支持学校孵化人才。过渡期满，根据双向选择的原则，校长与部分事业编制骨干教师可选择退出学校，恢复原有身份；也可选择放弃原有身份，继续在校工作，实行自主聘用管理。校长实行年薪制，具体薪酬待遇一校一议。学校教师由学校聘用，进行自主管理，实现真正意义上按岗取酬，优绩优酬。办学经费标准由财政局在党群工作部核定的"用工总额乘以同类公办学校人员本年度人力资源成本平均值"的基础上，再提高 20% 确定，相关部门对学校的经费使用情况进行年度绩效评价及审计。以此举措来回应改革的需要，激发和释放学校自主办学活力。

（四）推进义务教育教师"区管校聘"

新区把管理体制改革与机制创新作为突破口，进一步推动实践探索，破解发展瓶颈，不断夯实教师队伍建设，促进教育事业"提质增效"。

1. 备案制，缓解编制不足压力

出台《江北新区备案制教师管理办法（试行）》，明确备案制教师与编制内教师的同工同酬。截至 2024 年 12 月，新区共有备案制教师 1248 名，有效缓解新区教师编制不足的困境。教师编制因此"活"起来。

2. 区管校聘，加强教师统筹管理

出台《南京江北新区关于义务教育学校教师"区管校聘"管理体制改革的实施意见》，进一步加强教师统筹管理，合理配置师资，促进区域内教育优质均衡发展。这一政策极大地激发了学校的办学活力，优化了教师队伍的建设。"区管校聘"管理体制改革打破了教师岗位"铁饭碗"思想，打破了岗位资源校际壁垒，实行集中管理，统筹使用，教师由"学校人"变成了"系统人"，建立岗位能上能下、待遇能高能低、人员能进能出的竞争激励用人机制，激发了中小学教师队伍活力。教师有自主选择岗位的权利，也有了失去岗位的压力。实施以来，共有 2 名教师被辞退，11 名教师待岗培训，22 名教师转岗。教师队伍由此"活"起来。

3. 职称改革，畅通教师发展通道

推行职称制度改革，提高中小学校、幼儿园教师高级岗位比例，贯通使用中级和初级教师岗位。将备案制教师纳入岗位管理，进一步畅通教师专业发展通道，调动教师的工作积极性。逐步探索通过打通中小学中级和初级教师岗位比例，取消教育发展中心职称比例限制，核增乡村学校职称岗位，达到国家法定退休年龄延退女教师不占岗位职数等办法，缓解中高级教师岗位职数不足的问题。教师发展由此"活"起来。

4. 强师惠师，激发教师队伍活力

出台《南京江北新区"强师惠师"三年行动方案》，聚焦教师队伍建设，通过四大行动，从支持服务教师专业发展、强化教师待遇保障等方向列出 16 项重点任务，进一步激发教师队伍活力。教育幸福因此"真"起来。

（五）促进集团化学校师资融合

依托集团化办学模式，大力推进集团内教师一体化建设和管理，整合优质资源，搭建集团学校教师学习培训、信息交流、评比展示的专业发展平台，实施集团学校教师的有序流动，实现师资融合。目前江北新区在五所集团学校内部常态化组织实施教师三年培养计划和教师流动方案，强化集团内部教师流动的年度监测，并将此作为集团总校年度考核依据。

四、安全带：实施教师队伍安心保障行动

以师德师风建设为核心的教师队伍发展，不仅需要提升教师的师德与师能，也应重视教师的幸福指数。江北新区关注教师需求，倾听教师心声，保障教师权益，为教师排忧解难。

（一）强化教师待遇保障

健全中小学教师与新区当地公务员工资收入增长长效联动机制，严格落实中小学教师平均工资收入水平不低于本地区公务员平均工资收入水平的要求。推进公办幼儿园编制备案管理，增加公办幼儿园备案制教师配备。依法保障公办幼儿园编外教师工资收入和待遇，民办幼儿园参照公办幼儿园合理确定教师

工资收入水平。严格执行奖励性绩效工资控高线。目前新区高中学校奖励性绩效工资控高线已执行 166%，中小学可根据高级教师占比提高控高线。

（二）健全奖励激励机制

进一步完善中小学学校内部教师收入分配激励机制，加强绩效考核，坚持多劳多得、优绩优酬，坚持科学合理、公平公正的原则，有效体现教师工作量和工作绩效，绩效工资分配向班主任、骨干教师和特殊教育教师倾斜。

1. 专项奖金，激励优秀教师

江北新区于 2022 年 7 月出台《南京江北新区中小学教师政府专项奖励实施办法（试行）》文件，对有突出贡献的优秀教师进行专项奖励。文件不仅提出了"尊重规律、以人为本""以德为先、注重实绩""高端引领、促进发展""公平公正、精准激励"等四条专项奖励的原则，而且还清晰具体地规定了奖励项目及标准。奖励项目不仅包括以苏教名家、宁教名家、特级教师、学科带头人等为主的优秀人才奖，以全国、省市模范教师、优秀教师、陶行知奖、斯霞奖为主的个人荣誉奖，还包括以乡村学校教师和特殊教育教师、江北新区领军教师等在内的特殊岗位奖。大幅增加对国家、省、市级骨干教师的奖励力度。出台《关于进一步加强和完善江北新区中小学班主任激励机制的若干意见》，将新区公办中小学班主任工作津贴单独纳入区年度财政预算，提高班主任津贴，增设班主任工作年限奖励和年度考核奖励。从精神与物质两方面来激励广大教师立足岗位，做好教书育人工作。

2. 评优表彰，提升职业荣誉感

定期开展新区模范教师、先进教育工作者、名校长等评优活动，设立中小学教师政府专项奖励，表扬、奖励一批在教育教学岗位上有突出贡献的优秀教师、校（园）长。

3. 节日慰问，增强教育归属感

通过开展丰富多彩的工会活动、心理辅导等，帮助教师消除或减少不良情绪，让教师带着愉悦心情进入课堂。建立重大节日慰问制度，对优秀教师、困难教师、退（离）休教师进行慰问，开展送温暖活动，帮助解决实际困难和问题，把以师德师风为核心的教师队伍建设落实到教师的心坎里。

（三）积极提供安心服务

新时代背景下，着力提升教师获得感与幸福感，不仅对教师自身的职业发展具有积极的推动作用，对学生健康成长、教育事业发展也具有重要意义。

1. 突出全面关怀，画好教师关爱"同心圆"

加大优秀教师的宣传力度，加强对老教师、大病、困难教职工的人文关怀，探索为教师预约专家号、大病绿通、免费移动 CT 检查、科普宣讲、心理咨询、报告解读等健康保障服务；每年组织教师体检，适当增加体检项目，优化体检服务；搭建积极健康的交友平台，每半年开展青年教师交友活动，关心青年教师婚恋问题；解决青年教师住房困难问题，推进教师周转宿舍、公寓建设，为当年招聘的在宁无固定住房的博士研究生、硕士研究生提供三年周转宿舍；全面开展"课后三点半"星火青年志愿项目，100% 覆盖新区各中小学校；开设特色社团，不断丰富青少年课余生活，助力"双减"课后服务；足额保障义务教育课后延时服务补贴，设立课后延时服务专项资金，办好教工食堂，用于延时服务中学教师晚餐，2023 年共计支出 144 万；鼓励和支持有条件的学校开设教师子女临时托管、托育照护点。

2. 强调细节务实，在日常工作中减负担

出台《南京江北新区中小学教师减负清单 20 条》，缩减"进校园"活动，减轻社会事务负担，精简各类教师评比检查考核事项，完善教师评价机制，优化职称评审、课题申报、评比考核等申报程序，努力做到让信息多跑路、教师少跑腿，切实减轻中小学教师的非教学负担。

教育强国建设进入新阶段，建设高质量体系成为未来教育发展的主题。2020年，《中共中央关于制定国民经济和社会发展第十四个五年规划和二〇三五年远景目标的建议》在"建设高质量教育体系"部分明确提出，全面贯彻党的教育方针，坚持立德树人，加强师德师风建设，培养德智体美劳全面发展的社会主义建设者和接班人。健全学校家庭社会协同育人机制，提升教师教书育人能力素质。文件明确指明两点：一是师德师风建设要服务于培养德智体美劳全面发展的社会主义建设者和接班人的需要，"五育"并举，促进学生全面发展，对师德建设提出新要求；二是健全学校、家庭、社会协同育人机制，提升教师教书育人能力素质，不仅要在专业能力上得到提升，而且要上高度，有宽度、广度和融合度，健全协同育人机制，整体提升教师的家庭教育指导服务能力，做好家长的表率。这些都对教师队伍建设提出新的挑战与考验。

截至 2024 年 9 月，南京江北新区有专任教师 10352 名，我们将继续以师德师风为核心进一步加强教师队伍的整体建设。通过"四有"好教师团队建设，形成优秀的团队风范，建设"学科育人的先锋、创新发展的榜样、团队引领的标兵"。进一步落实领导分工，紧密结合"不忘初心、牢记使命"主题教育，结合区域实际，积极开展学科教学、学科育人、综合育人的深度探索，加强学科建设、跨科学习、学科融通，开展基于学科的课程综合化教学，探索、创新新时代中小学立德树人的经验和模式，以团队的示范标杆和文化价值，推动全校教师成为"先进思想文化的传播者、党执政的坚定支持者、学生健康成长的指导者"。

教师承担着为党育人、为国育才、立德树人，培养德智体美劳全面发展的社会主义建设者和接班人，提高民族素质的崇高使命。教师应当为人师表，有理想信念，有道德情操，有扎实学识，有仁爱之心，忠诚于党和人民的教育事业。全社会都应该尊重教师，维护教师队伍形象，宣传先进事迹，弘扬尊师重教风尚。同时，要加强教师的思想政治教育、师德师风建设和业务培训，促进教师专业化发展。这将是教育强国永恒的主题与追求。

第六章
以师德师风建设为核心的新时代教师队伍发展区域特色专项

　　区域教师队伍发展特色专项是针对不同地区教育发展的实际情况，结合当地教育资源、教师需求和政策导向，制定并实施的一系列旨在提升教师队伍整体素质、优化教师结构、促进教师专业成长和发展的特色项目。新时代是建设教育强国的重要时期，校家社协同、振兴乡村教育、教育科研引领、人工智能应用等方面都得到了高度关注，对教师也提出了更多、更高的要求。区域在整体架构教师和校长分层培养体系的同时，还需要与时俱进，及时开展相应的特色专项培训，使教师的专业发展更全面，在教育实践中紧跟时代的步伐并不断创新。

第一节　教育家精神引领：做朴素的实践研究者

　　在省、市、区上级部门的领导下，南京江北新区教科研工作倡导做朴素的实践研究者的价值追求，全面落实立德树人的根本任务，科学研究，精准施策，以"5个1+N"工作体系建设为基础，以教科研梯队建设为抓手，以省、市、区规划课题三级联动课程化管理为重点，为新区各中小学、幼儿园做好教育教学服务、研究、管理、指导工作，在高站位上持续推进区域教科研高质量发展。

做朴素的实践研究者的"朴素"源于《庄子·外篇·天道》"朴素而天下莫能与之争美"，表达了朴素是天下至纯至精、至简至美之道的观点。朴素的意义不仅体现在物质生活的简约上，也是一种深层的文化理念和价值观的体现。做朴素的实践研究者，即让教科研回归本色与初心，践行在教育教学实践当中开展基于问题的真研究的准则，将教科研根植于教育教学的土壤之中，勤于实践，精于反思，凝练形成具有可操作性的实践成果，从而促进教育事业的发展。

我们从中国古代哲学中汲取智慧，同时面对着新时代教育的新任务、新挑战，教育科研又承载着新的使命。习近平总书记从理想信念、道德情操、育人智慧、躬耕态度、仁爱之心、弘道追求六方面概括阐述了中国特有的教育家精神的丰富内涵，成为我们的价值引领和行为准则。

如何践行教育家精神？正如成尚荣先生所说："日常的教育教学正是弘扬教育家精神最丰沃的田野，正是践行教育家精神最坚实的基地。"教育家精神引领下的朴素的实践研究者要始终保持开放的学习态度，不断提高科研创新能力，将扎根实践所获得的经验转化为自身的理论素养，形成具有实践创新与推广价值的成果，从而实现立德树人的根本任务，完成我们肩负的为党育人、为国育才的使命。

一、强基固本，完善教科研管理体系的建设

2020 年，为了使学校教科研工作有抓手、可落实、好评估，江北新区教育发展中心提出了教科研"5 个 1+N"工作体系的建设要求，来帮助各校夯实教科研工作基础。"5 个 1"即要求各校有一支有研究能力的队伍；一套科研管理、推动、激发、奖励评价制度；一个立项的主题课题或项目；一个促进学生、教师、学校发展的典型案例；一批科研成果。"N"即 N 个与主课题关切

的子课题。

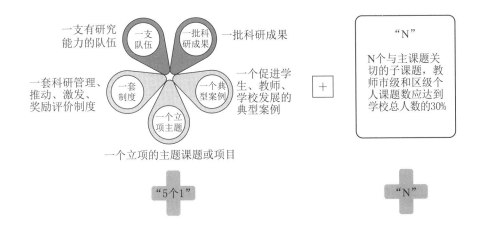

图 6-1 "5 个 1+N"工作体系

为了充分落实"5 个 1+N"工作体系的要求，发展中心通过教科研管理干部培训、教科研工作视导、教科研公众号宣传，以及"5 个 1+N"工作体系优秀单位评选等系列举措，从人才培养、工作指导、展示交流、评价激励等方面全面推动学校教科研工作的开展。

2021 年，发展中心对全区各校的教科研基础工作体系建设情况进行调研。从学校教科研工作的组织架构、课题（项目）研究情况、教科研成果获奖情况、教师队伍专业发展等方面进行问卷调查与访谈。根据调研结果，更加有针对性地继续开展教科研服务到校工作。帮助教科研薄弱学校挖掘自身优势，优化工作方式，通过课题（项目）的研究促进学校内涵发展。

随着教科研"5 个 1+N"工作体系建设的深入开展，区域教科研管理水平也不断提高。将原有的工作体系的评价指标加以完善与优化，将评价指标作为日常视导工作，以及学期学校高质量考核的重要依据。每一年根据评价指标评选出教科研"5 个 1+N"工作体系建设优秀、良好、合格单位，三年评选一次区教科研先进集体，每年开展一次教科研先进个人的评选。

二、人才培养，打造高素质的教科研梯队

为了全面落实立德树人根本任务，不断提高新区教师队伍的教科研素养，结合新区教育科研的基础现状和教师专业发展需求，打造了由教科研高端研修班、教科室主任履职培训班、教科研工作室组成的三级科研梯队，呈现传帮带的良好局面，让新区教科研队伍结构富有特色。

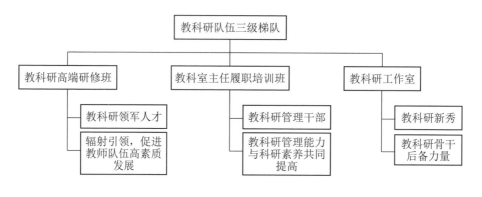

图 6-2　教科研队伍三级梯队

教科研高端研修班的成员是在教科研领域已经取得了一定成绩的教科研骨干，该研修班通过系列课程的培训，帮助学员做高质量的课题研究，出高品质的科研成果，促进他们成为区域教科研领军人才。充分发挥教科研骨干的引领辐射作用，促进新区教科研队伍的高素质发展。

教科室主任履职培训班是基于区内中小学、幼儿园教科室主任队伍越来越年轻化，缺乏工作经验与方法的现状而打造的一支教科研队伍。培训对象为任职全区各中小学（幼儿园）教科室主任职务两年以内的教师。通过系统培训，帮助教科室主任从政策文件、管理要求、科研素养等多维度、多层面了解教科研的最新文件精神、管理的规范要求，帮助年轻的教科室管理干部系统了解如何全面、规范、有效地管理教科研工作，更好地履行自己的职责。

教科研工作室由一群教科研新秀组成。他们来自幼儿园、小学、初中、高

中各个学段，学科涉及语文、数学、英语、物理、化学、体育、美术。在"科研素养与教学主张比翼齐飞，个人成长与学校发展同步飞跃"的目标下，不断提高学员的教科研素养和教育教学能力，成为新区教科研骨干的后备力量。

除了关注教科研优秀人才的培养，江北新区教科研工作基于教师立场，提倡人人成为朴素的实践研究者。有计划、有针对性地开展教科研普惠行动，通过公益讲座、提供微课程资源等方式，帮助一线教师解决在课题（项目）研究、论文（案例）写作等方面存在的问题。

为了营造良好的教科研生态，2018 年，发展中心教育科研部组建了江北新区教科研宣传团队，建立江北新区教育科研微信公众号的宣传平台，迄今已发布 300 多期。通过科研快讯、校长（园长）论坛、成果分享、做朴素的实践研究者等栏目，加强区域教科研优秀单位及教科研优秀个人的宣传推广，从而激励更多教师积极开展教育科研工作，促进新区教育高质量发展。

三、创新路径，做基于问题的真研究

2021 至 2023 年，新区共立项省市规划课题 137 个。为了促进省、市、区规划课题研究的有效开展和顺利结题，在省规划办、市教科所的领导下，教育发展中心开展了省、市、区规划课题三级联动课程化管理，对开题报告的撰写、过程性研究及研究方法的指导、研究成果的凝练和研究报告的撰写等全过程进行培训。规范课题研究的流程，督促课题研究的深入，促进成果的形成，并充分利用区教科研管理平台，推进课题研究的过程性管理，确保课题研究有序进行。

（一）做有价值的研究

以省重大课题"以师德师风建设为核心的新时代教师队伍发展的研究""人工智能与教育变革"为核心，通过课题研究，推进新区高素质、专业化教师队伍建设研究，新时代立德树人根本任务实践路径研究，新时代课程改革与教学创新研究等教育教学热点、焦点问题的研究。

课题的研究促进了新区师德师风的建设，坚定了教师心有大我、至诚报国的理想信念。同时着力探索促进儿童成长的教育之道，将至诚报国的理想信念转化成切实的教育行动，"言为士则、行为世范的道德情操，启智润心、因材施教的育人智慧，勤学笃行、求是创新的躬耕态度，乐教爱生、甘于奉献的仁爱之心"都需要切实地融汇在日常教育教学之中，积极促进每个儿童健康、和谐、全面地发展，最终成为能担当民族复兴大任的时代新人。

（二）做有组织的研究

除规范管理课题的研究过程之外，如何促进课题形成高质量的研究成果也是新区关注的重点。开展了有组织的教育科研活动，推进教育科研的协同创新；成立了区教科研联盟，加强与省市研究机构、高校的合作，以及与兄弟区的交流。全面推进教育科研成果的培育与转化，更好地发挥教育科学研究对教育改革发展的重要支撑、驱动和引领作用。

教科研联盟的成立是基于基层学校（幼儿园）在日常课题研究当中单打独斗，缺乏专家引领、团队合作、智慧分享的现状，针对研究方法的缺失、研究思路缺乏整体架构、成果意识不够强烈、成果凝练与表达不够专业这些课题研究的"老大难"问题，聘请了专家团队跟踪指导，定期开展相关的主题研究活动。通过专题讲座、课堂观察，借助人工智能等新技术不断拓展教育科研的广度与深度。

联盟组成员共有 38 所中小学幼儿园，并根据研究主题成立了 7 个小组。教科研联盟活动有明确的目标，关注问题的解决、效能的反馈。各联盟小组每学期开展文献学习、课题研究课、专题研讨、现场展示汇报等丰富多彩的活动。通过专家指导和组内交流提升研究能力，梳理研究思路，提炼研究成果。

在联盟活动总结中，我们发现了项目课题研究的辐射作用与增值性效果，一个课题催生了多个省市级课题以及内涵项目的立项，从而有效促进教师的专业成长、学校的内涵发展。联盟组教育科研硕果累累，2023 年 1 月至 2024 年 6 月，教科研联盟在研省级课题 34 个，市级课题 70 个；已出版书籍 6 本，拟出

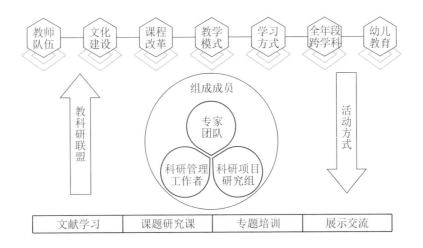

图 6-3　有组织的研究行动路径

版 4 本；核心期刊发表论文 87 篇，一般期刊发表论文 306 篇；承担省级推广活动 22 次，市级推广活动 75 次，各级各类媒体宣传 201 次。

（三）做有影响力的研究

南京江北新区作为江苏省唯一一个国家级新区，在教育的发展上也提出了高标准与新要求：到 2035 年，率先实现教育现代化，构建充满活力、公平优质的公共教育服务体系。建成理念先进、体系完备、保障有力、质量卓越、影响力强的长三角教育现代化强区。新区也期待着自己的教科研成果走出江北新区，走向更广阔的天地。既要加强区域研究成果与区域教育实践相结合，推动教育教学改革和发展，也要通过学术期刊发表、学术会议交流、互联网平台和社交媒体推广等方式，有效地提高教育科研成果的应用价值和影响力。

教育家精神是一种追求卓越、持续进步、不断创新的职业精神，它涵盖了教育工作者对教育事业的热爱与执着、创新与勇气、责任和使命等多个方面。江北新区朴素的实践研究者在教育家精神的引领下，将不断激发自我的内在生长力，立德修身、潜心育人、笃实力行、开拓创新，为新区教育奋力谱写新时代教育改革发展新篇章！

第二节　数智素养培育：人工智能助力教师队伍专业发展

当前，大数据与人工智能技术正在趋向融合，在"数智融合"驱动下的智能时代，教师不仅要具备人工智能素养和数据素养，更为关键的是要能够将二者有机融合在一起，即将"数据素养"（Data Literacy）与"人工智能素养"（AI Literacy）融合为"数智素养"。实现区域教育高质量发展，需要培育教师数智素养，通过智能研修平台，助推教师队伍发展数字化转型，帮助教师利用数字技术获取、加工、使用、管理和评价数字信息和资源，发现、分析和解决教育教学问题，优化、创新和变革教育教学活动，从而促进区域教育高质量发展。

江北新区对照新质生产力的发展要求，作为教育部第二批人工智能助推教师队伍建设试点区，运用人工智能助推教师队伍建设，开展了省前瞻性教改实验项目"基于智能研修平台的精准教研区域行动"。基于问题导向，将智能精准教研作为切入点，把关注教师个体的专业成长作为落脚点，优化区域教研和校本教研的机制、方法和路径，通过新观念、新机制、新策略来推动区域教研和校本研修结构重组和流程再造，形成多元、开放、共享的智能研修路径，实现数据驱动的教师专业发展。

一、基于人工智能的新教师职后三年培养模式区域建构的实践探索

此项目旨在通过人工智能技术，结合新教师在职后三年的成长和发展需求，设计并开发出一套针对本区新教师的个性化培养模式。基于对新入职教师职后三年的培养模式的创新研究，探索更加科学、系统和有效的培养模式和方法，促进新入职教师的专业快速成长，建构区域新入职教师职后三年的培养体系，形成具有区域特色的培养模式。本研究已经立项为省级课题，将在今后的实践探索中形成：

（1）培训需求个性化定制。利用人工智能技术对教师的培训需求与学习水平进行分析和评估，挖掘学习需求，设计学习规划，提供智能学习支持工具。

探索基于人工智能的新教师职后三年个性化培养智能学习支持工具研究。

（2）培训内容精准推送。在未来的教师培训中，智能培训系统可基于教师学习数据，提取关键学习特征，匹配学习兴趣与需求，推荐培训内容，设计学习路径，最终实现培训内容精准推送。探索人工智能下的新教师职后三年培养智能培训系统研究。

（3）智能长效伴学。智能伴学通过与教师个性化学习数据的匹配，实现学习过程监督、学习评价反馈、智能学习辅导、学习动机激发等功能。实施新教师职后三年跨越式发展培养模式的范式建构。

（4）培训效果科学评估。培训效果评估是培训的核心环节之一，基于培训数据进行评价模型构建、学习档案建设、评估结果展示等，建构基于人工智能的新教师职后三年跨越式发展评价体系建构与制度研究。

二、区域智能精准教研模式的实践探索

基于中央电化教育馆第二批智能研修平台试点区的基础，以及2023年江苏省前瞻性教学改革实验项目"基于智能研修平台的区域精准教研行动"的成功立项，新区通过分批次递增的方式，共确定试点学校28所，积极开展区级、市级的研究研讨活动。截至2024年12月，江北新区已建AI研修教室12间，各试点校开展教研活动912次（包含个人备课、集体磨课、听评课、优质课评选），参与人次达1.45万，组建教研组192个，形成学科评价量表243份，形成资源4076件（包含教学视频、教案、导学案、其他资源），共计开展AI分析课1288节。已经形成以下策略、路径。

一是围绕研究目标，形成区域研究模式。

江北新区经过多校智能研修平台试点应用，虚实交互、融智共生，逐渐形成基于平台的"一体三线四备五环节"的区校协同教研模式和智能精准教育空间建设方向。区校协同教研的"一体三线四备五环节"是指在教研工作中，通过能实现教学、研究、实践和理论相结合的中央电化教育馆智能研修一体化平台，利用线上、线下教研时空融合的方式，强化教师个体、学校教研团队、区

教研专家的三线互动，形成教研合力。区校学科教研团队基于 AI 课堂行为分析数据和评课量表数据，结合切片教学视频，对"四备"的课堂教学设计最终实施效果进行精准归因分析。基于备、授、评、研、思的教研五个环节，通过循证反思，不断循环优化教学设计，实现教、学、评一致，进一步推进课程教学改革和教育教学质量的提升。

二是科学规划，打造必要硬件环境。

江北新区教育发展中心利用约 140 平方米空间，建设了用于 AI 教学实训和精准教研的智能教研空间。

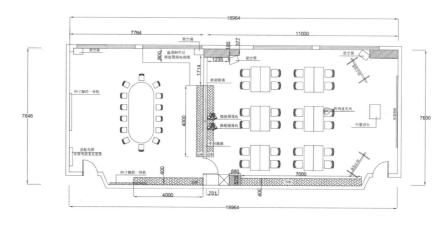

图6-4　江北新区教育发展中心智能研修体验中心布局图

空间分为智能研修区域和 AI 教学实训区域两部分，分别用于教研团队线下研讨和线上听评课，进行教研说课、教学基本能力训练时，可开展主题研讨、远程互动等多种形式教研。配备了基于人工智能的教师教学行为分析系统（AI 微格实训系统）、微课制作系统、同屏互动系统，由多块屏幕从多个角度对教学视频进行切片分析，对教学资源进行二次生成。建设有微格 AI 实训系统、央馆智能研修平台，通过后期数据对接，可以形成教师专业能力和教学能力、课堂教学实绩等的个人成长精准画像。

试点学校的软硬件建设是智能研修平台推进的难点，第一批 9 所试点学校认真研究试点目标，通过自主采购和上级支持相结合，打造校级的研训中心，并且积极开展相关的教研活动，挖掘平台的潜力。有5所试点学校能够常态化开展线上研训活动、研究活动。

基于中央电化教育馆智能研修平台，通过试点学校试点应用，遴选和收集了一批新课改优秀课例、新时代教学评价范例等优质区域研训内容与资源，形成具有区域特色的教师研训课程量规量表，生成江北新区教研优课资源库，为全区教育提供优质教学资源。为保障融智共生、混合式教研的智能精准教研空间的有效应用，除区级建设适应新时代要求的教研新空间之外，江北新区还加强了全区中小学进行智能研修空间环境建设以及跨校学科教研共同体建设。

三是以点带面，试点学校逐步走向前台。

江北新区自确定试点学校以来，已从最初确定的9所发展至28所（截至2024年12月）。新区积极利用有限的资金，优先做好试点平台的建设，以中心智能研修中心为点，优先试点学校软硬件建设，逐步推进试点工作的推进。按照江苏省"十四五"教育信息化专项规划建设要求和江北新区"十四五"教育规划，建设区域智能研修中心，为提升教师数字化教学能力和智能研修提供必要条件。新区教育发展中心严格按照试点工作计划推进应用试点，配合企业正式采购部署智能研修平台，配合企业完成了全区试点学校网络录播教室系统或智能研修设备的改造和对接工作，通过12所学校智能研修空间环境建设改造的试点引领、应用示范，实现了区校混合式教研，预计通过二到四年完成全区试点学校的智能研修空间环境建设，推进全区教研数字化转型，实现区域智能精准教研。

教研空间内教研团队建设是关键，聚焦教学，强化培训、提升素养，新区教研部门尝试构建了区域跨校学科教研共同体。以小学英语学科为例，区教育发展中心教研部门教研专家研训员组织学校教研骨干和教研团队，积极利用智能课堂教学行为分析系统的大数据进行教师课堂教学能力和教学效果精准分析，促进教师改进课堂教学方式方法，优化课堂教学策略，提高课堂效率，推进跨校学科小学英语教研共同体的建设。

虚实交互、融智共生，促进了学校在智能研修平台上的创新应用。多个试点学校借此形成了具有学校特色的校本教研模式。例如浦口外国语学校基于全域数据的实证教研。学校依托人工智能技术，基于全域数据采集，开展实证教研，赋能"幸福成长"课堂改革。采集课前、课中、课后全流程数据，开展数据支撑下的教学决策研究，采用"实证 + 数据"的课例研磨。教研组优化了原有备课流程，形成线上、线下相结合的"四步五环节"课例研修模式。

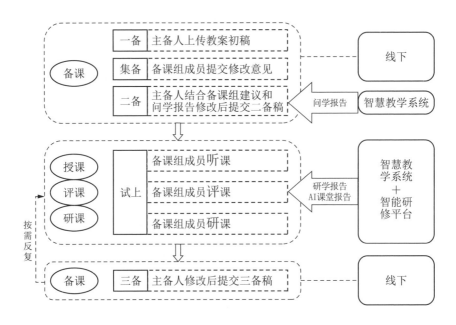

图 6-5 "四步五环节"课例研修模式

2023 年至 2024 年两年间，完成区级应用展示活动三次，市级应用展示活动四次。2023 年底，由市电化教育馆牵头新区承办的徐州、淮安和南京三市共同开展的基于智能研修平台助力教师专业成长的研讨活动，得到了江苏省电化教育馆的指导和好评。2024 年 5 月开展的高中语文市级智能研修平台教研展示活动，是高中阶段利用智能研修平台的大胆尝试。

基于智能研修平台的智能精准教研的新空间，可融合实证主义、人文主义、批判主义研究方法，开展混合式教研模式研究；基于动态多维度数据分析和教师技能评价标准，不间断地开展教师专业能力的智能诊断和评价，开展区域教师专业发展常模分析研究，形成区域教师成长评价标准，建设教师成长数字档案和教师专业成长规划系统，为教师培训、应用指导、课堂教学诊断研究与服务、教师画像研究与服务等提供平台支撑，推动教师培养模式创新。

第三节 大我之心垂范：江北新区教师志愿者行动

心有大我、至诚报国的理想信念和言为士则、行为世范的道德情操是教育家精神的重要方面，志愿服务是无偿为社会及他人提供帮助和服务的公益行为，是新时代弘扬和践行教育家精神的有效载体。教师志愿服务既是教师在实践中提升专业素质和社会服务能力的重要手段，也是坚定理想信念、提高道德情操、增强社会责任感、培育师德师风的关键抓手。2014 年 9 月，教育部印发《关于教师参与志愿服务活动的指导意见》，文件指出要大力弘扬奉献、友爱、互助、进步的志愿精神，结合教师职业特点和优势，发挥教师志愿服务的示范效应和育人功能，立足教育，服务社会，将志愿服务与促进学生成长相结合，与提升教师品德修养和学识水平相结合，努力做党和人民满意的好老师。引导教师参与志愿服务，为教师提供了践行职业道德的平台，可以焕发他们内心的良善，激励他们对善的追求和向往，从而不断发展自我，获得德性成长。师德的发展实际上也是教师改变的关键。有组织的志愿服务恰恰可以将外部指令与个人自愿打通，把师德的外部要求内化为教师的自觉。作为职业角色的教师，志愿精神所倡导的"奉献、友爱、互助、进步"正是当下师德建设的要求所在。参与志愿服务，是教师践行社会主义核心价值观，积极主动向社会传递和弘扬教育正能量的体现，是传承"积德行善、乐于助人"的中华优秀传统文化，是潜移默化引导学生心灵、促进学生健康成长的重要途径。

南京江北新区教师志愿者联盟由江北新区具有教师资格的教育工作者组成，以学生、家长、教师为主要服务对象，以项目为载体推进志愿服务。截至 2024 年 12 月，江北新区有教师志愿服务注册团队 70 个，教师志愿服务项目 737 个，注册教师志愿者服务人数 6202 人，教师志愿者服务时长 809552 小时。教师志愿者在立足岗位、爱岗敬业的同时，自愿无偿地利用业余时间走进社区、场馆，走进百姓生活的角落，自愿参加各种公益服务活动而不计得失，在实践中提升专业素质和社会服务能力，用爱心奉献自身学识，弘扬了教育的正能量，展现了高尚的师德风貌，形成了具有影响力的江北特色教师志愿服务品牌。

一、健全机制，强化组织领导

教师志愿服务的组织管理和推进，需要自主灵活发展，同时也要按规则、按计划实施，才能保证志愿服务活动的常态化与长效性。新区各校明确职责分工，明确教师志愿服务工作由校级领导主抓，明确工作具体负责人。各校设定专人担任校级平台管理员，负责审核学校教师志愿服务项目，加强对工作的组织、领导和规范，确保教师志愿服务工作有序扎实开展。

（一）制度保障

为把教师志愿服务工作落到实处，江北新区出台了《南京江北新区教师志愿服务组织管理规定》，统一使用南京教师志愿者联盟服务管理平台，建立常规考核机制，规范志愿者及项目注册申报、学时分配与认定、服务活动的组织与管理等工作。

（二）服务流程

所有教师参与的志愿服务项目需在南京教师志愿者联盟网站平台上登录创建生成，登录平台有两种方式：①登录南京教师志愿者联盟平台（https://wx.nje.cn/eduClient/volunteer/oaSuccess），推荐微信扫码登录。②打开南京教育党建网（www.njjydj.net），点最下方"教师志愿者联盟"图标访问。各校指定专人作为管理员，区级管理员为其设置权限，负责本校各项教师志愿服务项目的审批，所有教师在平台上创建的服务项目需经过以下流程：校级管理员审批→区级管理员审批→进行服务时长分配→校级管理员审批→服务项目完成。新区教师志愿服务工作依托南京教师志愿者联盟平台进行信息发布、项目管理。让教师从志愿活动中获得师德的升华，发挥教师志愿服务的示范效应和育人功能，保障新区教师志愿服务工作规范化、常态化发展。

（三）项目实施

普通教师创建志愿者项目，需校级管理员审批→区级管理员审批（市直属单位：校级管理员审批→市级管理员审批）；校级管理员创建的项目直接由区级管理员审批（市直属单位由市级管理员审批）。

项目审批通过之后，可以在该项目下创建活动，活动不需要审批。

活动创建成功后，在"活动成员管理"中为教师分配服务时长，服务时长由项目所属组织的校级管理员审批。

在实施过程中，定期召开教师志愿者工作培训会，会上组织优秀教师志愿服务单位交流、分享工作经验，并请来平台技术专家为全区各校级平台管理员进行平台操作集中培训，加强宣传动员，调动教师志愿者的积极性，群策群力，有效服务，保证教师志愿者服务活动的顺利开展。

二、搭建载体，丰富活动

好教师要有理想信念、道德情操，有高尚的师德师风。师德是教师专业化的一部分，教师是用自己的知识和才能、品德和智慧影响学生。教师的言行潜移默化一代又一代人的成长。教师通过志愿服务，带头践行社会主义核心价值观，言传身教，知行合一，树立新时代的师德形象。

江北新区浦厂小学成立了由教师和少先队员志愿者组成的江北新区红色广场首批志愿讲解队，他们积极传播红色文化，讲好红色故事。活动新闻被"学习强国"平台和交汇点新闻推送，具有很好的社会影响力。

南京市北京东路小学分校红太阳小学组织的"格桑梅朵周末学堂"，着力解决区域内流动儿童关爱缺失、管护缺位问题，为他们建设一个幸福美好的精神家园。主要针对周边社区年龄在6—12岁的流动儿童，在周末开展丰富多彩的成长教育活动，促进儿童身心健康发展。每学期初，学校提前制定活动方案，精心谋划活动主题，积极讨论宣传策略，不断提升活动质量，涵盖了白局课、剪纸课、青铜画课、绘本阅读、机器人等十余项丰富多彩的课程。

关注特殊儿童群体的浦口实验小学万江分校的"尔欣在线"的教师志愿者，

带领特殊学校的学生参观学校的红船博物馆，在学校尔欣基地一起体验种植的快乐。节假日期间，多次与各区残疾人联合会携手，开展关爱自闭症家庭活动、爱耳日等志愿服务系列活动。

琅琊路小学分校天润城小学的教师志愿者针对不同社区需求定制专项课表，利用节假日，进入社区义务送教。截至 2024 年 12 月，已有超过 1000 人次志愿者参与送教，实现天润城 10 个街区全覆盖，通过现场授课和网络平台受益的学生和家长超过万人次。志愿服务活动多次被江苏新闻网等媒体报道。

浦园路幼儿园的"蒲公英"志愿服务队在党支部的引领下，紧密围绕"服务幼儿、服务家长、服务教师、服务社会"四维工作格局，依托周边社区开展各项志愿活动，活动多次被江苏教育台和南京晨报等媒体报道。

在工作中注重培育典型和特色品牌。通过党员教师志愿者、团员教师志愿者丰富多彩的志愿服务活动，开创党群共建工作新局面。深化创先争优活动，充分发挥党组织战斗堡垒作用和党员的先锋模范作用，开展一系列党员志愿服务活动。教育和社会保障党工委党员志愿服务队牢固树立"我为群众办实事"的服务意识，建立志愿活动长效机制，积极整合资源，扩大项目影响，扎实开展关爱特殊儿童、"行舟书舫"等活动。联合"陶老师"工作站江北分站围绕培养儿童良好的习惯、亲子沟通技巧大放送等开展"家长成长营"线上活动，已开展 7 期，惠及群众达 5.2 万人次，有效缓解了亲子之间的矛盾，帮助新区家长提升亲子关系的品质、家庭教育的质量。同时，依托党员志愿服务中心，立足长效发展，做好项目发展规划，发动家长志愿者、社区志愿者共同参与，联合街道、社区共同建设，形成家庭、学校、社区三方通力合作的良好局面。

江北新区教师志愿者工作获得了广大媒体的关注。南京市第二十九中学天润城分校"心灵彩虹志愿服务站"和南京市北京东路小学分校红太阳小学"格桑梅朵周末学堂"的事迹都曾被央视《焦点访谈》、中国教育报、新华日报等媒体报道，浦口实验小学万江分校的"尔欣在线"教师志愿者关爱特殊儿童群体事迹、江北新区教师志愿者参加暑期新冠疫情防控的感人事迹等都相继登上了

"学习强国"平台。江北新区还承办了"南京市教师志愿者联盟"工作交流会暨江北新区教师志愿者工作现场展示活动，南京市教育局领导，市各区 100 多名教师志愿服务管理人员及新区 300 多名教师志愿工作管理者、先进代表参加活动。突出的志愿服务成果、出色的活动组织及鲜明的现场展示获得与会者一致好评。江北新区教师志愿者也多人次、多项目获得南京市教育局的表彰。在近三年中有 41 人获得南京市优秀教师志愿者称号，有 13 个服务项目获得南京市优秀教师志愿服务项目，6 个单位获南京市教师志愿服务优秀组织单位，极大地鼓舞并促进了新区教师的志愿服务热情。

三、创新举措，优化实践

（一）搭建载体，形成多元合作

第一，指导各基层学校积极与社区教育服务中心合作，充分利用社区资源，定期组织教师志愿者开展活动，开展有针对性的教师志愿服务项目，例如：亲子读书会、家庭服务驿站、同心沙龙等，整合各方面的社会资源，实现教师志愿者活动内容、形式多元化发展。

第二，建立人力资源库，除了教师志愿者，还应吸纳学校教师、高校专家、社区工作人员、社区退休干部教师、党员志愿者、相关公益组织等人员，定期举办新区教师志愿者培训会，提高教师志愿者的服务能力；在线上及线下设立志愿者服务工作小组，定期交流，分享志愿服务经验和心得。增强志愿者的服务意识和服务能力，在志愿服务中不断提升质量，形成一支专业水平高、服务范围广的志愿者服务队伍。

第三，优化信息平台，有效利用南京市教师志愿者平台建立常规考核机制，强化教师的师德师风考核。规范志愿者及项目注册申报、学时分配与认定、服务活动的组织与管理等工作。发布、指导服务活动信息等，打破时空限制，实现跨区、跨学校的教师志愿者活动资源共享。

（二）立足长远，建立评价机制

多主体、全方位的评价机制是保障教师志愿者工作有效落实和长足发展的重要环节，依据一定标准对活动的过程、效果进行评价，结合相关工作，设立不同种类、级别的奖项，如区级优秀教师志愿服务组织单位、项目、个人，及优秀学生志愿者、优秀家长志愿者的评选，每年定期评奖并进行总结表彰，通过评价，强化教师志愿服务的效果，提升教师志愿服务参与率，创设新区教师志愿服务的品牌特色，扩大区域影响力，促进新区教师志愿者工作整体发展。

PART 3

第三篇

学校行动

第七章
文化引领，铸魂塑形

从"四有"好老师、"四个引路人"、"经师"与"人师"的统一者到成为"大先生"，再到中国特有的教育家精神，习近平总书记的系列重要论述，为广大教师成长提供了源源不断的精神动力和思想养分。以这些重要论断为核心开展师德师风建设，通过价值引领促共识凝练，师德师风建设才能健康发展。

以中华优秀传统文化涵养新时代师德师风，以社会主义核心价值体系为引领，全面推进师德师风建设，注重未来教师和教育家的价值观培育，努力培养和造就一批中华民族伟大复兴的"梦之队"的筑梦人。

文化熏陶，静水流深。三十年来，南京市南化第三小学（以下简称"南化三小"）从当初单纯的写字教学，逐步到书法艺术的培养，再到书法育人的研究，开拓出一条特色与育人共融的发展新模式。一所好的学校，拥有自己独特的文化味道，墨香文化、"家学"文化、阅读文化、"南化"文化。以文化人，胸怀远大。高质量的教师队伍不是自然而然产生的，树立"人文者"形象，让教师成为自我和学生幸福的终身追求者。

"四大信条""阳光文化"。南京市旭东中学承泽南化公司创始人范旭东先生"四大信条"而育"阳光文化"之内蕴，探索工匠型好教师团队建设。范旭东精神就是文化培养基，根植于文化的营养中，构筑教师精神家园。

习惯教育，习行致远。教师队伍的发展关乎学校长远的发展。南京市南化实验小学以习惯教育为引领，"雁阵计划"全面助力教师专业发展，促进教师教育教学行为的优化，进而撬动教师队伍雁阵式集群发展和个体主动发展。"雁阵计划"是一个"点"，一条"线"。南化实小从"点""线""面""体"四个维度搭建密切联结、立体稳固的师德师风建设模型，实现组织融合、资源整合、情感契合的核心层、贴心层、暖心层，层层发力。

入师如爱，如师入德。特殊教育是实现教育公平的重要组成部分，只有充分保障弱势群体的教育权益，才能实现更加全面的教育公平。南京江北新区特殊教育学校的每一个生命个体都在互相影响着彼此，他们的师德文化内核是"用生命影响生命"，单纯可爱的学生影响着教师群体，教师的专业精神影响着家长群体，爱心奉献影响着特需学生……每一个与特校相关的生命，互相激励、影响，共同成长。

从心出发，向美而行。"做最好的自己""长成自己最好的样子"，在积极优质的校园文化影响下，做一个精神明亮的人。南京信息工程大学附属实验小学，用"澄心"引领团队敬业、安业、精业、乐业。第二十九中学柳洲东路分校坚持"向着美好出发"，构筑教师精神成长的磁力场，搭建教师专业成长的立交桥。

教之以事而喻诸德者，桃李下自成蹊。

第一节　翰墨正心：优秀传统文化建设赋能教师队伍发展

南京市南化第三小学是一所有着六十多年办学历史的"老学校"。十年前，学校老教师占比达到70%，同时骨干教师占比很低。十年光阴，白驹过隙，南化三小的教师队伍茁壮成长，日渐焕发勃勃生机。如今，学校骨干教师占比已达42%。短短十年，为何有如此变化？

一、学校文化内涵

南化三小雅称"墨园"，学校办学特色鲜明，教育质量卓越，文化底蕴深厚，是南京市首家被评为"全国写字实验学校"的单位，是"中国书法特色学校"。近三十年来，学校始终以书法教育为突破口，围绕"正心教育"这一办学理念，提出了"立字立人"的校训，树立了"立字立人，做真真正正的中国人；正学正行，做快快乐乐的小主人"的办学目标。

学校的教科研课题围绕书法教育展开，积累了宝贵的教科研经验和成果。从写字教学到书法教育，从写字课程开发到落实核心素养，学校探索出以书法特色教育促学生多元化发展的新途径。在此基础上，学校总结了三十年来学校书法教育的成果和经验，并于 2023 年 4 月出版了《南化三小：墨润童心三十年》一书，全书约 14 万字，将南化三小三十年来在书法教育中所作的研究与探索进行汇编，讲述了南化三小如何从当初单纯的写字教学，逐步到书法艺术的培养，再到书法育人的研究，最终开拓出教学特色与育人共融的发展新模式。

图 7-1 《南化三小：墨润童心三十年》封面

新时期，学校继续深耕文化之道，并由单一的书法文化逐渐转向对中华优秀传统文化育人的探索。学校以教科研引领发展，在"正心教育"基础上进一步提出"正学课堂"模式，坚守课堂主阵地，通过文化建设助力教师队伍高质量发展。东汉许慎《说文解字》中说："正，是也。从止，一以止。"学校认为其中的"一"是指遵循一条规律，即教学的基本规律，即间接经验与直接经验相结合的规律、掌握知识与发展智力相统一的规律、传授知识与思想教育相统一的规律、教师的主导作用与学生的主体作用相结合的规律。所谓"止"，是止于不合教育规律的教学行为，止于教师过多包办，止于课堂上学生的被动学习，止于偏离教学目标的低效或无效教学。"正"，是扶正学生的学习品质，规范教师的教学行为，营造正面阳光的课堂氛围，构建"乐学、会学、学好"的教学模式。因此，南化三小的"正学课堂"即合乎教与学规律的课堂。如今，南化三小的正心教育内涵更加丰厚，在教育教学改革中，学校也依托"正心"文化谋发展、求突破、见成效。

二、引领发展实践

（一）制度引领：行棋观势，落子布局

教育大计，教师为本。教师是教育事业的第一资源。新时代教师队伍建设是一项具有战略意义的基础性工作，是教育事业改革和发展的基础，是提高教育质量的根本保证，是促进义务教育均衡发展的重要保障。2018 年 1 月，中共中央、国务院颁布《关于全面深化新时代教师队伍建设改革的意见》，教师队伍建设"极端重要性"的战略地位成为全社会共识。南化三小也及时抓住了这个前所未有的"战略机遇期"。

1. 制订整体规划，让成长"可行"

《南京市南化第三小学"十四五"发展规划》明确提出，学校实施名师培养工程，完善教师发展机制，引导不同层次的教师自我设计专业发展规划，明确教师发展培养梯队，争取每个学科都有引领学科发展的区级以上（含区级）的骨干教师。"十四五"期间，学校力争培养一名南京市学科带头人，一名南京市

优秀青年教师，两到三名区级学科带头人、三到五名区优秀青年教师，两名教坛新秀。充分发挥名优教师的示范引领作用，带动全校教师专业水平的提升。加强青年教师发展团队的管理，通过主题研修、专家引领等方式，促使青年教师尽快成长为学科教学的行家里手、业务骨干。

2. 优化绩效考核，让成长"可视"

为充分发挥青年教师的工作积极性和创新性，激发青年教师的工作潜能和工作热情，切实加强青年教师队伍建设，科学地评定青年教师的教育教学业绩，不断提升学校管理和育人水平，学校领导班子不断组织修订，优化了《南京市南化第三小学教职工绩效工资实施方案》，并召开全校大会进行解读。

学校努力改进传统教师评价机制，力求构建可操作、可落地、可追踪、可反馈的教师绩效考评机制，考核评价充分体现专业素质和师德师风。通过外在约束与内在激励，提升青年教师谋求自我发展、自我提升、立德树人的热情和积极性。

3. 落实培养计划，让成长"可循"

《南京市南化第三小学青年及骨干教师培养计划》是通过实施培养工作，使新教师在思想政治与职业道德、专业知识与学术水平、教育教学能力与教育科研能力等方面的素质有明显的提高。该计划的培养目标为"一年入门，两年合格，三年优秀，四年冒尖，五年成才"。学校不仅专门成立了新教师培养工作领导小组，还明确了严格的纪律要求：其一，青年教师要服从学校工作安排，自觉遵纪守法及遵守学校各项规章制度，严格要求自己，勤于学习，刻苦钻研，尽快适应工作岗位，对待工作认真负责，一丝不苟，竭尽全力，认真完成学校交给的各项工作任务；其二，青年教师严格执行教师职业道德规范，热爱教育事业，热爱本职工作，热爱学生，尊重和理解学生，语言文明、举止端庄、着装得体，为人师表；其三，青年教师要按时参加集中培训，自觉安排好分散培训等。通过《青年教师成长手册》，让每一位年轻教师的成长有迹可循。

4. 薪火传承，让成长"可续"

学校历来十分关心和重视青年教师的专业成长，"青蓝工程"师徒结对活动是学校的优良传统。充分发挥骨干教师传、帮、带作用，从教育教学、师德修为等方面指导新教师，从而加快学校青年教师成长的步伐，帮助新教师尽快实现角色转换。教导处负责对"传""帮""带"工作进行督促和检查，以此推动全校教师队伍整体素质的提升。学校每学年都会隆重举办"青蓝工程"师徒结对仪式，为新教师指定优秀的骨干教师作为他们的导师，为新手班主任指定相应的班主任导师，以指导、帮助他们尽快地实现角色的转换，快速提高其班级管理水平。师徒签订"导师带徒合同"后，每周互相听课一两节，指导教师坚持检查新教师的课前教案和课后反思笔记。他们签下的不仅是一份"合同"，更是一份承诺和责任。通过"青蓝工程"，让薪火相传，让成长"可续"。

图7-2 南化三小"青蓝工程"师徒结对仪式

5. 随机视导，让成长"可评"

为落实"双减"政策，推进"铸品正学：小学学科育人模式"的建构与完善，学校以教育教学常规管理为重点，加大教育教学过程管理力度，增强教育教学管理的实效性，进一步转变观念，改进教育教学行为，规范教育教学管理工作，上质量、上层次，推进高效课堂教学，强化课堂教学的有效性与针对性，促进学校教学质量的稳步提升。学校的教学视导工作由学校教学部门统一管理。通过统一时间、随机视导的方式，对青年教师的教学常规、课堂教学、作业设计和批改等方面进行"精准把脉"。充分发挥随机视导诊断、改进、提升的作用，力促青年教师在工作过程中强化课改理念，创新方式方法，扎扎实实抓教学，脚踏实地做管理。同时在每次随机视导后，都会及时形成具有针对性的随机视导报告，让每一次随机视导都成为青年教师的小型评测。

6. 集体教研，让成长"可享"

学无止境，教无止境，研无止境。集体教研制度是有效教学、高效教学的指南针。学校的集体教研制度采用集体备课和教学研究相结合的模式。集体备课分备课组开展，组内教师围绕各自不同的教学主题展开细致的分工，每位教师都发挥自己的业务长处，在备课组长的统筹安排下，认真细致地完成自己的备课任务，并进行小组研讨，交流反思，最后由组长进行汇总整理。校本研修做到"四定"——定时间、定地点、定内容、定主讲人，进行理论学习、集体备课、校内公开课及研讨、习题研究、命题研究等。教学研究则是每学期围绕一个或多个专题展开。例如，自《义务教育课程方案（2022年版）》《义务教育课程标准（2022年版）》颁布以来，学校各学科围绕"双减""双新"背景，对新课标进行了积极研读，夯实理论基础，做到每周有分享，分享有观点，收获促提高。集体教研重在分享自己的收获，收获同伴的分享。

（二）平台锻炼：千锤百炼，琢玉成器

为了帮助青年教师尽快提高教育教学水平，进一步落实学校青年教师培养计划，促进广大青年教师发展从"量变"到"质变"，学校搭建专业成长平台，让更多机遇成为青年教师专业发展的"助推器"。当然，这其中也需要青年教师自身的努力。

近年来，学校借助教师交流、名师培训、校际合作等有效手段，促进青年教师沟通专业，建设教师专业成长共同体。以合作交流为核心，以共同解决教育实践中的问题为目的，实现资源共享与信息互通，力求打破学科壁垒、地域壁垒，为教师专业发展创设良好的环境。

1. 教师赛课，助力成长

课堂教学是青年教师成长与发展的基石。青年教师要想在教育教学方面有所建树、自我成长，只有多参赛，多历练，不断磨炼，提升专业素养。机会是留给有准备的人，也许最初成绩不太理想，但"量变"到一定程度会发生"质变"。学校搭建多种平台，让教师有更多的展示机会。南化三小每年举行的"正心杯"青年教师赛课就是帮助青年教师成长的重要机会。课前，青年教师认真钻研，精心备课。课上，他们有的激情饱满，教态自然；有的亲切和蔼，思路清晰；有的互动活跃，风趣幽默……一堂堂课，不乏独到和精彩之处，时有亮点闪现，趣味盎然。青年教师在一次次比赛中脱颖而出，走上了更高的展示舞台。

2. 蹲点服务，区校共研

自 2018 年 3 月开始，在江北新区教育发展中心领导和教研员的带领下，学校进行了"蹲点服务，区校共研"活动。蹲点服务小组从课程实施、教学常规管理、课改落实、"十三五"课题以及学校文化建设等方面对学校教师进行了辅导，极大地提升了学校教师的教学水平。区教研员亲自走进学校各备课组中，认真指导教师备课、研讨、磨课，还认真观察了语文、数学、英语、音乐、科学、心育等学科的教学活动。课后，教研员与授课教师、相关教研组进行交流，对自己在听课过程中发现的问题作了全面且具体的反馈，既肯定了教师在课堂中所表现出的亮点，也指出了课堂教学环节中存在的问题，意见中肯而且切中要害，让教师受益匪浅。

3. 试点项目，质量提升

为了打造高效高质的生本课堂，改革课堂教学内容与作业方式，全面提升学生素养，南化三小于 2020 年 11 月 18 日牵手南京晓庄学院莫先武教授团队，正式启动了"小学教学改革与质量提升"试点项目。该项目主要进行针对性研究，设计个性化的方案，解决学生、教师、学校的实际问题。用双线指导研究的方式，以教育理论与一线教育专家的教学经验来共同指导项目研究，使经验性教学与理性反思形成互动，不断提升教学质量，并把课堂教学核心主线与校园文化内涵结合起来，走出一条具有南化三小特色的教学之路。

4. 教学改革，遍地硕果

"善之本在教，教之本在师。"教育正在发生深刻的变化，青年教师需要理解：教育究竟是为了什么？教师怎样从烦琐的教学工作中寻找突破点，丰富自己的学科教学知识，成为学科专家？教学过程中蕴藏着无数研究的切入点，青年教师如何开展有效的研究？一直以来，学校努力构建多样态的青年教师发展平台，引领青年教师奋勇争先，两次教学改革现场会的成功召开与区级学科蹲点正是"问诊开方"的重要契机。

2017年，学校提出"铸品扶学 让学习真正发生"的"正学课堂"模式，2019年教学改革现场会在学校成功举办，"正学课堂"模式初具雏形。在三年时间里，学校教师的教育教学能力和学生的学习力都有了很大的提升。在此基础上，学校也深刻感受到"正学课堂"模式需要进行再建构，进一步提升教育教学质量，在高效上做文章。2021年11月17日，江北新区"深度落实'双减'，推进高质量发展"小学教学改革现场会在南化三小举办，学校进一步明确了"双减"背景下教学改革的推进策略，专家领导的到来也对学校"正学课堂"模式的建构及推进给予了更深切的指导与帮助。

5. 科研引领，协同发展

教育科研是促进教师专业发展的有效途径，也是学校持久发展的不竭动力。青年教师要学会教育科学研究，除学习科研方法之外，还要有改革意识，有创新精神，有实践的积累和对实践的反思与感悟，有对教育实践中新鲜事物以及问题的敏锐洞察，有对教育理论和新的教育理念的准确把握。

（1）教育写作：建好教师专业成长的"练兵场"

教育写作作为教科研工作的重要组成部分，是科研成果的主要表现形式之一，也是科研能力和学术水平的重要标志。为了帮助南化三小的教师进一步提高写作能力，夯实选题挖掘能力、文献综述能力、分析能力等，南化三小教科室每学期都会开展与教育写作相关的专题培训，邀请专家、前辈或学校在省、市、区各级获奖的教师向青年教师分享论文（案例）写作的经验，或结合教育大政方针，或联系教育热点，或结合自己获奖的论文，分享如何选题，如何进行文献总述，如何结合自己的教育教学经验，如何寻找契合点从而形成论文框架，并进一步思考、研究，进行撰写，反复打磨，最终成文。这样的专题培训为教师明确了教育写作的基本框架和写作思路，让大家有据可依，有迹可循，逐渐写出像模像样的文章。在积极参加各级各类论文比赛的同时，寒暑假期间，学校教科室也会提早筹备，组织教师积极撰写教育论文和案例等。先是在校内开展选拔评比，再进行磨文指导。教师在教科研方面有所收获时，学校也会第一时间在学校群内发布通知公告，并在公众号推送"喜报"，以进一步增强教师教科研的积极性。学校教科研水平稳步提升，论文发表、获奖人次也在逐年增加。

（2）课题研究：发掘教师专业成长的"试验田"

在教育教学实践研究中，学校树立"问题即课题"的意识，使课题研究服务于教育教学中的难点、热点问题。2022年6月，学校南京市教育科研"十四五"重点规划课题"核心素养背景下小学学科育人的实践研究"成功立项。为了激励广大教师积极投身学校课题研究，围绕课题及时总结教育教学经验，反思教育教学实践，交流教育教学感受，学校开展了每月教学随笔写作等常规性活动，旨在培养青年教师及时记录教学中所思所感的习惯，为课题研究积累素材，营造"教好书，育好人"的教学氛围。

同时学校将教研和科研有效整合，鼓励青年教师积极申报课题研究，让教师带着课题研究中发现的问题开展课堂教学，这样的方式使得青年教师的课堂主题鲜明、目标明确。

（三）文化熏陶：光而不耀，静水流深

教师既不是圣人，也不是超人，学校深知培养青年教师要转换思路，从青年教师的"内生力"入手，提升教师专业水平，提高教育教学质量。

1. 墨香文化

南化三小的墨香文化由来已久。学校始终相信，一所好的学校，应该拥有自己独特的文化味道。其散发出来的气息，总会在日复一日的时光中无声地熏陶、慢慢地滋养着置身其中的每一个生命体。学校的一草一木，一花一景，在"被看见"的背后，都隐含着学校在历史行走中积淀下来的DNA，更会在不经意间流淌出办学者教育思想的因子。正因如此，徜徉于南化三小不大的校园，你会不时感受到视觉上的刷新与思维上的撞击——文化因子在校园中随处可见。地面、墙壁、小径、楼梯，抑或在一个不起眼的拐角处，恰到好处，在你不经意间，点亮了你的眼睛。书道台，一处梅花形景观，三级台阶，三块方石，上刻三字要诀：静、专、恒，道尽了书法之道。书韵林，一处不大的林子，一块景观石，题有李学珍先生手书的"书韵"二字；二十余株松、樟、竹，其间若隐若现若干幅学校师生的书法佳作，从中足以窥见学校的书法韵致。书圣像，像高 1.75 米，重达 350 千克，左右两边各有一棵香樟树簇拥。书圣王羲之深邃的目光，为校园平添几许书法艺术的厚重与深沉。正心亭，亭上悬挂陈仲明先生的鎏金书法，亭内摆放供学生自由涂鸦的苏州金砖、清水与毛笔，婆娑的竹叶与斑驳的光影又为校园增添了几分惬意与静谧。漫步校园，目之所及，皆为文化，潜移默化间，墨香氤氲。

2. "家学"文化

学校教师微信群的群名叫"我们是一家人"。何为"一家人"？家是每个人的归属，是无法分割的整体，是最温暖的港湾。南化三小"我们是一家人"的"家学文化"就是在学校这一方天地之间，我们共建同造，互相包容，互相谦让，同心协力，协力共进。

其中也饱含着学校对青年教师的期待与尊重。在学校这个其乐融融的大家庭中，学校尊重青年教师个性，期许青年一代保持张弛有度的生活节奏和高效的工作效率以及适度的人生目标，同时也着眼于青年教师的终身发展，通过终身学习，让青年教师学会尊重和感恩，掌握灵活的为人艺术和教育技巧。

3. 阅读文化

从不同维度或不同的立足点审察教师发展会有不同的关键词，但"阅读"一定是重要的关键词之一。教师，必须是一个永远的读者；教师阅读，必须从实际出发，建设自己的阅读书目，拥有个性化的书橱；教师阅读，必须讲究阅读智慧，提升阅读价值和品位。要成为一名合格乃至专家型的教师，就要有底蕴，而底蕴的积淀，要依靠大量的阅读。

学校陆续开展了教师共读一本书、教师阅读沙龙、图书漂流等活动，从校内到校外、从线上到线下的各个层面，为教师阅读营造一个良好的环境，也为教师读书提供了广阔的空间和良好的契机。学校鼓励青年教师多读书，读好书，挤时间读，让教师的阅读素养在书籍的浸润中不断积淀。

4."南化"文化

南化三小原本是依托于南化公司成立的一所厂办校。"中国化工之父"范旭东先生创立的永利铔厂，号称"远东第一大厂"，这是工业辉煌的原点，也是一代又一代"南化人"心中的故土。办校六十多年以来，我们时刻不忘南化公司创业过程的艰辛以及范旭东、侯德榜等先辈的家国情怀，他们身上体现出来的爱国情怀、创新精神、诚信品格、社会责任意识以及国际视野的博大胸怀，还有经世致用、实事求是的优良作风，令我们难忘。

我们坚信，一代人有一代人的责任，一代人有一代人的担当。南化精神，是工业基因的传承，是化工文化的积淀，是南化发展的史脉。我们会学习他们的忠诚初心，坚定矢志进步的信念；学习他们的敬业履职，拥有岗位争先的态度；学习他们的尽责规范，拥有精细严谨的作风；学习他们的担当作为，发扬甘于奉献的精神。

三、结语

以文化人，胸怀远大。我们深知高质量的教师队伍不是自然而然产生的，需要精心培育和呵护，需要制度层面的支持，需要在教育实践追求上久久为功。因此，学校一要保障制度支持，树好"师表者"形象。不断创新师德师风教育形式，完善师德师风监督考核机制，强调人文关怀，提升师德素养。二要搭建广阔平台，树好"专业者"形象。让每位教师都可以找到适合自己发展的路径，各展其才，百花齐放。三要加强文化熏陶，树立"人文者"形象，让教师成为自我和学生幸福的终身追求者。文化自信中最基本、最深沉、最持久的力量在南化三小师生的身上不断体现，使他们迸发出可喜的生命力、成长力，合力推动学校深入、全面、高质量发展。

（南京市南化第三小学　金心瑶）

第二节　阳光润泽：以中华民族精神引领教师队伍发展

南京市旭东中学（以下简称"旭东中学"）承泽南化公司创始人范旭东先生"四大信条"而育"阳光文化"之内蕴，学校先后经历了民办、公办两个阶段。近几年，随着区划调整，学校教师队伍建设急需调整思路。为深入学习贯彻落实党的二十大精神和习近平总书记重要讲话精神，旭东中学深耕阳光文化，不断地从范旭东精神中汲取营养，以首批南京市"四有"好教师重点培育团队项目"范旭东精神引领下'工匠型'好教师团队建设"为抓手，以制度建设为保障，以活动促进为载体，以评价激励为动力，着力加强师德师风建设，不断提升教师师德修养，强化廉洁从教观念，营造风清气正的从教氛围，努力建设一支"道技合一，追求卓越"的阳光教师团队，以阳光教师育阳光学生，共建阳光学校。

一、学校文化内涵

学校虽几经变易，但承继范旭东先生之宏志不变，始终秉承"让阳光润泽孩子的一生"的核心办学理念，坚持"做阳光教师，育阳光学生，办阳光学校"的办学宗旨，以"阳光每一天"为校训，努力打造一支"道技合一，追求卓越"的阳光教师团队，培养一群"体魄强健、言行自律、学习自主、灵魂自由"的阳光学生，建设一所"在文化培养基上施行具有向上意义的教育"的阳光学校。

在深入挖掘学校办学历史的基础上，我们对"三个阳光"的内涵作了阐释。

做"道技合一，追求卓越"的阳光教师：道就是尊重教育规律，技就是具备优良的专业技能。以道驭术，以术载道。

育"一强三自"阳光学生："体魄强健"是基础，"言行自律"是保障，"学习自主"是手段，"灵魂自由"是目标。

办"在文化培基上施行具有向上意义的教育"的阳光学校：范旭东精神就是我们的文化培养基，阳光教育首先得是具有向上意义的教育，引导教师向上，教导学生向上。

图 7-3　旭东中学学校发展和教师发展沙龙活动

二、引领发展实践

（一）厚植学校文化，构筑教师精神家园

教育是培养人的活动，培养什么人是教育的首要问题。"行为世范，学为人师。"教师的人格力量和人格魅力是成功教育的重要条件。教师在为人处世、于国于民、于公于私方面所持的价值观，直接影响着学生的成长。一名教师只有在是非、曲直、善恶、义利、得失等方面坚持正确的导向，才能担负起立德树人的重任。因此，在教师队伍建设方面，我们首先思考，我们要建设一支什么样的教师团队。

近几年，随着江北新区的高速发展，政治、经济中心逐步南移，学校的生源质量逐年下降，学校发展进入瓶颈期。如何走出困境、突破瓶颈，是摆在全体旭东人面前的一个重要命题。

面对困境，我们深受范旭东精神的启发：学校要发展，教师是关键。我们需要从两个方面破局：

首先，从"道"的层面，需要弘扬学校办学历史，弘扬时代主旋律，构筑教师精神家园，提升教师精气神。学校成立了由校长领衔、德育校长主抓的范旭东精神研究团队，通过阅读《中国化学工业的先驱：范旭东、侯德榜传》等书籍，组团前往南京图书馆参观"工业先导，功在中华——纪念范旭东逝世75周年"主题展，开展区特色前瞻性项目"旭东中学传扬现代工业文明的校本课程新探索"的研究，打造旭东园、德榜园等文化场域，深入学习和领悟范旭东精神，强化价值引领，实现匠心传承。

其次，从"技"的层面，需要加强教育教学研究，营造"共研共长"的教研氛围，提高教师业务素质。探索以"主备—集备—个备—反思"为基本操作流程的"四步备课"模式，开发和使用"云旭东"平台，实现线上线下协同备课，教研互动，使科研管理数字化、集成化，打破教研、科研管理的时间壁垒，实现"四步备课"流程网络化、可视化，增强备课的交互性，切实提高集体备课的实效。

（二）抓实项目研究，搭建教师发展体系

为加强师德师风建设，学校立足办学现状，申报了首批南京市"四有"好教师团队建设项目——"范旭东精神引领下的'工匠型'好教师团队建设"，并于2020年7月成功立项。

通过项目建设，明确了范旭东的"工匠精神"是学校发展的根脉，"工匠型"好教师是"四有"好教师的校本化实施，"工匠型"好教师是解决学校发展中主要矛盾的重要抓手；确立了树"匠心"、铸"匠艺"、育"匠才"的培育目标，开展了"工匠型"好教师的寻根之旅、探索之旅和分享之旅等系列活动，取得了丰硕的项目成果：描绘了"三优三高"定位下的校园蓝图，沉淀了"工匠精神"统摄下的学校文化，形成了"共研共长"环境下的学术氛围，推进了"结对帮扶"模式下的共建工作，深度诠释了"匠工蕴道"的丰富内涵。

项目终期汇报得到了专家、评委的一致认可，该项目也于2023年1月顺利结项。通过项目建设，学校进一步梳理了学校师德师风建设中存在的问题，明确了教师队伍建设的思路，搭建了教师发展体系，为学校未来的教师发展奠定了良好的基础。

（三）加强制度建设，筑牢师德底线

制度是落实师德师风建设的重要保障。为筑牢师德底线，学校制定了《南京市旭东中学师德师风建设三年工作规划》（以下简称"规划"），从指导思想、工作目标、组织机构、教育内容、具体措施等方面搭建了师德师风建设的主体框架。为保障规划落实到位，学校成立了师德师风工作领导小组，制定了师德师风考核方案，将师德师风纳入每月的绩效考核；设立了师德师风问题投诉信箱，畅通师德师风问题沟通渠道；聘请学校教师、学生家长和社会各界人士作为师德建设活动督导员，设立监督电话，形成立体监督机制；积极听取广大家长及社会人士的建议和意见，不断完善相关制度，筑牢师德底线。

（四）创新评价方式，加足师德动力

师德师风建设是教师队伍建设的首要问题。学校充分利用评价激励措施，加足师德动力，引导教师自觉加强师德修养，增强职业道德，提高专业技能。学校不断完善师德考核和评估制度，使之科学化和规范化。通过自我评价、教师互评、学生评价、领导小组评价，对每位教师的师德状况进行综合评定，分优秀、合格、不合格三个等次，考核结果记入教师个人的业务档案，并作为评价教师工作、教师资格认定、培养培训、职务评聘、评优晋级、岗位聘任等的重要依据。在优秀青年教师、学科带头人、名教师评选和教师职务评聘等工作中实行师德问题"一票否决"制，对师德表现突出的教师，在骨干教师评定、职称晋升中给予优先考虑。对有严重失德行为、造成恶劣影响的教师依法撤销教师资格。

激励是最好的催化剂。学校制定了《南京市旭东中学"阳光教师"评选办法》，每年在全校范围内开展一次阳光教学名师、阳光德育名师、阳光服务名师评选，并根据考核结果推选阳光教师参加区、市级师德先进个人、师德标兵、模范教师、优秀教育工作者等的评选，激励教师朝着更高的目标迈进。

根据学校"新教师—五年职初教师—骨干教师—名特优教师"队伍梯队情况，形成不同的考核评价方案。在评价方式上，自评和他评相结合，过程性评价和终结性评价相结合，民主与集中评价相结合。评价的多元也给教师的成长带来更多的希望与可能。为加强师德先进典型的宣传，形成人人重师德，处处讲师德的良好氛围，学校开设了"阳光讲坛"，以身边人身边事讲述师德故事，以身边人带动身边人，营造阳光向上的教育氛围。

（五）丰富活动形式，强化师风教育

师德师风建设不能只停留在口头上，而是要落实到行动中。围绕师德师风建设，学校不断丰富活动形式，开展系列活动。

1. 铸师魂活动

通过专家讲座引导教师具有"四心"：关爱学生诚心，了解学生细心，教育学生耐心，服务学生热心。

2. 修师德活动

通过"身边的师德小故事"分享会，引导教师做到"三爱"：爱事业，爱岗位，爱学生。对后进学生有"三心"：爱心、耐心、信心。

图 7-4　旭东中学"身边的师德小故事"阳光讲坛活动

3. 树师表活动

"学高为师，身正为范"，学校通过升旗仪式、课间跑操、夸夸我身边的好同事、好老师等活动，引导教师关注自我言行，提升师德修养，言传身教，为学生树立良好的榜样。

4. 正师风活动

通过专家讲座、专题学习、校本研修、制度规范、榜样引领等活动，加强教师的职业道德建设。

5. 提师能活动

通过骨干教师示范课、党员教师亮岗课、青年教师汇报课等活动强化教师现代教育理论、学科及其相关知识技能的学习，不断完善知识结构，打好能力基础。

6. 育名师活动

从 2020 年开始，学校启动"人才培养计划"，搭建"一会三带两训"教师发展平台，助力教师专业化发展。"学术委员会"统领学校教科研工作，"专家带路"学术观念统摄教师教育教学生活，"名师带头"辐射引领学科共同体建设，"师徒带教"贴身指导新教师专业发展。"青年教师培训班"托底教师队伍建设，"骨干教师培训班"精准孵化优良师资。"一会三带两训"筑就了我校教师培养的新高地，越来越多的年轻教师正在这里吐蕊、绽放、拔节、生长。

三、成效与思考

（一）教师职业认同感进一步增强

一个人可以走得很快，一群人会走得更远！从教书育人到立德树人，从学科育人到综合育人，时代的变化对教育人提出了新的更高的要求，教师的发展绝不仅仅是依靠自身就能实现的，学生的成长也不是哪一位教师能够成就的，教师深知这一点，因此在注重自身专业成长的路上，须更加注重同伴互学、团队互助。每周的集体备课、学生自主学习单的编写、项目研究的推进都凝聚着团队成员的心血与努力。每一个团队成员都在各自平凡的岗位上发光发热，整个团队才能光芒闪耀。近三年来，经过团队协作，我校数学教研组被评为南京市先进教研组，数学、英语、物理、政治、体育学科的教研组被评为区先进教研组。

（二）教师师德修养显著提高

教师高尚的师德、精湛的教学、有温度的教育得到了家长的一致认可，他们多次自发为旭东中学的教师赠送锦旗。近三年来，1名教师荣获优秀援疆教师先进个人称号；1名教师被评为江北新区模范教师和江北新区师德标兵；2名教师被评为江北新区志愿服务先锋；3名教师被评为区师德先进个人；3名教师荣获南京市先进教育工作者称号；11名教师获评江北新区先进教育工作者；14名教师在年度工作中作出重大贡献，获区级记功嘉奖。

（三）教师专业能力大幅提升

近年来，学校培养市级学科带头人1名，市级优秀青年教师2名，区级学科带头人5名，区级优秀青年教师9名，区教坛新秀4名。学校承办市、区级研训活动18次，教师开设省级公开课7节，市级公开课13节，区级公开课112节。1人获得省化学实验竞赛一等奖，6人获得市教学基本功（优质课）一、二等奖，一百多人获得市、区学科基本功（优质课）和解题竞赛一、二、三等奖，有32篇教师论文在国家、省、市期刊上发表，288篇论文、案例获省、市、区奖项，涵盖一、二、三等奖。

2020—2023年，学校科研工作成果丰硕。现有省"十四五"规划重点课题1项，省"十四五"首批基础教育职业教育对外合作交流重点建设项目1项，市规划课题3项，市重点课题1项，区规划课题5项，区前瞻性教改项目1项，区教育内涵重点建设项目1项。在市、区第十一、十二期个人课题研究中，共有62项课题立项，其中市级个人课题9项，区级个人课题53项。

课题研究、项目开展进一步加强了学校师德师风建设，促进了教师的专业成长，推动了学校的内涵发展。2020年以来，学校被评为江苏省文明校园、南京市教育国际合作与交流窗口学校、南京市"十佳模范职工之家"、江北新区教科研先进集体、江北新区教育科研"5个1+N"工作优秀单位、江北新区五星党支部，获得江北新区师德建设年综合成效奖，多次获得江北新区义务教育学校高质量发展评估一等奖。

百年大计，教育为本。教育大计，教师为本。努力培养造就一大批一流教师，不断提高教师队伍整体素质，是当前和今后一段时间内我国教育事业发展的紧迫任务。近几年，南京市旭东中学在党支部书记、校长胡歧曦的带领下，秉持阳光教育理念，坚持走专业化发展道路，从研究的视角出发，通过文化引领、科研助力、项目推进等路径，夯实学校师德师风建设，推动教师队伍发展，撬动学校高质量发展的杠杆。在今后的工作中，学校将坚持以师德师风为核心建设新时代教师队伍，多举措激发教师的专业热情，着力营造"共研共长"的学术氛围，为推动新区教育高质量发展，在培养造就高素质、专业化、创新型教师队伍的道路上不断前行。

（南京市旭东中学　胡歧曦、郑彩玲）

第三节　习行致远：习惯教育引领下教师队伍建设新样态

师德师风是教师素质体系的核心，也是学校优化教学质量，培养优秀人才的关键。学校的高质量发展离不开优秀教师。南京市南化实验小学（以下简称"南化实小"）秉承"习惯成就人生"的办学理念，进行积极实践与探索，从学生习惯到教师习惯，从学校教育实践到师德师风队伍建设，以习惯教育为引领，以师德师风为核心，以教师综合素质发展为抓手，通过提升协同作用内驱力，形成共生状态，加强队伍建设，强化质量意识，打造质量强校。

一、学校文化内涵

学校文化经营立足学校现有办学文化历史传统，以教育管理和课程教学两大活动为载体，传导、诊断、完善、创新学校文化，使之不断积淀与增值，从而形成学校个性独特的气质。①

南京市南化实验小学建校于 1990 年，建校伊始就非常重视学生的习惯养成教育，校园也被师生亲切地称为"习园"。学校立足于自身办学历史，秉承"习惯成就人生"的办学理念，基于"习惯"（英文 Habit，音译为"哈比特"），凝练出以校园"小市民"建立"哈比特市政厅"为核心平台的学生自主管理模式，学校以"哈比特小子"形象统领校园文化视觉识别系统，通过整体构思布局，贴近儿童主体，将习惯教育元素与卡通动漫元素有机结合，形成习惯教育的有效载体。学校结合儿童喜爱的动漫文化，构建卡通风格的"哈比特城"，创设主题人物标识"哈比特小子"，旁衬的"规""矩"造型，象征着要习惯讲规矩，让学生身处其中，达到净化心灵、提升品格、润物无声的教育效果。学校形成了以"哈比特"为文化标识，具有丰富内涵的特色文化品牌，走上了一条基于儿童、依靠儿童的学校文化经营之路。

学校以"习之以恒，行之以礼"为学风，以"师之以德，教之以方"为教风。明确了整体打造习惯教育校园文化的办学方向，开发了"习惯教育五学会"校本课程，构建了习园"启智课堂"教学样式，逐步形成具有鲜明特色和丰富内涵的习惯教育校园文化。②

二、习惯教育引领下，以师德师风建设为核心的新时代学校教师队伍发展实践

（一）以"点"发力——汇聚多方能量，把稳师德师风建设的核心点

1. 巩固支撑点——夯实重大项目，做政治过硬的一流教育队伍

习近平总书记在中国人民大学考察时强调：老师应该有言为士则、行为世范的自觉，不断提高自身道德修养，以模范行为影响和带动学生，做学生为学、为事、为人的大先生，成为被社会尊重的楷模，成为世人效法的榜样。

---

① 胡福如.让学校文化不断增值［J］.江苏教育，2018（82）：62—63.
② 张洋，胡福如.让良好教学习惯落地生根——南京市南化实验小学"习行致远"青年教师队伍建设思与行［J］.江苏教育，2023（06）：68—72.

学校积极组织教师开展政治理论学习，并与全体教师签订了《师德师风承诺书》，深入学习与研讨党的二十大报告中关于教师教育的理论，将科学的理论和思想作为自己的基本职业素养，树立积极向上的观念，将爱岗奉献、努力钻研的精神融入自身的思想体系当中。

2. 紧抓着力点——统筹教师资源，做专业强大的一流教育队伍

学校积极推进人才建设，通过对中层干部、校长、青年教师等不同对象的培训，不断提高依法办学、以德治校的能力和实施素质教育的能力。通过完善内培外引、文化认同、氛围营造、制度保障等重要措施，逐步建立起有正确人生观和价值观、忠诚可靠、为师为范、德才兼备、懂战略会战术的中层战略后备队伍；精心打造出一支以学生为中心、以学生成长为导向、结构合理、激情四射的"四有"卓越教师（导师）团队。

学校制订"雁阵计划"，全面助力教师专业发展，围绕"四大习惯"，促进教师教育教学行为的优化，进而撬动教师队伍"雁阵式"集群发展，并带动集

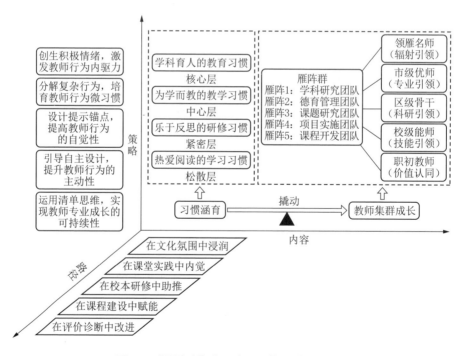

图 7-5 "雁阵式"集群发展立体化模式示意图

群内每一位教师的主动发展。依托"五类雁阵团队"，紧扣"五条路径"，聚焦"五大策略"，优化教师教育教学习惯，逐步造就一支"师德高尚、业务精湛、结构合理、充满活力"的高素质、专业化教师队伍。

3. 找准结合点——深化双融双促，做特色鲜明的一流教育队伍

南化实小创新机制响应教育政策，遵循教育规律，适应学校发展，内涵日趋丰富。将学校办学理念"习惯成就人生"融入学校教师队伍建设中，促进青年教师的发展。学校编制《南化实小青年教师教学行为习惯建议手册》，简要阐述了编制意义、原则、体例特征，并从教学行为习惯内容体系、教学行为习惯改进体系、教学行为习惯监测体系、教学行为习惯评价体系四大板块，重点阐释了课堂教学行为变革的建议指南，每一个板块均阐明了青年教师应具备的新理念、新思路，列出了课堂教学行为正面清单和负面清单，提出了相应的操作策略和具体操作建议。

坚持党建引领，将学校党建文化品牌红色"星·立方"融入学校教师队伍发展中，促进学校师德师风建设再上一个台阶。学校连续六年获评江北新区小学高质量考核特等奖。近两年，支部连续获评教育和社会保障党工委党的建设考核优秀奖、区新闻宣传工作先进集体、区优秀基层党组织，获评首批思政基地校、江北云思政优秀集体等，并被评为南京市五星级党支部、南京市文明校园，成果显著。

（二）以"线"领航——集聚有形智慧，联结集团教师资源的中继线

1. 组织融合，集团组织燃星火

2022年11月4日，南京市南化实验小学教育集团（以下简称"南化实小教育集团"）成立，成员校包括南京市南化实验小学、南京市葛塘中心小学、南京市长城小学、南京市九龙小学。集团内资源整合，以共同制订教师职业发展规划，加强教师培训和交流，建立教师评价机制等方式，提高教师的职业素养和教学能力。同时，集团内还加强了对教师师德师风的管理，建立健全的教师考核和激励机制，激发教师的工作热情和创新能力，促进集团内每一位教师的

发展。

2. 资源整合，优秀人才聚星光

南化实小教育集团自成立以来，有效整合教师队伍资源，着眼未来，以"1510"工程为抓手，制订《教师专业 2020—2030 发展规划》及《集团三年行动规划》，多次在集团内部开展教学研讨活动，以全面提高青年教师专业素养。学校现有市学科带头人 3 名，市德育学科带头人 2 名，市优秀青年教师、德育优秀青年教师共 5 名，区学科带头人 14 名，区德育学科带头人 4 名，区优秀青年教师、德育优秀青年教师共 25 名，区教坛新秀 7 名。

3. 情感契合，教工群众亮星辰

学校微信公众平台下设"银龄故事"专栏，陆续推送退休教师系列事迹；设置"青春的模样"专栏，展现习园青年教师成长的历程，在教育的崇山峻岭中跋涉出习园人的高度与姿态。

南化实小的教师，始终传承着有温度、有情怀的大爱精神。南京市"斯霞奖"获得者王老师带思想、带教学、带科研，帮助青年教师快速成长为教学科研骨干。南京市优秀班主任刘老师将自己近 20 年的管理班级的小妙招对青年班主任倾囊相授。青年教师陈老师在江北新区大中小学师生"同上一堂思政课"的展示中，以精神的"甜"讲出思政的"味"，生动诠释了一名新时代青年思政教师的责任……教师们以灵魂唤醒灵魂，用爱滋润爱，以习园的温度培养有责任、有担当的新时代少年儿童。

（三）以"面"增效——探索多维边界，扩展教师队伍联结的融合面

1. 创新教师发展工作"星"机制

集团内下设集团理事会，以"联合组织"搭建连心"桥梁"，以"联合活动"擦亮集团"品牌"，以"民主议事"建强集团"堡垒"，以"联合服务"点燃初心"火炬"。通过参观展览、集中研讨、座谈会、文艺演出、主题党日、知识竞赛等丰富多彩的活动，开拓教育集团工作"新领地"。充分利用各校优质资源，让每一次"联合"都成为激活教师内驱力，激发教师创造力，激励教师进

取力的活力源泉。

2. 建设师德师风教育"星"阵地

学校围绕"让教育有温度、有激情、有目标、有向往"的总思路，积极营造校园"激励"氛围。充分利用学校宣传栏、过道走廊、校园网、电子屏等宣传阵地，传递办学新思维、新理念、新观点、新要求、新举措；通过图片、故事、演讲等形式，开展走访、学习、讲座、倡议、践行等活动，激活正能量的流动，提振教师向上、向善的内动力。以现代信息网络为重要载体，以现代信息通信技术的使用为重要推力，引导和实现优质资源的快速优化配置与再生，通过线上线下、校内校外等形式实现教师教育工作效率的提升和教育质量的提高。

3. 凝聚多方联动"星"力量

学校始终坚持和加强党的全面领导，形成强势推进态势，通过开设"薛警官小讲堂""女生课堂""少年急救官"等讲座和活动，有效激发家、校、社、警、医的主体积极性，拓宽教师学习渠道，凝聚最广泛、最深厚的建设力量。

4. 组织特色交流"星"活动

学校定期开展特色交流活动，以研兴教，因教而美。交流活动作为教师成长的实践沃土，让不同层级的教师立足岗位、蓬勃发展，营造集团内教师抱团共融共生的良好生态，实现教师的全方位提升，努力办好人民满意的教育。

（四）以"体"显能——点亮育人星河，建构习惯教育引领的教师共同体

学校在33年的习惯教育理念的引领下，深化课程改革，坚定落实立德树人根本任务，加强师德师风建设，发挥教师队伍力量，传承和发扬中华优秀传统文化，培养德智体美劳全面发展的社会主义建设者和接班人。

1. 弘扬红色文化，立强国志

通过自主学习、参观展览、"迷你马拉松"长跑等定期活动的开展，不断增强教师热爱党、热爱祖国、热爱人民的深厚感情，引导广大教师自强不息、甘于奉献。

2. 赓续红色血脉，树中国魂

学校不断强化红色资源的教育功能，通过参观江北新区红色广场、王荷波

纪念馆、范旭东广场等爱国主义教育基地，引导广大教师树立正确的国家观、民族观、历史观、文化观，磨炼自己的意志。学校多次获得先进集体、优秀党组织等称号。

3. 发扬红色精神，筑健康体

学校通过考察调研、与学生座谈、定期开展法律法规检测、心理团辅、案例研讨等活动，抓实抓牢教师的思想境界，夯实建立优秀教师队伍的基础。

4. 传承红色基因，成报国才

大力推进红色基因进校本、进课堂、进校园、进家庭、进社区、进网络……近两年，学校美育案例获评全国第七届中小学美育改革创新优秀案例，"双减"案例获评江苏省典型案例，德育案例获评江苏省"一校一案"，学校获评南京市首批劳动教育特色学校，师德师风建设强化了教师个人修养，体现了学校的规则意识，使学校的教育地位得到提升，为实现教育发展目标提供了推动力。

三、成效与启示

一个学校就是一个堡垒，教师队伍的发展关乎学校长远的发展。南化实小以习惯教育为引领，以师德师风建设为抓手，在各项评比中屡有斩获，受到社会各界的广泛赞誉。

（一）聚力——夯实价值引领的导向作用

学校用党建理念融合学校校本特色、价值观念、行为准则和发展方向，以师德师风建设为核心，目前已完成南京市"十二五""十三五"的党建规划课题，"十四五"规划课题正在研究中。学校着力于青年教师习惯的改进研究，切实发挥引领价值取向、凝聚学校教师队伍思想和激励全体教师共同奋斗的重要作用。

（二）加速——明晰协同育人的基本路径

紧紧围绕学校"习惯成就人生"办学理念，党支部统揽全局，强化领导，校内各部门完善路径、实时推进，协同家社警医、驻区企业、高校、街道、社区各方力量促进共育。学校已有南京市名校长 1 名，南京市学科带头人 3 名，南京市优秀青年教师 4 名，新区学科教学带头人 14 名，区优秀青年教师 25 名，区教坛新秀 7 名，还有 4 名教师取得南京市家庭教育指导师的资质。

（三）创优——扩大品牌效应的辐射层级

通过几年来坚持不懈的努力，稳健中求发展，守正中求创新，学校的影响力和知名度也在不断扩大。

南化实小语文教研组和音乐教研组荣获第十届"南京市中小学先进教研组"称号，学校正在进行江苏省教育科学"十四五"规划课题"学科育人视域下青年教师教学习惯的现状调查与改进策略研究"。近年来，学校先后被评为江苏省教科研基地学校、江苏省课程基地与学校文化建设项目学校、江苏省艺术教育特色学校、江苏省智慧校园、南京市首批特色文化示范学校、南京市首批德育基地示范学校、南京市教师发展示范基地学校、南京市课程基地学校、南京市中小学体育美育浸润课程基地。

四、结语

强化立德树人意识，加强师德师风建设，学校的发展，离不开教师队伍素质的提升。学校重视师德师风建设工作，立足立德树人根本，结合新特征、新要求，探索师德师风教育新样态。

学校突出新理念、新思路，创新一体化建设新途径，形成铸魂育人长效机制，实现全员、全程、全方位育人的目标。找准育人与师德师风建设工作的支撑点、着力点、结合点，以"点"发力，多方能量；以"线"领航，集聚有形智慧；以"面"增效，探索多维边界；以"体"显能，点亮育人星河。南化实小力求从"点""线""面""体"四个维度搭建密切联结、立体稳固的师德师风建设模型，实现组织融合、资源整合、情感契合的核心层、贴心层、暖心层，层层发力，助力教师队伍发展，实现学校长远的办学发展目标，促进学校高质量发展。

（南京市南化实验小学 曾艳）

第四节　尊重悦纳：在践行"用生命影响生命"中成长

习近平总书记指出，教育公平是社会公平的重要基础。特殊教育是实现教育公平的重要组成部分，只有充分保障弱势群体的教育权益，才能实现更加全面的教育公平。

2020 年 9 月 1 日，南京江北新区特殊教育学校（以下简称"江北特校"）正式开学。特殊教育在教育界中自有一方小天地，它是特需儿童学会生活、学习成长的"世外桃源"，因此，江北特校又被称为"悦智源"。在这里，有着一批年轻的教师，他们的平均年龄只有 26 岁，但他们朝气蓬勃，干劲十足，始终践行着"尊重生命　悦纳自我"的办学理念，将"用生命影响生命"的教育信念渗透到教育工作中的方方面面，坚持着"没有不能　只有可能"的教育原则，用爱和专业为特需学生提供适切的教育。在这里，师者如光，微以致远；师者如舟，千里不殆。

一、学校文化内涵

（一）学校处处体现"尊重生命　悦纳自我"的办学理念

生命，需要敬畏和尊重。尊重每一个生命，尤其是面对特需学生，不是居高临下的同情，也不是自我感动的满足，而是一种温暖你我的善良，让花成花，让树成树。每个人生命成长的姿态各不相同，而特殊教育，就是用一个生命，唤醒另一个生命，不冷漠，不漠视，在"悦智源"中，生命成长的每一个瞬间，都值得被看见。

悦纳，就是愉悦地接纳。悦己悦心，容己容人，无论是特需学生自我本身，还是特需学生的老师、家长，江北特校都倡导要学会用乐观的、愉悦的、包容的心态，面对生命成长中的一切，认识自己，认可生活。希望每一个来到江北特校的人，都能真实、真诚地做自己，客观、善良地面对他人，享受幸福的生命之旅。

（二）"用生命影响生命"是教师践行着的教育信念

教育是因为人的生命而存在的，生命的生长需要才是教育的基本内容。特殊教育本质上就是唤醒人的生命意识，启迪人的精神世界，建构人的生活方式，以实现人的生命价值的活动。江北特校的每一个生命个体都在影响着彼此，单纯可爱的学生影响着教师群体，教师的专业精神影响着家长群体，爱心奉献影响着特需学生……每一个与特校相关的生命，互相激励、影响、成长。

（三）以"松竹梅"行动推动江北特校高质量发展

江北特校用心谋划"养松""培竹""赏梅"三项行动，以"养松"行动实施学生成长计划，让学生如"松"挺立生长；以"培竹"行动实施教师成长计划，让教师发展如"竹"拔节向上；以"赏梅"行动实施家、校、社共育计划，让家长赋能如"梅"傲然挺立。

借助"培竹计划"促进特殊教育青年教师成长，学校设立新竹班、劲竹班、苍竹班，围绕"专业引领""同伴互助""自主发展"三个重点，通过一个计划引领、设立五个表现性指标、借助十六项路径，定期开展校本活动，带动教师专业成长。让青年教师在学科教育、特教专业和不同领域的研究中提升业务水平，在教育科研、公开课、德育管理等方面进行业务发展，在课堂观察、课例研究、观察日记及反思的撰写中找准自己的特教学习领域，成为某一特教领域专家型教师。

二、引领发展实践

在"悦纳"文化理念的指引下，学校的每名教师都秉持着"用生命影响生命"的态度，积极地面对每一个前来求学的学子。学校借助政治理论学习，跟进每一步，武装头脑，借助"悦·融"志愿者团队服务每一次特别需要，借助"三友记"看见每一个美好向往。

清晨，师德是一场动人的宣讲，故事在这头，榜样在那头。

"对学生，她是一位有温度的引路人；对教师，她是我工作路上言传身教的引路人……"清晨八点十分，江北特校全体教师齐聚报告厅，一位教师正在分享她眼中的曾老师。原来这是江北特校每周进行一次的"悦师讲堂"。江北特校自建立以来，涌现了一批又一批的优秀青年教师，生动形象地诠释了什么是"学为人师、行为世范"。"悦师讲堂"上，由一名教师讲述身边优秀教师的教育好故事。

"与曾老师的缘起，是 8 月 15 日，她鼓励我在新学期学做一名班主任……再次感到曾老师的温暖，是 9 月 5 日，我感到深深的挫败……曾老师不但给我写了一封信，还教了我许多教育小妙招。面对这群还不是很适应校园的孩子，曾老师的小妙招屡试不爽……"

"在日常的教育教学活动中，护星使者也常常带着星星去散步。采桂花，制花茶；做风筝，放纸鸢；插茱萸，敬老情……一次次的班级活动中，星星们感受着劳动的快乐，探索自然的美妙，感受着与人相处的丰沛感情……他们致力于拾起莹莹星光，他们就是启智二班教师团队。"

"坐落在深巷中的'悦智源'，学生障碍程度偏重，但这难不倒一群平均年龄仅仅 26 岁的有着独特魅力的小集体……时间的洗礼让他们摆脱了象牙塔中的稚嫩，用实际行动阐释着特教教师的职责，也是这充满朝气的力量让这所深居巷子里的特教学校熠熠生辉。"

在一个个的故事讲述中，江北特校"师德"的模样逐渐清晰，是"一个都不能少"的责任担当，是"不求桃李满园，只求相暖相依"的教育信念，是"致力于拾起微光"的教育热情。在积极阳光的故事中传递教师正能量，在潜移默化的学习中加强师德建设，牢牢树立"不忘特教初心"的教育信念。"悦师讲堂"远不止于此，它还是教师的三省吾身：如何在有限的时间里让每个孩子独立生活？怎么为每一个孩子"量身定制"一套教育方法？如何以身作则做孩子的好老师？

通过双周师德学习，通过分享身边的教育好故事，引导教师以行为世范、以身传教；通过单周思想政治理论学习，创新教师基本功训练内容，坚持不懈地用习近平新时代中国特色社会主义思想凝心铸魂。在教师事迹的学习中，明确特殊教育教师的成长目标与方向，深化教育教学职责与使命，让"躬耕教坛、强国有我"的志向和抱负不再只是一句口号。

铃响后，师德是一双温暖的大手，教师在这头，教育在那头。

伴随着清脆的鸟啼声，轻柔的入校音乐响起。身穿红马甲的护导老师早已各就各位，面带温暖的微笑，向背着书包的学生们挥挥手："早上好。"而或懒散、或急促、或害羞的学生们，也会抬起手来，拍拍老师的手，回应道："老师早上好。"师德，便流露在晨间与学生的互动之中，蕴藏在教师的教育方法中。

"快来抓我，星星快来抓我。"星星跟随王老师的声音欢快地进入教室。但在此之前，星星可不是这个样子。在三分钟之前的校门口，背着书包的星星捂着脸，扭着头，即使妈妈已经离开，也迟迟不肯踏入校门一步。门口的护导老师使出了浑身解数，却让星星更加抗拒地停留在原地，不肯再前进一步。站在纳新路口的护导老师王老师这时冲上前来，拍拍星星的肩膀，一边笑着对她说："快来抓我，快来抓我。"一边迅速向前跑去。星星眼前一亮，立刻绽开笑颜追逐着王老师的脚步，与王老师手拉手快速步入了教室。

图 7-6 "星星快来抓我"

"小心，这里有水，我们大步跨过去。"下雨天，小雨滴答滴答向下落，校门口的护导老师在校门前的拐角处耐心等待，看到忘记撑伞而与雨滴亲密接触的学生，便快速走上前去，将其纳入伞下，一路护送着到达学校，"小心，这里有水，我们大步跨过去。"顺利到达校门口时，第二把大伞立即接力，第三把、第四把……一把又一把的大伞，撑开了学生通往教室的安全之路。

"糊糊早上好！""糊糊，看我，我是谁?"在校门口的护导老师，是学生进入校园生活的第一道"关卡"。对于不独立的学生，护导老师鼓励他自己背上书包，牵着老师的手一同走入教室；对于社交能力弱的孩子，护导老师不仅与他击掌问好，还要教他基础的社交礼仪；对于行为习惯差的孩子，护导老师要提醒他"裤脚放下来""跟老师拍手问好"。

就这样，日复一日，年复一年，护导老师在校园的各个角落，守护学生的安全。如果说，晨间的"悦师讲堂"让师德的模样逐渐清晰，那么入校期间的护导，让师德有了温度。在大手拉小手的陪伴下，江北特校教师团队也越来越懂得如何做一名好教师：怎么发现学生的美，怎么为学生量身定制"教育好方法"。教育蕴含在一点一滴中，在小手拍大手的过程中，"悦师团队"的特殊教育专业技能得到提高，这是教师队伍建设的切身实践，也是师德最有力的体现。

后来啊，师德是一支细致的队伍，责任在这头，安全在那头。

在每个节假日前夕，都会出现这样一幕：

他们穿着代表志愿者的红马甲，目光仔细搜寻着校园的每处角落，碰碰悦趣角的玩具，摸摸教室里的桌椅，不时写写画画，交流几句。走近一看，原来是他们！"朱校，教室门后的门锁有点坏了。""朱校，悦趣角的秋千链条快断了。"你以为教师是在和校长告状吗？并不是，他们是由校领导、党员和入党积极分子带队的"悦·融"志愿者团队。在行政领导的带领下，从学校外围、食堂、功能室、办公区域入手，对学校进行全面、细致、彻底的安全大排查。

"你看，柱子这里有个凸起的钉子，得赶紧拔掉，不然学生玩的时候不注意就刮到了。"说着，身穿红马甲的杨老师便找来了扳手，一扭、一拽，具有安全隐患的钉子便被消灭了。

"这里这里，这儿的绳子快断了，得加固一下。"说着，彭老师便拿来了黑色胶带，将断掉的绳子死死地缠住，确保学生在玩耍的时候不会断掉。

"这儿怎么没有防撞角啊？太危险了！"班主任王老师立刻申领了工具，将锋利的边角包裹住，将安全隐患消灭掉。

这个新生的特殊教育学校，借助"悦·融"志愿者团队，积极发扬志愿服务精神，定期开展校园安全排查，站好校门口护学岗，利用课间护导、午间就餐等时间，为学生的健康成长保驾护航。学校教师用实际行动为学校做实事，在志愿行动中，提升了团队凝聚力，产生了集体归属感，也在志愿活动中凝聚了师德的力量。

而现在，师德是一次深入的沟通，演绎在这头，智慧在那头。

如何与孩子相处？这不仅是教师的课题，也是家长的课题。饱含生机的校园除了有教师和学生的共同勾勒，也少不了陪读家长的色彩点缀。为了帮助特需学生更好地遵守社会规则，适应社会交往，江北特校悦师团队采用了多种方式进行家校共育。在家校共育中，师德犹如泉水般一点一滴呈现出来。

"我要玩我要玩我要玩……"这句话不是出自闹情绪的学生之口，而是出自模拟学生行为的教师，这是一场针对陪读家长的专题培训。作为孩子在校园生活中的重要他人，陪读家长总是时刻陪伴着。但这些叔叔阿姨、爷爷奶奶，在面对学生的行为时常常是知其然而不知其所以然，为了帮助家长在专业陪读的道路上持续深耕，江北特校悦师团队采用情境演绎的方式帮助家长读懂孩子行为背后的原因与需求。

"嘉嘉奶奶，这礼拜嘉嘉适应得不错，不过我们观察到嘉嘉有时候……"放学后，总能看到孩子一拥而出，孩子奔向家长，身后紧紧跟着班级的教师，教师事无巨细地从生活习惯、学习品质、教育目标等各方面与家长进行沟通，在沟通中更新家长对学生及家庭教育的认识。

"来自护星使者们的 9 月 26 日班级小记……小朋友在校园生活中能够找到状态，不仅有老师的影响，还有同学的影响和家长的影响，这也提醒我们作为孩子生命中的重要他人，更要以正确积极的方式去引导孩子……"每一天结束后，班主任及班级团队都会在班级群中反馈孩子在校的小故事，同时通过这些小故事向家长传递一些积极的教育理念和教育方法。

江北特校将持续打造江北特校学习共同体，用心谋划"养松""培竹""赏梅"三项行动，大力实施校家社共育计划。我们愿意为特殊儿童和家庭带来温暖和专业，让他们得到适切的教育和专业的家庭教育。

三、成效与思考

（一）教师队伍建设成效

师德无小事，小事见师德，学校的教育理念"用生命影响生命"渗透在了校园的每个角落，在全体江北特校人的齐心协力下，南京江北新区特殊教育学校先后获得"江北新区特殊教育发展有功单位""南京市特殊教育发展有功单位""南京市三八红旗集体""江北新区第四届师德先进集体"，并荣获"江北新区师德建设宣传教育奖"，在 2023 年高质量发展评估中荣获"特别贡献奖"，并获得单项"优秀管理奖"和"队伍建设奖"。

学校教师年轻有活力，热衷于教育事业，理论扎实。其中涌现了一批在各领域表现突出的教师，多人获得第四届"南京市融合教育最美教师""江北新区师德先进个人""江北新区优秀班主任""江北新区优秀青年教师""江北新区优秀德育管理者"等荣誉。自 2020 年建校以来，在教科研、课堂竞赛、基本功展示等各级各类竞赛评选中，共获得省级奖项 16 人次，其中省级一等奖 3 人次；累计获得市级奖项 74 人次，其中市级一等奖 10 人次；累计获得区级奖项 282 项，其中特等奖 3 人次，一等奖 59 人次。

（二）教师队伍建设思考

学校的教育理念"用生命影响生命"渗透在校园的每个角落，努力让每一个生命绽放精彩，是江北特校人永恒不变的追求。

在上述案例中所提到的围绕教师师德师风开展"悦师讲堂"，发挥志愿精神为学生保驾护航，贴近学生需求携手进行家校共育，只是江北特校教师队伍建设中的一小部分。江北特校始终坚持以重实际、抓实事、求实效为工作原则，以培养师德有保障、特教有情怀、术业有专攻的高素质教师队伍为根本，依托"培竹计划"，围绕"专业引领""同伴互助""自主发展"三个重点，在党建、师德、教科研、课堂教学、专业技能方面通过十六种路径，全方面促进教师成长，整体进行教师队伍建设。

"抱团取暖"激发教师进取力。学校设立"悦思行"青年教师团队，并为青

图 7-7 "抱团取暖"

年教师研修团聘请导师入校指导，鼓励年轻教师抱团取暖，自然而然形成多个不同性质的团队，如根据教师个人研修方向组成读书小组，由班级教师组成班级团队，根据学科教学组成教研组团队等。依托团队力量，相互学习，共同提升。

"问题导向"激发教师内驱力。邀请骨干教师入班蹲点，对各班级日常教育教学所出现的问题开展点对点指导；班级团队结合学生实际情况，选择研究主题，开展行动研究。

"良性竞争"激发教师生命活力。制定绩效考核方案，成绩突出的教师在评优、评先、晋级中优先考虑。每学年结束后，将优秀科研成果汇编成册，借助品牌文化形成"三友记"系列书籍。

江北特校的教师面临着学生多样性、教学方法创新、家校沟通、专业持续发展等多方面的挑战。因此，学校需要持续投入精力，优化教师队伍的培养机制，为教师的成长创造更多的机会和平台。

未来，江北新区特殊教育学校将首先围绕《"十四五"特殊教育发展提升行动计划》《特殊教育办学质量评价指标》，定期组织教师全员培训，引进先进的教育理念和教育方法，拓宽教师的视野，提高教师的专业素养和综合能力；其次，根据教师的不同背景和特长，发挥每个人的优势，形成教育合力；最后，也可以鼓励教师之间的跨学科合作，将不同领域的知识和技能相互融合，为学生提供更加全面和深入的教育。

作为新区唯一一所特校，江北特校在教师培养方面注重师德唤醒，关注专业提升，重视业务发展，通过"理论学习—观察实践—感悟反思—学有所长—术有专攻"的校本培训模式，打造一支专业且温暖的教师团队，希望未来能将学校办成特需学生的"悦智源"，特需学生家庭的"加油站"，特校教师的"成长库"，营造能接纳、能融合的教育氛围，努力办好让江北新区人民满意的特殊教育。

（南京江北新区特殊教育学校　田静）

第五节　澄心修业：以敬业乐业成就最好的自己

南京信息工程大学附属实验小学（以下简称"南信大附小"）原为大厂区实验小学，建校于1949年，是一所有着74年办学史的老牌省级实验名校。学校以心理教育和气象教育为特色品牌，先后被评为江苏省心理教育示范校、江苏省小学特色文化建设项目学校、江苏省科学教育先进学校等。在课程改革的浪潮下，近年来，学校在不断摸索中孕育出了学校教育理念——"澄心教育"。"澄心"蕴含清澈、透明的深意，引申为使人心态清静，宁静致远。用"澄心"引领团队，旨在赋予教师以精神涵养，引导全校教师用澄心修炼学问之道，纯化身心品格，并以"澄心"重点关照学生的"学"，使之志存高远，涵养天性，以此来塑造心怀天下、好学向善、个性灵动的现代学生。

一、学校文化内涵

（一）理念上，对"澄心"好教师特质进行"四心"解读

1. 以敬业之心修德：修学治身，爱生为核

积极唤醒教师的时代责任感，以爱生为工作的灵魂，以善施教化为己任，

遵循教育的客观规律，给学生自然无痕的教育，实现教师专业发展和育人水平的不断提升。

2. 以安业之心赋能：安静教书，潜心育人

信息碎片化时代，教师必须自我修行，心无旁骛，保持纯粹，踏踏实实做教育，提高专注度，专注地阅读，专注地教学，专注地写作……

3. 以精业之心致远：孜孜以求，精益求精

做一个与时俱进的研究者，不断精进，推陈出新。积极投身教育科研，学习不辍，研究不止。始终让学生站在课堂中央，把学生成长当作最重要的研究，把课堂效率当作教育质量的生命线，把教育教学中的问题当作课题来研究。

4. 以乐业之心收获：乐以忘忧，乐而生慧

以愉快的心情、审美的体验，在忙碌的教育生活中寻求无限趣味。学生就是使命，讲台就是舞台，坚守一腔热诚一腔爱，始终保持年轻的心态和满满的热情，不断发掘职业魅力，持续收获教育幸福，培养幸福的孩子，成就幸福的家长，收获教育的尊严和幸福。

（二）行动上，引导"澄心"教师进行四项劳动

1. 精神劳动

做一个精神明亮的人，持续阅读，终身学习，成为精神蓬勃葱茏的"大先生"。永远对教育充满激情，并以自身的言谈举止感染与带动儿童，使他们流淌出生命涌动的韵律。

2. 思想劳动

不断迭代、更新教育理念，将国家的教育新政转化为切实的教育行为，提高职业道德，敬畏教育，以爱为魂，智慧地爱学生，打好学生的生命底色。

3. 专业劳动

不断精进、磨砺自己的教育教学水平，追求教学这门永无止境的艺术，更好地担负起传道授业解惑的使命。因材施教，探寻适合每个学生的教育。

4. 情绪劳动

通过一系列培训、辅导，更好地管理自己的情绪，并通过对自我情绪的管

理影响学生，帮助其建立稳定的情绪和心理状态。

（三）机制上，形成"澄心"好教师评价系统

1. 形成多维评价体系

自我评价机制：教师对照"四有"好老师标准，对标找差，自我评价，及时反思。

过程评价机制：青年教师进行教师素养专题培训，学校对他们的学习情况进行跟踪与考核；对各级课题研究的过程进行检查、评议和指导；对微型团队进行阶段评估。

增值激励机制：做好"澄心"好教师的评优评先工作，以各项评选为契机，帮助教师不断晋级，在超越自我中获得职业幸福感。

2. 形成精细化的管理新样态

用"明在顶层，强在中层，赢在基层"的管理思路，深化三级运转机制，引入可视化管理，以当月作战图与工作复盘闭环双管理，执行行政全息式考核。

二、引领发展实践

（一）有愿景——文化导向下的自觉发展

在澄心理念的引领下，我校致力于打造善教崇心的教师文化。为此，我们推出了一系列"澄心美"教师主题教育活动：

1. 教师礼仪培训，塑造教师的"形象美"

良好的礼仪行为，不仅给人沉着、稳重、冷静的感觉，也是展现自身修养与气质的重要形式。为了更好地树立教师形象，不断提升教师的专业素质，每学期进行强化教师礼仪素养培训，塑造教师的良好形象。

2. 澄心讲堂、学习日活动，提升教师的"内涵美"

每月一次的"澄苑德韵"宣讲团让教师走上讲坛聊周围案例，学身边先进。教师们时常会被优秀教师的初心与使命所感动；被以天下为己任的教育情怀所熏陶；被爱生如子，不抛弃、不放弃的精神所感动；被不忘本色、不负此生的豪情所折服。师德讲坛，既丰富了师德的内涵，又弘扬了正气，树立了典型，

使全校教职工深受启发。

3. 魅力教师评选，放大教师的"奉献美"

每天值日的行政人员细心捕捉教师工作中的感动瞬间，并将其定格在镜头里，每学期末将这一个个定格的画面制作成电子相册，串联珍贵的回忆。在此基础上，学校每学期进行一次"澄心美"教师评选，寻找身边的领军者、奋进者、卓越者：他们或是活力四射、激情澎湃，每天被梦想叫醒的青年教师；或是沉稳从容、执着坚守的中年教师；或是化泥护花、绚烂依旧的老年教师。放大教师的闪光点，增强教师的职业成就感。

（二）有团队——抱团发展下的同生共长

依据不同发展需要，成立规模不一的团队，让教师抱团生长。

1. 名师工作室

充分挖掘校内骨干教师资源，成立名师工作室，让教师在团队中抱团发展。以课题研究为重要方式，以课堂教学改革为主要内容，以提高教育教学质量为根本目的。通过一系列行之有效的教育教学理论和实践研究，搭建促进青年教师专业成长以及名师自我提升的发展平台，打造在区域内有成就、有影响的高层次教师。每位导师带领由六名左右学员教师组成微型团队，对处于不同发展阶段、具有不同需求的教师，进行精准"把脉"，靶向指导，以期通过私人定制式的导师指导，让学员教师快速成为澄心教育的中坚力量。

2. 澄心青年学院

青年教师的成长大本营。博览群书何其好，共育英才乐悠悠。每一位青年教师在完成教育教学工作的同时，还有另外一个身份——澄心研究院学员。在这个源于实践、应用于实践的研修载体中，青年教师按照"任务驱动、项目推进、伙伴学习、平台集成"的研修路径，开展学习活动，经历"问题—反思—交流—行动"的学习过程，在问题解决与新问题生成的往复循环中实现专业化学习与职业成长。每学期末有澄心青年学院测试日，以雷达图谱直观地呈现每位青年教师一学期的成长。

3. "半亩方塘"

班主任的充电平台，推动班主任队伍规范化、专业化和个性化发展。成长部与班主任一起结合家校社协同育人途径，商讨制定南信大附小的班主任工作量表，用以指导班主任日常工作。每月一次主题研修，比如，引导班主任在班级管理时加入团队心理辅导游戏，班主任通过掌握心理团辅方法，学会和谐有趣地进行班级管理。彰显学校的心育特色，利用积极心理学，深度推进融合教育，深入学生心灵，帮助他们敞开心扉，释放压力，疗愈心霾，形成稳定乐观的情绪。

（三）有项目——科研引领下的行走方式

1. "大学课堂"的引领

大学课堂是教师回归教育初心，激发内驱力，静心养怡最好的"道场"。自项目建设以来，学校成立大学教授专家智库，邀请江苏省教育科学研究院基础教育研究所原所长彭钢、江苏省教育科学研究院张晓东主任、江苏省教研员赵华等行业领军人物，为全体教师带来专题讲座。每年7月上旬，按照既定的计划，组织教师团队走进南信大附小的大学课堂，开展研修活动。课程内容涉及党建、教育教学、美学和哲学等各个领域，教师通过专家讲座、现场研修、能力拓展、案例分析等方式，感受南信大专家攻坚克难、勇攀科学高峰的精神，学习南信大拔尖创新人才的培养模式，提升自身素养。

2. "微课题"师本研修

从教师发展的实际需求出发，以解决教师教育、教学实践和专业成长中的实际问题为研修内容，以教师自行组织的"微课题"研修活动为载体，通过日常、具体、生动的实践活动，促进教师的职业规范性和个体独特性的共生共长，使校本研修活动既能满足学生和社会需要，又能满足教师自身发展的需要。学校在为教师提供和搭建专业发展的平台时，应考虑学校发展、学科发展、学生发展的需要，还应考虑教师的情感需求，以自我反思和同伴互助为主，适当安排专家分享的研修形式，给教师更多的主动权和话语权，让教师真正愿意参与校本研修。

3. 有评价——点面结合下的百花齐放

点——节点事件来评价，有针对性强效果佳。每一次比赛结束，每一场活动完成，每一项课题结题，我们都会抓住关键性的节点，引导参与教师进行回顾、总结和反思，表扬先进，树立榜样。在这个过程中，既关注前沿，又关注过程，更关注后续。评价更有针对性，更有激励性和导向性。

面——多样活动促评价，多元评价促成长。和而不同，美美与共，教师之间要做到互相尊重，能包容彼此的差异，做到既在工作中保持相对独立，又能相互补充和支持，在共事交流中提高理解、沟通、协作的能力。为此，学校会在学期中和学期末开展面向全校的多样活动。

（1）系列主题研究月，研磨课堂促成长

教师在教学上精益求精，公开课、展示课追求不断突破，平时的每一节家常课都扎扎实实，逐步形成具有南信大附小特色的"让学"课堂。

教育教学视导周：每学期开学初，开展教育教学视导周活动，自第二周开始，至第七周结束，历时六个星期，随机抽签诊断六个班级一整天的班级管理情况、课堂教学情况。

行政骨干教师示范展示月：充分发挥骨干教师在教学中的引领、示范作用，让先进的教育教学理念扎根心中，引领教学，全面提高学校教育教学水平，促进教师之间的交流与学习。每学期围绕一个教学主题，开展行政骨干教师示范展示月活动。活动中，各位行政骨干教师积极准备，全身心投入，以新课标要求为导向，以提高学生学科素养为目的，展示了一堂堂精彩纷呈、各具特色的示范课，为其他教师提供了学习、借鉴的课堂范式。

人人展示月：以"人人展示，个个精彩"为宗旨，进行课堂展示全覆盖，带领全体教师认真学习、领会新课标理念，关注新课标的设计思路，以全局观设计课堂教学。活动中，同年级组教师参与观摩研讨，听课教师进行充分交流讨论，以明确教学方向，拓宽教学思路，从理念上提升，从实践中总结，促进全体教师的专业成长。

图 7-8　行政骨干教师示范展示课

（2）澄苑清风"微讲坛"

为确保培训实效，真正把培训做到教师的心坎上，学校以调查问卷的方式，了解教师诉求，探访教师需要。学校把教师们的想法一一汇总，采取微培训的方式，把对一个个问题的回应录制成小视频或短音频，让教师根据自己的需要，利用碎片时间学习自己想学的知识，这样既充分利用了时间，又能各取所需，达到学习的目的。

（3）"金点子"合理化建议评比

每学期由工会组织全体教职工参与"金点子"合理化建议评比，评比内容囊括学校工作的方方面面，由各部门负责人负责评比，采纳其中的优秀方案付诸实施，对不予采纳的方案也要一一回复并说明原因。

（4）全卷入式展示活动

打破之前竞赛展示活动仅由部分人参加的模式，学校将各类竞赛展示下沉到各级部、各备课组，让人人得到展示、成长的机会。

（5）多级导师制

充分挖掘校内骨干力量，安排其成为青年教师的导师，让青年教师快速站稳讲台。在此基础上，邀请市级、区级教研员作为校外导师，定期指导，助力青年教师在市、区级平台上绽放异彩。

三、成效与思考

（一）形成了让学明心的课堂文化，发展了"每一个"

在儿童学习心理理论指导下，把学生在课堂上的"学"作为研究重点，把学习的主动权还给学生，通过提供多种学习支持，引导学生运用自己喜欢的学习方式开展学习，满足不同学生的学习需求，让每一个学生在课堂上都得到相应的发展，形成了"让学明心"的课堂文化。

1. "心沟通"

我们追求的课堂是基于心灵的沟通，只有心灵自由，学生身心放松，才能开启智慧之门。课堂上鼓励学生自己探索，自己研究，自己尝试总结。在相互倾听、鼓励中，每个学生都能敞开心扉，提出自己的疑惑，发表自己的观点，展示自己的成果。

2. "让学习"

课堂上实施"六让"：质疑让问、自读让探、理解让议、交流让辩（辨）、练习让选、评价让位。学生在课堂上经历读、赏、议、做、思等知识、能力、态度形成的过程，亲历思考、质疑、探究、合作、评价的学习路径。

3. "能发展"

"六让"成就学生的"六会"：会提问、会探究、会展示、会倾听、会应用、会评价，激活学生的智慧，让他们具有慧眼、慧心和慧思。他们是自我话语权的捍卫者，勇于在小组内、班级里自由地表达自己的观点。他们是小小辩论家，真理在他们的辩论中浮出水面。他们是活力小先生，落落大方地走上讲台代表小组分享研究成果。他们还是学习的小主人，前置学习自主，建立学习共同体，制定活动规则。"让学"课堂上，学生的思维在爬坡，能力在发展，智慧在生长。

4."善评价"

立足"积极学习体验"，以识别、理解和促进学习优势为核心，通过评价证据收集、解释、反馈与转化的过程，发现、认证、促进优势，以改进教与学的进程。其核心有四方面：一是课堂评价的目的是促进积极心理体验下的学习，不是检查、证明和认证学习；二是课堂评价是建立在发现学习优势的证据基础上的，是基于优势证据作出教学决策的过程；三是课堂评价既关注学习目标也关注积极的认知学习状态和过程；四是课堂评价的核心是积极状态下的师生共建，师生在良好的信任关系中共同承担评价责任。

（二）构建了成学慧心的课程文化，精彩了"每一个"

以让儿童的世界七彩缤纷为指向，构建以"一核、七大、百团"为体系的成学课程，给学生广袤、丰沃的课程土壤，营造开放、自由、可供选择的课程体系，突出实践运用、跨界融合。以提高学生的核心素养为原点，真正实现"科学家的大脑""运动员的身心""艺术家的修养"的成长目标，成就精彩人生，修炼聪慧中国心。

"一核"即国家课程的校本化和个性化。

"七大"即从德智体美劳入手，兼学校心理和气象教育特色，形成七大支柱：心梦立德课程、心明智慧课程、心动健身课程、心韵艺术课程、心勤劳动课程、心云气象课程、心灵阳光课程。

"百团"即大山篮球、卓航足球、旋转乒乓、海顿铜管乐团、超级魔方、青花瓷等近百个学生社团。

其中，云心气象课程获评省级特色项目，我校先后被评为"南京市小学特色文化项目学校""江苏省科学教育特色学校"。云心气象课程是我校基于校本文化，旨在培养小学生科学素养、科学精神和科学品质，普及气象知识，借助挂靠南京信息工程大学的资源优势打造的"高大上（高科技、大课程、上大学）"气象科普教育课程，是我校极具个性和内涵的文化品牌。

心灵阳光课程在区内外具有颇高的知名度。我校先后被评为"江苏省心理特色学校"和"南京市心理特色学校"，是南京市首批"心理特色学校"之一。"快乐周三"的心育社团，每周一节的心育录播课，心育教师定期开展的团辅活动、心理讲座……通过多种形式，让学生在体验中认识自我，接纳自我，成长自我。每年 5 月，我校举办心育节，2024 年的心育节已是第十六届。本届心育节以"让学习成为一种追求"为主题，开展了系列活动，如创意环保服装 T 台秀、校园心理剧表演等，学生自编自演，发挥学习能力，展现自我。还有说说我的幸福小故事主题班会、校园心理剧、拍出幸福摄影大赛、心理小漫画设计、绘制情绪卡等活动。校园"心灵之约"小广播每周一播，深受学生的喜爱。

（三）构建了全息润心的管理文化，温暖了"每一个"

1. 形成了管理新格局

从"行政管理"转向"业务引领"，将权力下沉到六大级部，问题矛盾上移到学校，形成"明在顶层，强在中层，赢在基层"的管理新格局。

2. 确立了文化管理常态

（1）管理信念

心有所向，日有所进，周有所获，月有所长！

（2）澄心日文化

日记：校园大事（行政日志）

日拍：精彩瞬间（行政巡课）

日护：安全卫士（安全护导）

日功：诵读省思（晨诵、午读、夕省、夜思）

日练：阳光课间（体育大课间）

日测：观云识天（气象观测）

日乐：幸福感应（心理游戏）

（3）澄心周文化

每周一议：民主的管理，周一级部对话

每周一读：开阔的视野，周一行政学习

每周一听：动态的控制，行政推门察课

每周一讲：文化的积淀，周三澄心讲堂

每周一备：质量的基石，周五集体议课

每周一课：智慧的分享，名师优课录播

每周一乐：身心的愉悦，工会休闲运动

（4）澄心月文化

在教师队伍建设方面，南信大附小注重引导团队成员把建设工作重点落实在发展学生上，在学科跨度和综合育人等方面下功夫，充分利用各种资源，形成独特的团队建设文化，打造可复制的样板，向高素质、专业化、创新型的教师发展。南信大附小高度重视师德师风建设，站在政治的高度看待师德师风问题；在学习教育上更加深入，将师德师风建设与党建工作、专业发展有机结合；在措施上更加有效，将师德师风建设措施落在实处，落在小处，长期坚持；在查处上更加规范，体现严管厚爱，营造积极向好的氛围。此外，在"双减"政策下，学校会努力为教师减压，探索家校共育的形式，完善学校、教师、学生、家长、社会"五位一体"监督网络，努力实现家校的同心同德、同向同行、同气同声。

表 7-1　各月学生发展主题活动和教师发展专题活动

月份	学生发展主题	教师发展专题
九月	正心习行月	家常课诊断
十月	红心梦想月	学科发展专题沙龙
十一月	安心生命月	"青春杯"课堂教学竞赛
十二月	慧心创智月	"让学课堂"教学研讨
一月	强心健身月	"澄心美"教师表彰
三月	爱心感恩月	班级教育诊断
四月	明心气象月	"半亩方塘"德育竞赛
五月	怡心艺术月	"名师 1+1"澄心论坛
六月	健心心理月	科研课题专家引领

图 7-9　家、校、社携手同行

　　南信大附小与江苏第二师范学院新时代师德教育研究中心建立了师德师风建设共建合作基地。在各级领导的关心和各领域学者专家的指导下，在师德培训、学术探索、人才培养等方面收获了明显成效，越发坚定了学校"澄心"共建、立德树人的初心。让"澄心"引领行为，让教育直抵"心灵"。坚持培养新时代教师的职业精神，涵养师生人格，修炼敬业之心、安业之心、精业之心、乐业之心，引领南信大附小教育团队"安静教书　潜心育人"。下一步，南京信息工程大学附属实验小学将继续丰富和发展师德建设的内涵外延、载体途径，切实使教育走深、走实、走心，形成独具特色的教育品牌。

（南京信息工程大学附属实验小学　花沐露）

第六节　和美共进：成长为自己最好的样子

南京市第二十九中学柳洲东路分校（以下简称"南京市柳洲东路中学"）坚持"向着美好出发"校训，以"四有"好老师为育人目标，培育形成优秀教师梯队，构建奋发向上的文化机制，实现每一个人在实践过程中生命自觉的自我唤醒，最终"成长为自己最好的样子"。在积极优质的校园文化里，学校形成和谐共赢的互助关系，提升了学校的办学质量和社会声誉，教师团队被成功遴选为江北新区第二批"四有"好教师重点培育团队。

一、学校文化内涵

我国基础教育已进入"高质量发展"的新时代。《教育强国建设规划纲要（2024—2035 年）》明确提出"加快建设高质量教育体系"。基于新时代教育发展的价值引领，南京市柳洲东路中学以立德树人为根本，开发多样而有特色的学校课程，培育专业而有素质的教师队伍。

南京市柳洲东路中学自 2015 年建校至今，办学规模不断扩大，新教师的数量不断增加，学校团队相对年轻化，平均年龄为 32 周岁。刚进入教育领域的青年教师，自身素质高，有较为深厚的专业理论基础，对新鲜事物充满热情和好奇，对待工作的态度积极主动。但在教学实践中，容易因教学经验不足、个人认知误区和主观情绪影响，导致教学效果事与愿违，从而一味地追求眼前的教学成绩，忽略了可持续、专业化发展，不利于其成长为复合型专业化人才。青年教师是学校教学发展的重要后备力量，初进职场的五年是青年教师职业生涯的起航阶段。帮助青年教师快速提高教育教学素养，较快适应日常教学工作，形成"站正、站稳、站好"讲台的能力，尽快成长为学校教育、教学和科研的骨干力量，成为南京市柳洲东路中学教师队伍建设的核心任务，这也是学校长远发展和全体教师共同利益之所在。

南京市柳洲东路中学以相互温暖、相伴成长为核心理念，以"成长为自己最好的样子"为办学理念，提出"办一所各美其美、美人之美、美美与共的和美学校"的办学愿景。"和"是中华民族传统文化的精髓，"美"即美好，言美、行美、智美、品美。"和"能生合力，"美"能怡人心。学校希望在这里成长的每一个人都能先发现自身之美，再发现他人之美，然后相互欣赏和赞美，最后达到一致和融合。和美的团队文化成了全体教师深藏于心的精神默契，是学校得以持久发展的动力，也是学校凝聚力的根本来源。

二、引领发展实践

（一）以和美的愿景引领教师团队成长

一所优质的学校，必须有一支优秀的团队。一个团队怀抱共同的愿景，行动才能聚焦，工作才有动力。"在人类组织中，愿景是唯一最有力的、最具激励性的因素，它可以把不同的人联结在一起。"[①] 共同的愿景具有导向功能，指引成员向共同的目标努力；共同的愿景具有凝聚功能，把一个个独立的人拧成一股绳，形成发展的合力；共同的愿望具有激励功能，激发人的发展愿望和潜能，引领自觉的责任和行动，并在这个过程中产生积极的情感体验。具体发展要求如下：

第一，树立人本教育观，把教师当作学校的生存基础，把促进教师全面发展的理念渗透到管理工作中，充分肯定教师的付出与贡献，充分尊重教师的职业价值，充分搭建教师发展成长的舞台。在教学目标和任务分解上，要充分考虑教师在实际工作方面的建议，增加教师参与重点项目决策的机会，明确教师的教学职责，尊重教师意见，促进现代化、创新型教师队伍的建设。

第二，定期组织教师团队活动，增进彼此的了解和信任，营造积极向上的团队氛围，唤醒教师的集体荣誉感。鼓励教师之间进行教学观摩、研讨和交流，共享教育资源和经验，共同提升教学水平。建立有效的沟通机制，鼓励教师提出意见和建议，促进团队内部的民主决策和问题解决。

第三，关注教师身心健康发展，建设阳光和美的工作环境，丰富教师的课余生活。例如，为教师开放免费瑜伽室、羽毛球馆、健身房、茶吧、书吧等，教师可在下班后参与各类文体活动；建立教师互助机制，鼓励教师在面对困难

---

① 陈雅玲. 教师团队合作学习：生态取向的教师发展机制［J］. 当代教育科学，2011（15）：26—29.

和挑战时相互支持、共同应对；定期开展心理健康教育和辅导活动，帮助教师缓解工作压力和负面情绪；营造公平公正的工作环境，确保教师的权益得到保障，激发其工作热情和创造力。

（二）以和美的机制助推教师不断进步

1. 搭建育人平台

搭建教师成长平台是促进教师专业发展和提升教育质量的重要举措。在学校管理层、教师团队和社会各界的共同努力和支持下，搭建一个全面、系统的利于教师和美成长的育人平台，有利于促进教师的专业发展和教育质量的提升，可以共同营造良好的教育生态。

（1）愿景构筑平台

以教科室为实施主体，聚焦"教师职业生涯规划"，构筑一条从个人到集体的双向互动愿景链。进行青年教师五年发展规划的制订和论证，开展青年教师

表 7-2　个人五年专业成长规划

1. 2021—2026 年总体发展目标					
学历提高目标	C	A. 本科	B. 双学历	C. 硕士研究生	D. 博士研究生
职称目标	C	A. 初级教师	B. 中级教师	C. 高级教师	D. 名教师
师德目标	B	A. 学校先进德育工作者（标兵）	B. 区先进德育工作者（标兵）	C. 市先进德育工作者（标兵）	D. 省、全国先进德育工作者（标兵）
专业能力目标	B	A. 学校骨干教师	B. 区骨干教师或学科带头人	C. 市骨干教师或学科带头人	D. 省、全国骨干教师或学科带头人
班主任能力目标	B	A. 学校优秀班主任	B. 区优秀班主任	C. 市优秀班主任	D. 省、全国优秀班主任
2. 2021—2026 年专业理论学习目标（可以多选）					
自学理论书籍	共 8 册	A. 教育理论 4 册		B. 学科知识 4 册	
教师专业培训	B	A. 职务培训	B. 专业培训	C. 校本培训	D. 其他
3. 2021—2026 年教育教学发展目标（次数＋对应序号，例如 1 次 C、2 次 A）					
公开教学	2 次 C	A. 校级	B. 区级	C. 市级	D. 省级或国家级
教学比赛	2 次 B	A. 校级	B. 区级	C. 市级	D. 省级或国家级

五年发展规划总结，分阶段全面测评教师"个人五年专业成长规划"的学期达成情况，关注并评估青年教师的发展状态，将外力因素促进成长转化为内在动机激发成长。

（2）展示分享平台

以校长室为实施主体，依托每两周一次的教师大会，利用"静深讲座""若水讲坛"继续开展优秀教师的教育教学故事交流分享，通过不同层面教师的成长历程，激发教师群体的发展自觉。依托"教师风采展示""优秀团队展示"等平台，聚焦青年教师成长的亮点，让教师在同伴欣赏、自我剖析中增强自信，凸显"四有"好老师的风采。

（3）按需结对平台

以学科组为实施主体，以"学科工作室""青年教师成长学校"为培育骨干阵地，将"老带新"的师徒结对，转化为教师间的按需结对，专业合伙、项目合伙，让教师在团队和专业共同体中进一步实现自我完善和自我发展。

（4）梯队分层平台

按照教龄、目标和实际发展情况分为三个梯队，提供支持和成就教师的必要帮助。骨干教师"做表率"，在引领互培中作贡献；青年教师"重打磨"，全面培训强素养。学校搭建平台，使每位教师既有所在教研组的研究，又可以有跨层组合形成的研究。

（5）师德建设平台

将"四有"好老师与党建工作融合，将传统文化教育与教师职业文化建设结合起来，开展系列师德主题活动；健全学校、教师、学生、家长、社会共同参与的师德师风监督网络体系，对违反师德的行为实行"零容忍"；通过微信公众号等平台，推荐身边的优秀教师，让他们分享经验，平台读者可以为身边的优秀教师点赞，为正能量点赞。一系列措施旨在增强教师的职业认同感，提振职业精神。

2. 推行项目管理

通过调研共商、融智聚力，推行以创建"和美"教师团队为导向的项目管理。全员清晰认识"四有"好老师的行为标准，规划团队计划并落实运用。采取任务驱动策略，将目标具体分解落实到每一个项目的实施过程中，在分层推进、合作共生中塑造"博爱静深"的教师形象，逐步形成和美教师团队。

（1）持续的培训和发展机会

学校充分尊重教师专业发展规律，建立教师进阶体系，通过定期的教师研修、集体备课、师徒结对、主题课例研修等活动，为教师专业发展持续赋能，使教师不断获得教育专业知识和技能，逐步成为独立且负责任的成熟教师。

（2）基于主题研究的集体行动

坚持聚焦主题，将学科教学过程中出现的具有密切关联度的问题提炼成主题，进行人人参与的、有深度和广度的研修活动，将问题真、研究实、易操作的小课题进行下去。在骨干引领、同伴互助、问题研讨中厘清认识、改进行为、丰富知识、提高能力、提升素养、发展团队。

图 7-10　校本课例研修流程

（3）激励与认可机制

学校建立明确的激励与认可机制，"静深奖"鼓励教学质量优异的骨干，"若水奖"表彰班级管理优秀的教师，"柳芽奖"认可新入职教师的成长和贡献。通过给予教师及时、公正的认可和奖励，激发广大教师的积极性，鼓励他们不断追求卓越。

（4）科学的评估与反馈

学校建立教师专业成长档案，规划教师专业成长目标，定期对教师的教学质量、工作态度等方面进行评估，并为他们提供具体的反馈和建议，具体要求一年常规入门，两年上课过关，三年业务达标，五年成为具有良好师德、较高学识水平和业务能力的教学能手。引领、推动、规范教师的职业行为，帮助教师了解自己的优点和不足，并找到改进的方向。

（5）提供资源支持

为教师提供必要的教学资源和设施，如图书资料、教育技术工具等。这可以减轻教师的教学负担，提高工作效率，同时也可以激发教师的教学热情和创新精神。通过共享教学资源，如教学课件、试题库、实验器材等，丰富教师的教学内容，提高教学质量，也有助于降低教学成本，提高教育资源的利用率。

3. 开展校际交流

随着教育改革的不断深化，教师作为教育事业的中坚力量，其专业发展和教学水平的提高已成为教育发展的重要任务。为促进教师之间的交流与合作，提升教师的综合素质和教学能力，校际交流活动的开展显得尤为重要。

（1）组织教师互访

教师互访与交流是校际交流的重要组成部分，通过教师互访，可以让不同学校的教师了解彼此的教学环境、教学方法和教学资源，从而拓宽教师的视野，激发教师的创新思维，让本校的活动模式和教师水平具有带领共建的能量。同时，互访活动也有助于增进教师之间的友谊，为今后的合作打下坚实的基础。

（2）教学经验分享会

教学经验分享会是教师交流的重要平台。通过定期举办教学经验分享会，教师可以分享自己在教学过程中的成功案例、教学方法和教学心得，从而帮助其他教师提高教学水平。同时，分享会也可以邀请教育专家、学者进行专题讲座，为教师提供更高层次的学习机会。

（3）教育科研合作与推广

教育科研合作与推广是校际交流的重要方向。通过组织教育科研合作项目，可以让不同学校的教师共同开展教育科学研究，推动教育教学的创新与发展。同时，合作项目的成果也可以进行推广和应用，为更多学校和教师提供有益的借鉴和参考，实现协同创新，共同发展。

三、成效与思考

学校作为培养未来社会栋梁的重要场所，其高质量发展的需求日益凸显。南京市柳洲东路中学的和美文化，作为一种积极、和谐、包容的文化，对学校的高质量发展具有重要的赋能作用。

（一）和美文化在学校管理中的应用

将和美文化融入学校管理，能推动学校的民主化、科学化发展。通过建立师生共同参与的学校管理机制，增强教师的归属感和责任感，提高学校的管理效能。和美文化还能促进家庭、学校与社区的紧密合作，形成家校社协同育人的教育合力，为学生的成长创造更加有利的环境。学校荣获江北新区教育科研"5个1+N"工作规范单位称号。

（二）和美文化在教育教学中的实践

通过和美教师团队的建设，涵养教学实践智慧。教师能够更好地关注学生，能为学生提供个性化的学习指导和支持，帮助学生充分发挥潜能，培养他们的创造力、批判性思维能力等。同时，还提供更多的专业发展机会，例如培训研讨会和学术交流等活动，让教师不断更新知识和提升自己的教育教学水平，通过共同研究、互相交流和分享经验，提高整个团队的教学水平和专业素养，为学生提供更好的教育环境。学校被评为江北新区第二届"教改先进单位"，仅在 2023 学年，学校就有 6 位教师被评为南京市、江北新区骨干教师，2 位职初教师获得南京市展示活动一等奖。越来越多的青年教师在市、区级的各类竞赛、评比中崭露头角，共 27 人获得 38 项奖项。在科研引领下，教师开设公开课 27 节，有 57 篇论文案例发表，教师个人课题结题 13 项、在研 31 项。

（三）和美文化在学校品牌建设中的作用

和美文化作为学校品牌的重要组成部分，能够提升学校的文化软实力和核心竞争力。通过打造具有和美特色的校园文化活动、课程体系和教育品牌，展示学校的独特魅力和教育成果，吸引更多的优质生源和社会关注。在和美文化的引领下，学校能够不断追求卓越、创新发展，培养出更多具有社会责任感和创新精神的人才，为社会的繁荣和发展作出更大的贡献。

（四）和美文化在促进学校高质量发展中的意义

和美文化通过营造积极向上的教育环境，激发师生的创造力和凝聚力，提升学校的管理水平和教育品质，为学校的高质量发展提供了有力的支撑。随着课例研修活动的开展，教师对教学的把握更加精准，课堂效率显著提高，作业设计更为得当。学校被南京市教育局推荐为省市"双减"示范创建学校，获得江北新区"教育科研成果创新奖"一等奖，教师团队被成功遴选为江北新区第二批"四有"好教师重点培育团队。

近年来，南京市第二十九中学柳洲东路分校结合区域背景，提炼文化元素，初步形成了和美文化体系，着力打造了一支和美教师团队。在此体系下，我们秉承"办一所各美其美、美人之美、美美与共的和美学校"的办学理念，本着"和美引领、团队发展、项目助推、文化创生"的工作思路，一方面构筑教师精神成长的磁力场，另一方面搭建教师专业成长的立交桥，全力打造一支专业且有素质的教师队伍，推进学校教育的高质量发展。路虽远行则将至，事虽难做则必成，让我们在多元开放的校园文化氛围中，以最舒展的姿态、最昂扬的力量，向着美好出发！

（南京市第二十九中学柳洲东路分校　周懿菲、朱姝）

第八章
整体规划，提升素养

　　习近平总书记强调，教师是人类灵魂的工程师，承担着神圣使命。传道者自己首先要明道、信道。这一深刻论述，为我们指明了新时代教师队伍建设的方向——必须以师德师风建设为核心，全面提升教师队伍的整体素养。师德师风建设是一个学校办学实力和办学水平的重要标志，体现学校的主流价值观，它决定着学校的教风、学风和校风，决定着一个学校的精神风貌和人文风格，更彰显出学校的文化。因此学校应将师德师风建设与学校教育改革、课程改革、育人活动等深度融合，引领教师成为"四有"好老师、"四个引路人"，争做"大先生"和教育家型教师。

　　师德师风作为教师队伍建设的灵魂，其重要性不言而喻。然而，师德师风的建设并非孤立存在，它需要与教师的专业素养、教学能力以及个人发展紧密结合，形成全面、协调、可持续的发展模式。本章通过六个不同学校的实践案例，深入探讨了如何在师德师风建设的基础上，进行教师队伍建设的整体规划和素养提升。这些案例不仅展示了各校在师德师风建设上的独到见解和实践成果，也反映了在新时代背景下，教师队伍发展面临的新挑战和新机遇。

　　在践行师德师风的具体行动中，南京市琅琊路小学分校天润城小学在"润泽教育"文化引领和价值导向下，通过"四德两制"师德培养范式，涵养"润己泽人"的师德精神，淬炼"师德＋师能"的"双优"型好教师。南京市扬子第三小学秉持"开心教育"理念，塑造"开心教师"的实践，向我们展示了师德师风建设与教师形象塑造的有机结合，这对于提升教师的整体形象和教育影响力具有重要意义。这两所学校以校史为根，理念为魂，行为文化为支撑，物质文化为载体，通过凝练学校文化，增强价值引领，涵养源自文化认同的敬业精神，为教师队伍建设提供了新的思路。浦口实验小学和大厂高级中学从整体规划的角度，阐述了教师队伍建设的系统性与前瞻性。学校通过制订科学合理的教师职业发展规划，明确不同阶段的发展目标，为教师提供持续成长的空间和平台，体现了教师队伍建设的全面性和系统性。浦洲路小学和南京市第一中学泰山分校聚焦教师素养的提升，展示了如何在现有基础上，通过创新和改革，形成自上而下，从理论到实践，从团队到个体，全方位、多层次、多形式推进教师专业素养提升的培养模式，展现了师德引领与专业成长的深度融合。

这些实践不仅丰富了我们对新时代教师队伍建设的认识，更为我们提供了宝贵的经验与启示。新时代，新征程，三尺讲台责任更重，挑战更多，"教师是什么样的人，远比他教什么、怎么教，对学生更富有教育意义"。通过本章，我们希望读者能够更深入地理解师德师风建设的重要性，了解如何在新时代背景下进行教师队伍的整体规划和素养提升。让我们一起探索和实践，为培养更多优秀的教育工作者而努力。

第一节　润己泽人：让教师找到生长的力量

南京市琅琊路小学分校天润城小学是江北新区一所年轻的学校，16年办学历程见证并融入了国家级新区的发展。学校秉持"天性有致、润德无声"的办学理念，坚持办有文化担当的学校，培育有文化自觉的教师，教育有文化品格的学生。在"润泽教育"文化引领和价值导向下，结合区域高品质基础教育定位，抓住师德师风建设的根本，不断为教师开辟贴近其思想和情感的师德师风建设大情境，激活他们追求教育理想的精神内驱力和思想自觉性，鼓励和支持广大教师，争当有高尚精神追求的好老师，取得了师德师风建设的突出效果。

一、整体规划思路

学校高度重视教师队伍建设，积极响应国家《加快推进教育现代化实施方案（2018—2022 年）》中关于"全面加强新时代教师队伍建设"的号召，贯彻落实"坚持立德树人　培养时代新人"和"夯实立教之本　弘扬高尚师德"要求和工作部署，不断提高政治站位，以师德师风为核心，赓续润泽教育文化，将师德师风建设融入学校顶层设计中，提出了"润己泽人"的师德精神内涵。润己，即自律自强，发展自己，完善自己；泽人，即帮助他人，关怀他人，影响他人。"润己"着眼于增强自我修养；"泽人"侧重于铸魂育人的社会责任感，两者紧密相连。"润己泽人"体现了和谐发展的丰富内涵，以此倡导全体师生员工进德修业、完善自我、爱校荣校，以高尚的道德情操和务实的求真精神，不断追求自我与他人、个人与社会的和谐。

为促使每一位教职员工都对"润己泽人"的精神内涵有深刻认知并有强烈的责任意识，努力成为学生的道德榜样，学校坚持统筹布局，高位推进，确立了"四德两制"师德培养范式。强化师德涵养的同时，注重上下贯通，在细微处涵养师德，让师德师风建设外化为全体教师日常工作，通过"实践＋反思＝成长"的实施路径，推动师德建设常态化、长效化，引导广大教师以德立身、以德立学、以德施教、以德育德，争做新时代"四有"好老师和"四个引路人"，淬炼出一批"师德＋师能"的"双优"型好教师。

二、具体规划落实

（一）阅读养德：立德树人　向爱而生

学校组建了"天街小雨"教师阅读共同体，坚持"一读二展三评"。全体教师以级部和学科组为单位，与阅读经典同行，开展系列共读活动，分别围绕《教育原乡：寻根与展望》《语文教育：原点与初心》《大概念教学：素养导向的单元整体设计》《促进学习的课堂评价》《如何在课堂中培养成长型思维》等书目展开阅读。教师日读书、周讨论、月分享，每学期开展"我是一本书，打开即世界"阅读论坛活动，并评出"书香教师"；每个假期开展"书海拾慧"共读活动，参与线上阅读打卡，积极记录，撰写感悟，分享心得。

共读的能量场唤醒教师对"如何体现素养导向的课堂转型""教育到底是什么""如何才能'育人'""怎样'育人'"的深度思考，对课堂变革的初心与原点的讨论，更好地促进全体教师自省、内修和成长。每名教师每年读 12 本书，阅读量可达人均 200 万字以上，通过文化培塑、理念重构，不断推动教师自身成为"明白人"——了解学生，认识教学，理解教育。了解学生，才能认同"每一个学生都是善良的、愿意进步的、总会犯错的；每一个学生都是潜力无限的和值得尊重的"，才能理解学生的成长需求。懂学生，并且懂教育干预，教师的教育态度自然发生本质的改变，才能做到没有区别地爱所有学生。这时候的严格要求，才是科学的和真诚的，这时候的师爱，才容易被学生感知和接受。

图 8-1 教师共读研讨分享会

（二）机制培德：凝心聚力　拾光而上

1. 德能并重，引领教师向光生长

学校研训处把以理论知识为主的教师培训转变为价值塑造和业务能力融合的全面培训，强调教师的德育和人文素养的培养，依托修业论坛、进德讲坛、五级发展班、青蓝工程开展职业道德培训，组织学习《中华人民共和国教师法》、研读《新时代教师职业行为十项准则》等，进行师德师风专题学习，加强教师的职业道德教育，提升教师道德情操和职业操守。

培训注重实践导向，围绕信仰、视野、素养、能力四大教学板块开发培训课程，开设理论报告、案例教学、跟岗实习、经验分享、主题研讨、拓展训练、专题调研、方案撰写等教学环节，紧密结合青年教师的特点和需求，灵活设计培训课程。通过定期与不定期相结合的互动听课、观摩演示、案例教学、集中研修等培训模式，助力教师更新教育观念，优化知识结构，提升专业水平。

在骨干教师培训方面，注重思想政治立场，以提升专业能力的可持续发展为核心，突出师德师风和岗位贡献。组织骨干教师开展师德宣讲、志愿服务、教师交流等活动，切实增强师德教育效果，牢记为党育人、为国育才使命。

2. 多元路径，助力教师向上生长

多元化的路径措施——用于保障师德师风建设工作既能支持不同特点的教师，也能支持教师发展的不同阶段，形成"面向整体—伴随全程"的师德培养方案。学校积极为教师创造学习机会，搭建交流平台，拓宽成长路径，提升专业能力。一是科学规划促进教师队伍发展。制定《琅小天润城小学教师队伍建设五年规划》，全面落实《琅小天润城小学润雅教师培养规划》，为每位教师制定成长方案，引导教师追逐梦想，向光生长。二是"青蓝工程"助力青年教师成长。建立青年教师"五级发展"成长机制，设"天砺"基础班、"天酝"提高班、"天成"实验班、"天启"冲刺班、"天航"名师班五级班，班级采用导师制，聘请校内外师德高尚、业务精湛的骨干教师作为班主任，形成以老带新、以新促老、勠力同心、共同提高的成长模式。以赛代训，开展青年教师基本功大赛、板书设计大赛、微课大赛、粉笔字大赛，鼓励青年教师积极参加省市级

图 8-2　教师梯队建设研讨会

各类比赛，加快青年教师业务成长，促使青年教师一年规范，两年合格，三年成熟，五年成为骨干。通过分岗、分类及分层培训，为教师提供有针对性的培训和发展机会，使他们获得更好的工作体验和职业发展，打造"个体有特点，群体有优势"的教师队伍。三是名师领航提升教师专业素养。加强拔尖师资队伍培养、品牌团队建设，完善润园名师评选推荐办法。充分发挥江北新区名师、市区级学科带头人、润园名师等优质师资的示范引领作用，依托名师工作室，开展示范指导、专题讲座、课题研讨、主题沙龙等研修活动，全方位、多策略提升教师教书育人真本领。

（三）榜样昭德：正面引领，向美而生

1. 党员示范，价值引领

学校党支部是全面加强师德师风建设的主心骨，学校依托党支部开展"党员带动、名师引领、骨干先行"活动，充分发挥教师党员先锋模范作用，加强对优秀教师的政治引领和政治吸纳，注重调动优秀党员教师和骨干教师的积极性，推动党员教师带头上公开课、"育人"示范课，参加课题研讨，参加技能大赛，走进赛教课堂等，在师徒结对、服务师生、帮扶解困等活动中积极充当"排头兵"，引导党员教师在理想信念和教育教学业务两个层面发挥先锋模范作用。通过党员示范引领，使教师在思想认识上有提高，在教学理念上有创新，在工作方式上有改进，在教学科研上有进步，在日常工作中有奉献。

同时积极开展党员教师志愿服务，组织党员教师积极参与公益事业、环境保护、敬老爱老和党员教师进社区等志愿服务，宣传党的教育方针政策，征集家长对学校和教育工作的意见与建议，破解学校教育教学工作难题，办好人民满意的教育。

2. 榜样力量　精神引航

学校开展多种形式的师德师风建设活动，树立师德典范，创新形式载体，进一步加大优秀教师表彰力度，提升宣传的传播力、引导力、影响力。坚持"自下而上"的推荐流程和"身边人讲身边故事"的表彰形式，宣传优秀教师先进事迹，充分发挥师德师风先进个人的模范作用，促进广大教职员工做到教书育人、服务育人、管理育人。学校持续开展做新时代"四有"好老师和"四个引路人"学习实践和宣传评选活动，通过评选"润园好老师""温暖天小十大感动人物""润园教改先锋"，发现每位教师的每一次闪光、每一次感动、每一份坚持、每一份奉献，引导教师从身边小事着手，自主提升自身师德修养，将良好师德践行于工作之中，融入渗透到教书育人的全过程。强化正面引领，增强教师荣誉感、使命感，在润园营造"学有榜样、赶有方向"的浓厚氛围。

（四）制度润德：以爱育爱　向明而远

学校持续加强教师待遇保障，着力增强教师教书育人的职业幸福感。一是优化评价方式，激发教师队伍活力。学校针对不同年龄、水平、个性的教师队伍，采取多样性的激励措施，涵盖教师的绩效考核、外出培训、职务上升、职称评定、荣誉评选等各个方面。建立教师成长的晋级体系，通过开展"五级发展班晋级评比"活动，由"年级组—行政组—校级组—专家组"等不同层级结成评定小组，接受全体教师的晋级评选，最终评定五级班领跑者及天小领跑者。运用增值评价的理念与方法，推动教师个人和团队互促共荣，激发教师的积极性和创造力，提高整体教育质量。同时，加大德育工作、学科教学业绩和工作量等方面权重，形成重师德表现、重教学业绩、重一线教学的评审导向，激发教师工作热情和积极性。二是细化班主任考核，提高班主任待遇。修订《琅小天润城小学德育管理办法》，制定《年级组考核管理办法》，评优评先、绩效考核向班主任倾斜。三是优质优酬优劳，科学绩效分配。按照教育成果奖、工作量奖、工作考核奖、全勤奖科学划分比例，核定教师绩效工资，激励教师多劳多得。四是立足人文情怀，追求和谐管理。教师日常管理人文化、情感化，以尊重、信任、沟通、引导等柔性管理手段，创设宽松、和谐、民主的良好氛围，在教师子女入学、家人生病等方面给予特殊的关心关照，把对教师的关怀落实在细微处。

三、成绩与思考

学校立足高质量、内涵式发展和教师队伍建设大局，坚持精神感召与策略指导双驾齐驱，持续推进"阅读养德""机制培德""榜样昭德""制度润德"四大行动。在"知""情""意""行"四位一体的师德涵养培育模式下，润园教师的师德素养和专业能力均有显著提升。每一位教师都在日常的知行合一中彰显"润己泽人"的真精神。精神引领发展，近年来，学校先后共有 32 名教师分别荣获"南京市教学名师""南京市优秀党务工作者""南京市教师优秀志愿者""南京市德育优秀青年教师""江北新区骨干教师""江北新区优秀青年教师""江北新区德育带头人"等荣誉称号，教师队伍建设成效显著，学校"童伴"教师团队被评为江北新区"四有"好教师团队。未来学校将继续健全师德年度评议制度、师德问题报告制度及师德状况定期调查分析制度等，及时掌握师德信息动态，精准优化师德涵育机制，不断提高师德师风建设成效，力求培养造就一支师德高尚、业务精湛、结构合理、充满活力的高素质专业化教师队伍，努力办好人民满意的教育。

"四德两制"师德培养范式，铸师德之魂，强立教之基，改变了润园的教育生态、学生的学习状态、家长的认知心态。学校在加强师德建设中始终贯彻落实立德树人的根本任务：教学相长，师生共进，家校同心，社区合力。在教育教学活动中以师品敦生品，以师爱树生爱，以师德正生德，以师学促生学。教师在"润己泽人"校风的浸润下爱岗敬业、爱校如家，立高尚师德，树教育新风。面向未来，学校将继续强化师风师德建设，在守正创新的路上笃定前行，引领教师向真、向善、向美、向上生长！

（南京市琅琊路小学分校天润城小学　杨茜）

第二节　师德为先：多途径助推教师专业素养提升

教师培训不仅是推动学校持续健康发展的核心引擎，更是国家深入实施科教兴国战略，强化基础教育质量，促进教育公平的关键一环。南京江北新区浦洲路小学作为一所"村小"，呈现出教师队伍年轻化、高学历的积极态势。面对教育发展的新要求和社会对优质教育资源的殷切期望，学校以师德建设为引领，通过一系列创新举措，不仅有效弥补了学校在骨干教师队伍建设上的短板，更在全校范围内营造了崇德尚学、追求卓越的良好氛围，为农村教育的高质量发展树立了典范，成为南京江北新区乃至更广泛区域内教师队伍建设与教育改革发展的亮丽风景线。

一、整体规划思路

基于对教师队伍现状的全面调查与深入分析，学校精准把脉，针对教师教育观念滞后、教学能力不足、自我发展意识与动力缺失、队伍发展不均衡及管理评价机制不健全等教师队伍建设的突出问题和现象，探索并制定了有针对性的提升策略，形成自上而下，从理论到实践，从团队到个体，全方位、多层次、多形式推进教师专业素养提升的培养模式。

学校将师德师风建设置于首位，通过树立典型、强化政治理论学习、构建考核激励机制等多种方式，激发教师的服务意识，提升教师职业道德水平；采用"四位一体"策略鼓励教师自主学习，引入专家指导，紧密结合教学实践，并强化反思交流，以全面提升教师的专业知识与教学技能；实施个性化成长计划，将教科研深度融合，依托集团资源、专家力量及区级平台，构建多层次、梯队化的教师发展体系，实现分层培养、精准施策，有效驱动每位教师的能力与素养提升。同时不断完善教师评价体系，以考核为杠杆，驱动教师职业素养的不断优化，确保从制度层面保障教师专业成长的持续性与有效性。

二、规划具体落实

（一）深化师德师风教育，强化政治素养与服务意识

学校坚定不移地将师德师风建设置于教育工作的核心地位，旨在培育一支既具备新时代教育素养，又深具政治敏锐性与高尚职业道德的教师队伍。通过多维度、深层次的举措，全面促进教师观念的转变与能力的提升，构建一支政治立场坚定、教育理念先进、创新能力突出的教师团队。

1. 多元教育形式，激发服务热情

一是理论与实践结合，定期组织教师深入学习党的最新理论成果、教育政策法规，同时结合社会热点、优秀教育案例，开展师德师风研讨会、专题讲座，增强学习的针对性和实效性。二是实地参观与体验，安排教师参观红色教育基地、教育楷模纪念馆等，通过现场教学，直观感受高尚师德的力量，激发教师内心深处的责任感与使命感。三是志愿服务与社会实践，鼓励教师参与社区服务、支教活动，依托党群办定期开展志愿者服务活动等，将师德教育融入日常行动，培养教师的服务意识和奉献精神。

2. 系统理论学习，铸就高尚师德

在教师队伍建设过程中，学校始终做到把师德建设放在首位。一是规范引领，以《中小学教师职业道德规范》为基准，组织教师深入学习"教学六认真"，明确师德标准，树立正面典型，引导教师自我反省、自我提升。二是法治教育，加强对《中华人民共和国未成年人保护法》等相关法律法规的学习，提

图 8-3　志愿者与学生在一起

升教师法律意识，确保教学活动合法合规，维护学生权益。三是文化熏陶，通过举办师德师风征文比赛、演讲比赛、师德标兵评选、"行舟书坊"志愿者等活动，营造尊师重教、崇尚向善的校园文化氛围。

3. 完善考核机制，保障师德长效

为了保障师德建设的长效性，学校完善了考核机制，具体措施包括：完善科学评价体系，制定并细化《教师管理目标考评细则》与《师德师风考评细则》，明确将师德表现作为绩效考核、职务晋升及评优评先的关键指标，确保评价体系的公正性与导向性；形成动态监管机制，建立师德师风监督小组，采取定期检查与随机抽查的双重监管机制，实现对教师师德行为的全面监督与及时纠正；采取激励与约束并重的策略，对师德表现优异的教师给予表彰奖励，树立榜样，而对违反师德规范的教师则依据规定严肃处理，以此构建有效的师德约束机制，确保教师队伍的纯洁性与高尚性。

（二）深化教师课改意识，以先进理念驱动知识素养提升

1. 自我驱动，终身学习促理念提升

秉承"学无止境，教亦无疆"的精神，学校积极倡导教师树立"终身学习"的核心理念。在校期间，鼓励教师深入研读新课标、"双减"政策等教育前沿动态，紧跟时代步伐，吸收最新教育理念；同时，利用校本研修平台及假期时间，组织"共读经典"活动，通过集体阅读教育理论书籍、举办读书沙龙等形式，促进教师间思想碰撞，助力教师理念的自我生成并更新教育教学理念。

2. 专家导航，高端引领促理念飞跃

"名师指路，行稳致远。"在自我学习的基础上，定期举办"专家进校园"系列讲座，邀请国内外知名教育专家，围绕教育教学改革热点、难点问题，进行深度剖析与前瞻指导，为教师提供理论支撑与实践策略，助力其教育理念实现质的飞跃。

3. 实践融合，知行合一促理念深植

"实践是检验真理的唯一标准。"学校坚定践行"理念先行，实践跟进"的原则，鼓励教师深入课堂一线，以理念为灯塔，完善教学设计的每一个细节；积极倡导教师将先进的教育理念转化为课堂教学行为，不断探索创新教学方法，让课堂成为学生成长的乐园。同时，鼓励教师围绕教育理念开展科研探索，通过实证研究验证理念的可行性与有效性。通过深入课堂，优化教学设计，开展科研探索，使教育理念在教育教学实践中得以深植。

4. 反思交流，持续迭代促理念鲜活

"学而不思则罔，思而不学则殆。"学校构建常态化的教学反思与交流机制，鼓励教师在实践中反思，在反思中成长，通过集体备课、教学研讨、案例分析等多种方式，促进教师间的经验分享与智慧碰撞，让教育理念在持续迭代中保持鲜活生命力。

（三）构建多元梯队，平台赋能能力素养

1. 精准施策，绘制教师成长蓝图

基于对学校教师队伍的深入调研与分析，学校精准把握每位教师的专业成

长需求与"短板"，量身定制《浦洲路小学教师发展规划》。该文件不仅直面教师关注的重点问题，提供个性化的研修策略与机制，还明确了分层分类的研修路径，旨在构建内生驱动、持续增长的生态型教师发展模式。结合学校发展目标与愿景，引导教师分层制订个人专业发展规划，强化自我规划、实施、调整、监控与评估的能力，并通过校内分享与成果提炼，促进经验交流与共同进步。

2. 教研相长，强化教学实践能力

校本教研是教师成长的核心引擎，学校采用"三全两一"的研修模式，即全员参与、全心投入、全面跟踪，聚焦一个研究主题，参加一次教学竞赛。通过备课、磨课、上课、评课的全程参与及教研活动全面跟踪，确保每位教师全心投入，有备而来，来必说，上必评，实现教学技能的全面提升。同时，紧扣新课标，围绕"优学课堂的建构与实施"，分学科设定研究主题，深化教学问题研究，以竞赛激发潜能，夯实教学基本功，促进教师专业素养的飞跃。此外，落实科研与教学的融合，鼓励年轻教师将教学实践转化为研究成果，通过撰写论文、案例、申报个人课题等形式，实现教学与研究的双轮驱动。

3. 搭建平台，拓宽教师成长空间

"独行快，众行远"。学校全力搭建多层次、宽领域的教师成长平台，助力教师能力进阶。一是紧跟集团步伐，借助江北新区琅小明发滨江小学教育集团的资源优势，承办集团活动，参与集体备课，促进教师稳步前行。二是牵手教育专家，定期邀请各级各类专家进校指导，为教师提供高质量的专题培训与个性化指导，助力教师快速成长。三是借力区级平台，积极申请并承办区级教学科研活动，为教师提供更广阔的展示与交流舞台，实现能力的大步进阶。

4. 分层培养，接力教师成长步伐

为系统推进教师专业化发展，学校实施"分层培养，接力提升"策略，将教师成长划分为新入职教师、普通教师、种子教师、骨干教师四大类别，并配套"青蓝工程""青苗工程""种子工程""栋梁工程"四大工程。通过师徒结对、精准施策，覆盖各年龄段、各层次教师的专业成长需求，全面提升教育教学理论、教学实践能力、教学基本功及综合素养，最终实现教师个人成长、学生全面发展与学校持续进步的和谐统一。

（四）优化教师评价机制，以考核驱动职业素养提升

教师专业素养的全面发展，离不开一套健全且高效的支持体系，这包括但不限于课堂管理机制、多元化评价机制、正向激励机制以及充足的财力保障机制。学校重点完善教师素质能力提升制度、教师培训制度、教研活动管理制度、教育科研成果奖励制度以及青年教师专业成长评价制度，确保这些制度既符合教师个人发展需求，又贴合学校实际情况，提升制度的可操作性与人文关怀。

1. 教师素质能力提升制度

构建系统化、个性化的教师成长路径，结合教师个人发展需求，提供定制化的培训与发展机会，确保每位教师都能在专业领域内持续精进。

2. 教师培训制度

创新培训模式，引入线上线下相结合的混合式学习，定期举办专家讲座、工作坊、教学观摩等活动，促进教师教育理念与实践技能的双重提升。

3. 教研活动管理制度

强化教研活动的组织与管理，鼓励跨学科交流与合作，建立常态化的教学研究与反思机制，促进教育教学方法的创新与共享。

4. 教育科研成果奖励制度

设立专项基金，对在教育科研领域取得显著成果的教师给予物质与精神双重奖励，激发教师的科研热情与创造力。

5. 青年教师专业成长评价制度

针对青年教师群体，设计更加灵活、包容的评价体系，注重过程评价与结果评价相结合，鼓励青年教师勇于尝试、敢于创新，助力其快速成长为教育教学的中坚力量。

同时，学校坚持"以人为本"的原则，关注教师幸福感与满意度的提升，通过优化财力资源配置，为教师的专业成长与职业发展提供全方位的支持与保障。

三、成效与思考

通过实施一系列教师培养举措，学校成功打造了一支爱岗乐教、能干能打、引领前行、能教会研的高素质教师队伍。教师内驱力被激发，教育教学能力显著提升，骨干教师脱颖而出，教育研究能力也取得了长足进步。近年来，共有31人分别获得"江北新区优秀德育管理者""江北新区优秀青年教师""江北新区教学先进个人""江北新区优秀班主任""江北新区十佳班主任""优秀少先队辅导员""江北新区艺术工作先进个人""江苏省金钥匙科技竞赛优秀青少年科技教育辅导员"等荣誉称号，同时教师在各级各类学科竞赛、基本功竞赛中取得了前所未有的好成绩，一等奖获奖人数直线上升。学校教师队伍焕发新的活力，不仅在专业素养上实现质的飞跃，而且实现了骨干教师力量的培养与聚集。当然，教师培养是一项持续性的系统工程。未来，学校将持续强化师德师风建设，激发教师内驱力；深化理论学习，确保教科研活动务实高效，避免形式化，促进全员参与、深度反思；构建系统化的培训管理体系，完善评价激励机制；细化实施"六个好"路径，包括学习模范、聆听讲座、研修班级、共读书籍、撰写文章、上好课程，以全方位、多角度促进教师专业成长，确保每一步培养措施都扎实有效，助力教师向研究型、专家型教师转型，为学校的长远发展奠定坚实的人才基础。

在教育的征途上，教师是灵魂工程师，更是国家未来的筑梦者。通过一系列以师德为引领、多途径并进的教师培养举措，学校教师队伍正以前所未有的活力与激情，在专业素养上不断攀登新的高峰。教师培养之路虽长且艰，但每一步都至关重要。未来，学校将继续秉持创新精神，不断更新教育理念和方法，提高培养成效，不断构建更加科学系统的培训体系，努力探索出一条具有鲜明特色、符合学校实际的乡村教师培养之路，持续提升教师队伍的整体素质。在这条光荣而艰巨的道路上，我们将携手并进，蓄力前行，共创辉煌！

（南京江北新区浦洲路小学　张玉文）

第三节 "四心"教师：建构教师开心成长新样态

南京市扬子第三小学（以下简称"扬子三小"）是一所创建于1987年的省级实验小学，历经数十载风雨洗礼，现已发展成为拥有24个教学班、近千名学生的教育沃土。学校师资力量雄厚，汇聚了市德育优秀青年教师、区学科带头人及众多优秀教师，他们以高尚的师德和精湛的教学技艺，共同构筑起教育的坚固基石。近年来，学校紧扣"开心教育"的核心理念，不断探索与创新，致力于提升教师素养，打造了一支师德高尚、业务精湛、结构合理、充满活力的高素质专业化教师队伍，着力培养拥有"爱心、慧心、专心、倾心"的"四心"教师。在立开心教师之德、塑开心教师之形的道路上，学校积极实践与探索，取得了显著成效。

一、整体规划思路

学校秉持"开心教育"理念，以"启蒙心智，愉悦成长"为核心，致力于构建一支集师德高尚、专业卓越、乐于奉献于一体的"四兴"教师队伍。学校教师队伍建设整体规划以文化引领、课堂革新和管理优化作为三大支柱，通过"兴读书、兴探究、兴立论、兴奉献"四大举措，实现教师的全面发展，引领教师专业成长与自我超越，更在精神层面得到滋养和激励，最终通过教师的内在动力和情感投入促进学生的全面发展。

第一，文化浸润。学校将师德师风建设融入校园文化顶层设计中，通过系列活动，不仅塑造了"开心教师"的鲜明形象，更以具体而生动的开心教师誓词，将高尚价值观根植于心。在此基础上，学校注重精神塑造，着力打造优美环境，利用"开心讲坛"等平台弘扬正能量，通过表彰"师德标兵"等活动，极大增强了教师的职业幸福感和荣誉感。第二，立足课堂。将教学改革视为核心，鼓励每位教师参与"一师一优课"，多样化的公开课形式激发了教学创新的活力，促进了教师队伍的快速成长。同时，团队研修成为教师专业成长的加速器，"红茶坊"等平台上的"抱团"研修，以及专家指导与"133"模式，显著提升了教师的专业素养与团队协作能力。第三，管理优化。学校坚持"从心出发，以文化人"，通过集体参与、制度规范、公正评价的方式，构建了既温暖又严谨的管理文化。这不仅强化了教师的自尊心、责任心和荣誉心，更激发了他们追求卓越、不断进取的内在动力。这一系列举措相辅相成，共同构建了一个充满活力、和谐共进的教育生态，为教师成长提供一个更加丰富、多元的发展空间，促进教师在文化浸润与内涵发展的道路上稳步前行，实现教育的真正价值。

二、规划具体落实

（一）文化浸润，塑造教师积极的价值观

学校长期致力于营造浓厚的文化氛围，倡导教师阅读，鼓励教师成为有品位、有内涵的教育者。职工书屋全天候开放，藏书丰富，满足教师阅读需求。学校定期自筹资金购买优质教育书籍，如《做最好的老师》等，赠予每位教师，引领阅读成为常态。通过"学师德模范，做四有教师"有奖征文活动，提升教师师德修养。2016 年上半年，学校重构师德师风标准，以"开心教师"形象为核心，具体化为"爱心、慧心、专心、倾心"四要素，便于教师理解和践行。

1. 设计"开心教师"形象

提出"开心教师"形象标准，具体包括"爱心、慧心、专心、倾心"四个方面。爱心，即关爱每位学生；慧心，指教育智慧，启迪学生；专心，是对每位学生高度关注；倾心，则是全心全意投入教育。这些标准共同塑造了"开心教师"的鲜明形象。

2. 明确"开心教师"内涵

提炼出教师成长的七个核心词——自信、朝气、思辨、乐群、竞争、悦然、感动。自信源自敢于尝试的勇气，朝气则是保持年轻的心态，思辨是思维的碰撞与启迪，乐群强调团队合作，竞争旨在追求卓越，悦然展现教师的积极面貌，感动则源于对教育事业的全身心投入。这些理念融入学校"红茶坊""开心讲坛"等活动中，融入智慧沙龙、研修班等教育教学活动中，通过文化熏陶，塑

造教师积极向上的职业价值观。

3. 编写"开心教师"誓词

精心编写誓词内容，并将其庄重地展示在学校悦心楼一楼大厅显著位置。每年教师节，学校都会组织全体教师重温教师誓词，感受教师职业的神圣。通过价值引领，强化教师职业认同感。

（二）精神塑造，浇灌职业的幸福花

学校通过打造优美的校园环境和积极向上的文化氛围感染教师，将"开心教育"的理念融入校园生活每个角落，提升教师幸福指数，激发爱校爱岗、敬岗爱业的师德师风。

1. 发挥环境熏陶作用

校园内设置"开心十二景"，如"同心墙"浮雕、"乐为"校训石等，处处彰显"开心教师"的理念和标准，激励教师牢记使命，奋发向上。

2. 提升氛围感染效力

组织教师趣味运动、温馨办公室评比、元旦迎新活动等，通过软环境的建设，增进教师间交流，缓解工作压力，营造和谐氛围，提升教师凝聚力。

3. 树立师德标兵形象

围绕"开心教师"形象标准，开展"开心讲坛""最美教师""感动三小年度

图 8-4 感动三小年度人物

人物""智慧班主任评比""师德标兵评选"等活动，定期向教师开展师德宣讲，推介教育大家和身边模范，激发教师爱岗敬业、无私奉献的精神。利用榜样的力量，形成积极向上的校园文化氛围，打造高素质教师队伍。

（三）立足课堂，共享教育的智慧

自2017年起，学校深入推进课堂教学改革，以课堂为核心，通过多元化、分层次的教学活动，构建优质、高效、轻负的教学环境。

1. 教研组一师一优课

每一位教师均参与教研组内的"一师一优课"活动，采用"一备二磨三展示四研讨"的精细流程，通过集体备课、反复打磨、公开展示、深入研讨及课题研究，结合多种听、评课形式，促进教师间的教学交流与反思，加速教师专业成长。

2. 骨干教师展示课

每学期定期举办，由高级教师、学科主任及市区级骨干教师领衔。通过骨干教师示范与引领，借助微型团队平台，带动青年教师开展"开心课堂"的深入研究和展示，实现教学相长。

3. 中青年教师赛课

每学年举办一次，为中青年教师搭建展示自我的平台，营造浓厚的教研氛围，引导中青年教师关注课堂教学改革，激发其教学创新热情，推动教师专业成长。

4. 五年内职初教师汇报课

落实师徒结对制度，每学期通过汇报课检验教学成果，强化对职初教师的指导，确保传帮带效果，助力职初教师快速成长。

（四）团队研修，搭建攀登的阶梯

学校从需求出发，依托"红茶坊"这一特色研修平台，创新团队研修模式，以"抱团"研修的方式，助力教师专业发展。

1. 青年研修班

针对35周岁以下青年教师，成立专项研修班，由教科室主任及教学校长分

图 8-5　青年教师研修班成长论坛

别担任班长和班主任，亲自参与指导，定期开展师德教育、基本功训练及课题研究，夯实青年教师职业发展基础。

2."红茶坊"微型团队

打造温馨舒适的交流空间，鼓励教师在此进行阅读、研讨、沙龙等活动，围绕教学、学生及师德等话题自由交流，形成浓厚的学术氛围，促进智慧碰撞与共享。"周五相约红茶坊，茗香品茶话职业"已成为学校一道美丽的风景线。

3."133"研修模式

采用"一个主题，三次上课、三次研讨"的卷入式研修模式，确保研修活动聚焦深入，通过三次循环往复上课与研讨，使教师全面理解并掌握主题内容，实现教学能力的显著提升。

（五）完善管理，激发进取的动力

在教师职业道德的培养与提升过程中，外在引导与内在驱动力相辅相成，而内因往往扮演着决定性的角色。为了充分调动教师的内在积极性，学校从教师自我管理、制度管理和评价激励三个维度出发，构建了一套全面而有效的管理机制。

1. 强化师德承诺，内化于心

学校高度重视师德承诺的落实与内化，每学期定期组织教师深入学习《扬子三小开心教师形象》及相关法律法规，如《南京市中小学教师职业道德规范》《南京市中小学教师职业行为"三要八不准"》《中华人民共和国教师法》及《中华人民共和国未成年人保护法》等。每年9月，学校党支部会引领全体教师详细学习并讨论《扬子三小师德承诺书》的具体内容，举行签字仪式，随后在次年6月进行自我评估，并在年度总结中汇报承诺履行情况，以此确保每位教师都能郑重承诺并践行，持续强化教师的自我管理与责任感。

2. 完善评估体系，外化于行

为确保师德师风建设的实效性，学校构建了一套完善的评估制度。这包括制定师德师风建设实施方案，以及实施教师职业道德考核、监督、奖惩和表彰奖励机制。学校坚持师德考核与业务考核并重，每学期末开展"师德师风调查"，广泛收集学生、家长及学校职工的反馈意见，对每位教师的师德表现进行综合评定，并将结果纳入个人档案，作为评职、评优的重要依据。同时，学校实行"师德一票否决制"，对师德表现优异的教师给予表彰和奖励，并在绩效工资中体现师德考核的重要性，逐年提高其在考核体系中的比重。

3. 拓宽监督渠道，共筑防线

为了全方位、多角度地监督教师师德师风，学校积极拓宽监督渠道。通过设立网站与监督信箱，公开校长及书记的联系方式，成立家长委员会和校务委员会等措施，确保家长和社会各界能够便捷地与学校沟通，及时反馈师德师风方面的问题。一旦接到投诉，学校将立即启动调查机制，对查实的问题严肃处理，绝不姑息，以此维护教师队伍的纯洁性和教育事业的良好形象。通过这些举措，学校不仅加强了师德师风的外部监督，还促进了家校共育的良好氛围，为教师的成长与发展提供了坚实的保障。

三、成效与思考

经过持续努力，"开心教育"理念已深深植根于校园，激发了教师强烈的爱校爱岗、敬业奉献的师德师风。2017 年，学校荣获南京市师德先进群体称号，多位教师荣获市、区师德先进个人荣誉，骨干教师队伍不断壮大，形成了一支涵盖教科研核心成员、骨干教师及青年教师的多层次教科研梯队。在这样一个仅六十余名教师的小学校里，涌现出了 1 名市优秀青年教师、6 名区学科带头人和 14 名区优秀青年教师，展现了教师队伍的高素质与强实力。学校"七色花"研修团队以其卓越表现成为区内典范，其研修模式更在市级层面得到推广，彰显了学校教科研的创新能力。同时，青年教师研修班为教科研领域输送了新鲜血液，"一师一优课"活动则确保了每位教师都能积极参与教科研实践，教师论文获奖与发表数量年均近百篇，市、区个人课题立项占比高达教师总数的半数，彰显了学校在教科研方面的丰硕成果。未来，教师发展将继续作为学校工作的重中之重，师德师风建设则作为一项系统工程持续推进。我们将致力于探索与"开心教育"理念相契合的师德师风培养路径，通过增强教师的集体荣誉感、学校归属感及主人翁意识，激发教师内在动力，促进师德师风建设的深入开展。相信在全体师生的共同努力下，扬子三小的教育事业将迈向更加辉煌的明天。

南京市扬子第三小学始终秉持"开心教育"的核心理念，勇于探索，不断创新，致力于教师素质的全面提升。通过系列精心设计的文化浸润活动、深入人心的精神塑造工程、扎实有效的课堂实践探索、高效协同的团队研修模式以及科学完善的管理体系，一切从"心"开始，在以"文"化人的管理文化中培育出一支既具备高尚师德又精通教育业务的教师团队。这不仅为学生提供了优质的教育环境，也提升了教师的职业幸福感和成就感。展望未来，扬子三小将继续深化"开心教育"的实践探索，不断细化和完善教师师德师风建设的各项举措，努力培养更多"开心教师"，共同筑造师生共同成长的幸福家园。

（南京市扬子第三小学　王加山）

第四节 "三航"模式：打好人才培养"组合拳"

南京江北新区浦口实验小学（以下简称"浦口实小"），一所承载着深厚文化底蕴的省级实验小学，坐落于金陵之北、长江之滨。自 1948 年建校以来，学校始终秉持"交往教育"的教育哲学，历经三十余载薪火相传，积累了丰富的教育资源与优质师资。截至 2024 年 12 月，学校有 2 个校区，111 个教学班级，4 所集团成员校，形成了辐射区域教育的优质资源。面对教育均衡发展的新要求，浦口实验小学积极应对领航教师流动率、新进教师率大幅上升的挑战，以"三航"育人模式为引领，全面构建教师成长体系，打出一套人才培养的"组合拳"，不断突破教师队伍建设及发展的"高原现象"，并取得明显成效。

一、整体规划思路

学校团队是教师蜕变发展的第一维度。浦口实小在教师团队建设上，采取"三航"育人模式的整体规划思路，即校长护航、青年教师续航、骨干教师领航，注重整体协同，旨在全方位、多层次地促进教师队伍综合素养的提升。

校长作为学校的掌舵人，依据学校发展目标，制订科学合理的教师队伍建设规划，从顶层设计上明确教师团队建设的方向。同时，营造积极向上的教师发展生态，建构广阔的发展空间和良好的工作环境，激发教师的内在潜能和创造力，为教师的专业成长提供坚实的保障。

青年教师承载着学校未来的希望。学校重视青年教师的成长，紧扣"四个点子"，以细微切实的抓手推进青年教师"续航"发展。通过实施"读写一体化工程""三课一体化工程"以及"共同体协同工程"等举措，依托师徒结对、教学竞赛、课题研究、个性化指导等多元方式，加大对青年教师的培养力度，帮助他们快速成长。

骨干教师作为学校师资队伍的中流砥柱，以其丰富的教学经验和深厚的专业素养，在教师队伍中发挥着示范引领作用。学校通过实施"教学风格凝练工程""头雁领航制度"等专项计划，加强对骨干教师的定向培养和辐射带动，鼓励他们在教育理念、教学方法、课题科研等方面不断突破与创新，从而引领全校教师共同进步。

在此基础上，浦口实小还注重加强教师间的交流与协作，通过构建团结协作、共同发展的良好氛围，促进教师之间的资源共享与优势互补。这种整体协同的团队建设模式，不仅提升了教师队伍的整体素质，也为学校的持续发展奠定了坚实的基础。

二、规划具体落实

（一）校长护航，构建团队发展优质生态

在学校这一教育教学的主阵地与教师的精神家园中，教师团队的发展尤为关键。校长作为团队的核心引领者、掌舵手，要为教师发展打造良好的团队生态保障，引领团队发展方向，全方位护航教师成长。

图 8-6 开展以师德师风建设为核心的新时代教师队伍发展研究

1. 聚焦师德主线，强化制度保障

建立以制度为基石的师德师风建设体系，通过构建全面、科学的考评指标体系，融合学生、同行评价及定量与定性考核，注重考评结果的反馈，确保师德评价公正、透明。同时，将学术道德纳入考评范畴，激励教师追求高尚师德与卓越学术，为学校的长远发展奠定坚实的人才基础。

2. 夯实"四心"基石，营造向上氛围

为抵御外界不良诱惑，营造纯净的校园文化，通过精神重塑，夯实教师"四个初心"：敬畏之心以守底线，敬业之心以尽职责，爱生之心以育英才，奉献之心以彰大爱。同时，通过校风、学风、教风的全面优化，构建公平竞争、积极向上的教育环境，助力教师团队健康发展。

（二）青年教师接力，团队注入青春活力

1. 筑牢成长根基，落实"读写一体化工程"

邀请专家搭建"读写一体化工程"，通过紧密结合"阅读"与"写作"两大核心活动，构建了一个从输入（阅读）到输出（写作）的闭环学习系统。通过组织青年教师参与专家领读、读书小组、读书沙龙等活动，引领青年教师深耕教育教学理论，紧跟学科前沿。同时，鼓励教师将阅读理论转化为实践，通过撰写教学心得、案例分析、学术论文等形式，深化对教育问题的理解和认识，内化理论，提升思维。读写一体化的学习方式打破了传统教育中理论与实践相脱节的弊端，使青年教师在不断循环的学习过程中实现知识的积累、能力的提升和思想的升华，加速专业成长步伐，推动其向智慧型教师转变。

2. 搭好成长阶梯，推进"三课一体化工程"

学校积极探索交往教育理念下新型的师生共进的理想课堂，通过构建"课堂—课题—课程"三位一体的成长路径，鼓励青年教师将教学问题转化为研究课题，将研究成果融入课程设计，形成教学相长、研教融合的良性循环，引领青年教师立足教学，主动研究，不断帮助青年教师建立与完善教育理念。同时通过专题培训、基本功展示、学科素养竞赛等活动，淬炼教师关键能力，帮助青年教师获得潜能发掘与素养提升。

3. 构建成长共同体，深化"青蓝工程"

为加速青年教师专业成长，学校精心构建"青蓝共融，师道传承"的成长共同体，采用专家导航、同行互鉴、个人磨砺、展示竞技、智慧共享"五位一体"的成长策略，深化实施"青蓝工程"。依托名师工作室，让青年教师近距离观摩学习，汲取教学精髓。通过"青蓝结对"，精选教学导师，实施一对一精准帮扶，并创新"师徒同课异构"，在比较中激发灵感，促进教学相长。同时，建立学习共同体，聚焦课型研讨，强化跟进式培训，引导青年教师协作探索高质量教学设计与实践。这一系列示范引领举措，不仅传承了教育智慧，更培养了青年教师的学习力与创新力，共同推动教师队伍的可持续发展。

4. 激发自我潜能，设立"反思论坛"

秉持"反思促成长"的理念，设立"反思论坛"，旨在为青年教师打造一个开放交流的平台，鼓励他们勇于面对教学挑战，勤于自我审视与反思。通过定期交流活动，青年教师思得、思失与思改，分享教学心得，探讨教学难题，相互启发，拓宽视野，深化对教育教学的理解，实现自我超越与智慧积淀，助力其在教育征途上不断前行。

（三）骨干教师领航，筑牢团队中坚力量

1. 定向培育，以"教学风格凝练工程"打造持续发展能力

面对骨干教师可能遭遇的"高原现象"，即职业热情减退与专业发展停滞的挑战，学校积极采取措施，通过"教学风格凝练工程"，为骨干教师量身定制成长路径。通过邀请专家，深入剖析每位骨干教师的独特教学风格与潜在发展方向，共同制订个性化五年成长规划，旨在重燃其教育热情，助力其突破瓶颈，迈向卓越。同时，设立"浦实研修班"，在资深导师的悉心指导下，精心打磨"代表课"，塑造个人教学特色，深入研究个人课题，撰写教育论文，全方位加速专业发展进程，为核心素养的提升与素质教育的深化奠定坚实基础，确保立德树人根本任务的有效落实。

2. 头雁领航，构建骨干教师为核心的青年教师成长生态

为进一步激发教师队伍活力，学校推行"头雁领航"机制，校长、副校长

及正职中层率先垂范,担任领航"头雁",引领教师队伍焕发新生。每年一度的"三个一"行动——精品示范课、前沿专题讲座及深度专题教研,不仅展现浦口实小的文化底蕴与教师风采,更为青年教师树立了职业发展的标杆。这一系列举措,不仅构建了骨干教师与青年教师间的桥梁,更激发了青年教师的成长动力,促进了知识共享与思维碰撞,营造出一个锐意进取、携手共进的青年教师成长生态。

3. 交流共建,以骨干教师为核心强化集团教育合力

为充分发挥骨干教师的辐射带动作用,学校积极搭建集团校交流平台,实施跨校交流与师带徒项目,打破校际界限,实现优质教育资源的共融共享。常态化的"师徒结对"活动,让青年教师在骨干教师的精心指导下快速成长,其教学设计与实践能力显著提升。同时,通过"跨校集体备课""跨校师徒同构展示"及"跨校教科研牵手"等高频互动,促进了校际间、教研组间的深度合作,形成了强大的教育合力。此外,学校还制定了《浦口实小教育集团名师工作室管理方案》,结合"集团孵化"与"自主申报"机制,成功创设了多个特色鲜明的名师工作室,如"梁公立朗诵艺术工作室""邱建辉书法传承工作室"等,这

图 8-7　集团校骨干教师专题展示活动

些工作室不仅彰显了名师风采，更将先进的教学理念与方法广泛传播至集团各校，实现了名师效应的最大化。

三、成效与思考

"三航"育人模式为学校的人才培养工作绘制了一幅生动的画卷。通过"领航""护航""续航"三大板块的协同推进，近年来，学校荣膺全国、省、市级荣誉一百多项；获各级各类儿童竞赛"前三名"荣誉127项；教师专业成长步入了快车道，形成了层次分明、结构合理的教师梯队，先后培养市级学带优青59人，市"斯霞奖"、师德标兵6人，为区域教育输送30位校级以上干部，被誉为江北新区的"校长摇篮"；所辐射的集团校教育教学水平也大幅提升，在多项评比中创下办学以来最好成绩。教学质量的稳步提升，学生综合素质的全面发展，以及家长与社会的高度认可，无一不彰显着"三航"育人模式的强大生命力。值得一提的是，"头雁领航"机制激发了教师队伍的内在活力，示范课、专题讲座与专题教研等活动的开展，不仅促进了教学经验的交流共享，更在全校范围内营造了一种追求卓越、勇于探索的良好风尚。在骨干教师的悉心指导下，青年教师的教学技能日益精进，教育情怀愈发深厚，为学校的可持续发展注入了新鲜血液和强劲动力。在取得显著成效的同时，我们也深刻认识到，育人工作是一项系统工程，需要持续不断地探索与创新。未来，浦口实小将继续深化"三航"育人模式的内涵，优化实施路径，特别是在"续航"阶段，将更加注重教师职业生涯的长远规划与专业发展的个性化支持，确保每位教师都能在教育的征途上不断前行，实现自我超越。同时，我们也将积极借鉴国内外先进的教育理念与实践经验，不断完善和优化教师培养机制。

通过"三航"育人模式的深入实施，浦口实小在教师队伍建设和人才培养方面取得了显著成效。作为领航者，校长为教师团队打造了良好的发展生态；青年教师续航发展，成为学校发展的新鲜血液；骨干教师领航前行，则稳固了学校师资的中坚力量。这一育人模式不仅促进了教师专业素养的全面提升，也推动了学校教育教学质量的持续提高。展望未来，浦口实小将继续以"三航"

模式为基石，探索以"和实文化"为核心的教师成长联盟，借助教师群体、集团校间的深度合作与互助，探索更多创新路径，培根种德，引领教师乐做教育沃土的耕耘者，为教师的职业幸福摆渡。

（南京江北新区浦口实验小学　张立羽）

第五节　四级联动：打造教师队伍发展"升级版"

南京市第一中学泰山分校的前身为南京市第十七中学，创建于 1941 年，是浦口区历史最悠久的一所中学。为进一步放大优质教育资源，实施跨江发展战略，促进江北新区教育事业的均衡优质发展，2019 年，学校牵手南京市第一中学进行合作办学。近年来，面对教育发展的新要求与新挑战，学校积极响应时代号召，致力于教师队伍的全面升级与教育质量的飞跃提升。通过优化顶层设计、开展宣传教育、完善考评体系、落实奖惩机制等措施，打造教师队伍发展的"升级版"，实现教育发展"加速度"，在传承与创新中焕发新的生机与活力。

一、整体规划思路

学校秉承教育高质量发展和评价改革精神，紧扣时代脉搏，提出"全面优化教师队伍、加速教育发展"的队伍建设整体规划思路，旨在通过构建一支高素质、专业化、创新型的教师队伍，为学校的持续发展注入强劲动力。

学校以师德师风建设作为首要任务，把品德、素养、能力、业绩和贡献作为衡量教师队伍的核心标准。通过优化顶层设计，确立了党支部统一领导、书记统筹、校长主导、基层推进的协同机制，构建了师德师风建设的专职组织机构，确保了教师思想政治教育、师德师风建设和专业素养发展的全面统筹。同时，学校结合国家相关文件精神和教育教学实际，制定了师德师风建设和考核办法，构建了思想教育、考核监督、奖惩激励、典型宣传、资源保障"五位一体"的长效机制，形成了"学校党支部—党政办公室—级部—教师个人"的四级联动工作机制，确保师德师风建设工作的常态化。在此基础上，学校以"人才强校"为核心，明确了优化教师队伍发展的三大关键路径：强化师德师风建设，深化教育教学改革，加大教师培训与引进力度。通过榜样引领和制度约束，塑造教师的高尚职业道德；鼓励教师探索新型教学模式，提升教学质量；建立多元化培训体系，吸引优秀人才，为教师队伍注入新鲜血液。系统化的教师发展体系，为教师队伍建设营造积极氛围，不断激发教师的职业荣誉感和使命感，显著提升教师队伍整体素质，是对教育现代化、人才培养质量提升的有力回应。

二、规划具体落实

（一）深化师德师风教育宣传

为铸就教师队伍的红色基因，学校建立了理论学习、业务交流、实践锤炼"三位一体"的师德师风教育体系。

1. 强化岗前培训与社会实践

每年，学校组织为期三天的岗前培训，将师德师风教育与业务能力提升深度融合，由党支部书记和校长亲自授课，强化优良师德师风养成的引导和教育，为新入职教师注入"至善、求真"的校园文化精髓，促进其快速融入。同时，通过组织参观渡江胜利纪念馆、侵华日军南京大屠杀遇难同胞纪念馆等红色教育基地，以及聆听师德模范的先进事迹，坚定教师理想信念，厚植爱国情怀，涵养高尚师德。

2. 实施青蓝工程，精准帮扶青年教师

学校为青年教师设定了清晰的职业发展路径，从站稳讲台到成为骨干教师，再到德育与学科带头人，每一步都辅以详细的规划与指导。通过"青年教师沙龙"与"师徒结对"两大平台，提供师德师风专题讲座与业务能力研讨活动，确保每位青年教师都能获得资深教师的个性化指导。根据青年教师培养目标制订师徒结对考核方案和标准，采取"教师个人申报—级部推荐—学校审核"三级遴选机制，通过三年期的紧密合作，有效促进青年教师的快速成长。

3. 强化活动引领，明确育人职责

学校坚持师德涵养与技能培训相结合，将《新时代中小学教师职业行为十项准则》与"四有"好老师标准贯穿教师队伍建设的始终，通过"周学习日"制度，系统学习政策法规，深化师德认识。通过专题学习、签订承诺书、编发警示录等措施，不断强化师德教育。同时，建立师德违规通报制度，以案为鉴，警钟长鸣。各级部统筹落实"三全育人"环境，实施全员导师制，鼓励每位教师都成为学生的思政导师，人人参与思政教育管理。通过开展"百师访千家"与"谈心谈话"等活动，构建家校共育的桥梁，全方位关心学生成长和发展，确保师德师风在教育教学的每个环节中都得到体现和弘扬。

图 8-8　至善求真的泰山分校学子

（二）健全师德师风考评机制

在全面贯彻立德树人根本任务的过程中，学校坚持师德为先，完善人才评价机制，将师德师风考核评价贯穿教师职业发展全过程，确保每位教师都能成为学生健康成长的引路人。

1. 强化人才引进师德师风考察机制

学校将师德师风作为人才引进的第一标准，从源头上确保教师队伍的素质。在招聘的每个环节——从资格初审到最终录用，均嵌入师德师风的深度考察，包括设置专门的师德师风测试，实施背景调查与入职政审；入职后，严格落实年度考核、首聘期中期考察、聘期期满考核制度，确保新入职教师不仅专业能力过硬，更具备高尚的师德师风。

2. 完善教师师德师风考核评价体系

为引导教师自觉涵养师德，以德立身、以德立学、以德施教、以德育德，学校适度提高师德师风在教师考核评价体系中的权重，采用多维度、多层次的评价方式，全面衡量教师在爱国守法、教书育人、严谨治学、敬业爱生、服务社会、为人师表等方面的表现。通过自评、学生反馈、同事评价、党组织考核及学校复核等机制，形成对教师师德师风的立体画像，鼓励教师自我提升，争做师德楷模。

3. 建立师德师风专项档案

为每位教师建立师德师风专项档案，详细记录其师德表现及考核情况，实现动态管理与实时更新。此档案作为教师职业发展的重要参考，与绩效工资、职称评定、岗位晋升、评优评先等紧密挂钩，对师德表现优异的教师给予优先推荐和表彰，对存在师德失范行为的教师则坚决执行"一票否决"，并设定相应的惩戒措施，如三年内不得申报职称及参与评奖评优，以此强化师德师风建设的严肃性和权威性。

4. 构建荣誉体系

出台《教职工荣誉体系实施办法》，构建覆盖备课组、教研组、级部及学校四个层级的荣誉评选体系，定期评选并表彰师德高尚的优秀教师，树立先进典型。通过举办教师节表彰大会、入职宣誓、退休致敬及师德传承仪式等活动，增强教师的职业认同感和荣誉感。同时，利用学校官方平台广泛宣传师德典型事迹，营造崇德向善的良好氛围，激励全校教师见贤思齐，争做师德表率，践行立德树人的神圣使命。

（三）落实师德师风奖惩机制

教师是塑造未来社会栋梁的关键力量，师德师风建设直接关系到教育事业的兴衰成败。因此，必须进一步完善和落实师德师风奖惩机制，以正面激励与负面警示并重，构建全方位、多层次的监督体系，确保教师队伍的纯洁性与高尚性。

1. 注重正面激励，树立师德师风典范

为了激发教师自我提升的内生动力，学校持续优化荣誉表彰体系，通过设立"师德标兵""卓越教师"等荣誉称号，广泛征集并宣传教师中的先进典型和感人事迹。通过举办师德论坛、经验分享会以及"学生心中最美教师"评选等活动，大力宣传优秀教师典型，充分发挥先进典型的示范引领作用，弘扬师德正气，形成人人争当师德师风模范的良好氛围，促进全体教师见贤思齐，共同提升师德素养。

2. 强化警示教育，筑牢师德防线

针对师德师风失范行为，制订详尽且具有可操作性的处理规定，明确师德师风负面清单，涵盖学术不端、违规收费、体罚学生等各个方面。通过典型案例剖析、警示教育大会等形式，以案说法，以案明纪，引导教师时刻保持清醒头脑，自觉筑牢思想道德防线，严格遵守教育教学行为准则，防止师德师风失范行为，做到心有所畏、言有所戒、行有所止。

3. 健全监督体系，实现全面覆盖

构建以党组织为核心，师德师风建设领导小组、教职工代表大会、纪检监察部门等多方参与的监督网络，形成上下联动、内外结合的监督合力。同时，畅通师生反映师德师风问题的渠道，如设立师德师风举报箱、开通网络举报平台、公布监督热线等，确保及时发现师德师风问题，并快速响应和有效处理。通过全方位、无死角的监督，让师德师风建设始终处于阳光之下。

4. 严格执行惩处，彰显制度刚性

对查实的师德师风失范行为，必须依法依规严肃处理，绝不姑息。根据情节轻重，给予批评教育、行政处分直至解聘等不同程度的惩处，让失德者付出应有的代价。同时，通过公开通报、媒体曝光等方式，强化警示作用，让全体教师深刻认识到师德师风建设的重要性和严肃性，切实做到警钟长鸣、防微杜渐。

三、成效与思考

学校在师德师风建设上的探索与实践，不仅为教师队伍的全面发展铺设了坚实的基石，更在区域教育生态中产生了深远的影响。通过构建理论学习、业务交流、实践锤炼"三位一体"的综合发展体系，特别是"教师沙龙"的深度对话与"师徒结对"的精准帮扶，有效激发了教师群体的内在潜能，实现了专业能力与师德修养的双重飞跃。近两年，教师队伍不断升级，学校先后培养了市、区级学带优青、教坛新秀 10 人，区优秀教育工作者 4 人，20 多位上岗不足三年的青年教师成为学校教育教学冉冉升起的新星。同时，学校积极组织教师参加"师德创新案例""先锋故事讲述会""千名党员'云'进家庭""思政好声音"等思政活动，不仅彰显了学校教师队伍的整体实力，也为学校赢得了良好的社会声誉。值得一提的是，学校成功申报成为江北新区"校家社"协同育人示范基地。这一平台如同桥梁，紧密连接了学校、家庭与社会，通过思政课程的共建共享、资源的优化配置以及活动的联合开展，构建起区域性教育合作网络，实现了学校、家庭、社会三方面的和谐共生与共同进步。系列师德师风建设与教育教学成果生动诠释了学校师德师风建设的显著成效。学校将继续秉持初心，确保师德师风建设始终与时代发展同频共振，不断优化教师队伍，升级育人模式，为学校的长远发展奠定更加坚实的基础。

南京市第一中学泰山分校通过构建"升级版"教师队伍，不仅实现了教育理念的革新与教学方法的多样化，更在人才培养质量上取得了显著成效。学校以教师专业成长为核心，融合线上线下区域资源，创新培训模式，形成了独具特色的教师发展路径。这一系列举措不仅提升了教师队伍的整体素质，更为学校的教育发展注入了强劲动力。展望未来，学校将继续深化教育改革，优化教师队伍结构，探索更加高效、科学的教师发展路径，为培养更多德智体美劳全面发展的社会主义建设者和接班人贡献力量，书写教育发展的新篇章。

（南京市第一中学泰山分校　程圳）

第六节　"1＋N"模式：新时代学校教师发展新探索

加强师德师风建设，培养高素质教师队伍是一所学校的工作核心，是高质量办学、办人民满意教育的根本保证。南京市大厂高级中学是 2005 年 7 月在"整合优质资源，谋求品位提升"的思想指导下由南化一中（首批省重点）和大厂中学合并组建而成。近年来，面对新时代教育发展的要求与挑战，南京市大厂高级中学积极探索师德师风建设的新路径，创新性地提出了"1＋N"模式，以师德师风建设为核心，辅以多元化的培养机制和实践活动，在师德师风建设上取得显著成效，有效促进了教师队伍发展，有力推动了教育教学质量的提升。

一、整体规划思路

在学校教师队伍建设的宏伟蓝图中，"1＋N"模式以其独特的逻辑架构，为教师队伍精神风貌塑造与专业能力提升指明了方向。"1"即强化顶层设计之基，学校以三年为一个阶段，制订师德师风建设中长期发展规划，它不仅是学校师德师风建设的行动指南，更是凝聚全校师生共识、激发共同奋斗精神的灯塔。首先，发展规划确立了学校履责的坚实基石，确保每一步发展都紧扣教育使命；其次，它作为宏观引领的利器，精准导航师德师风与教师成长的航向；再次，通过明确目标、任务与政策导向，有效引导资源配置向师德师风建设与教学质量提升倾斜，形成资源集聚效应；最后，它作为行为准则，将全校师生的共同愿景镌刻成规，对行政主体构成强有力的自我约束，确保其发展之路不偏不倚。

而"N"则是这一宏伟蓝图下具体而微、行之有效的核心举措集合，涵盖师德师风教育专题活动的深化，意识形态教育的加强，育人能力的全面提升，青年教师队伍的精心培育，以及制度文化的创新建设等五大关键领域。这些举措相辅相成，共同织就了一张师德师风建设的细密网络，不仅促进了教师个人品德与业务能力的双重飞跃，更为学校整体的可持续发展注入了不竭动力。通过"1+N"模式的深入实施，学校致力于构建一支师德高尚、业务精湛、充满活力的高素质教师队伍，为培养德智体美劳全面发展的社会主义建设者和接班人奠定坚实基础。

二、规划具体落实

（一）绘制师德师风建设中长期发展蓝图

学校于 2020 年成立了以党委书记、校长为领导的师德师风建设规划小组，经过深入调研、多方论证及广泛征求意见，制定了《南京市大厂高级中学师德建设三年总体规划（2021—2023）》。该文件以党的十九大精神、党的二十大精神、习近平总书记重要讲话为指引，依据相关法律法规，聚焦素质教育与立德树人，强调热爱学生、教书育人的核心理念，致力于提升教师思想政治素质与职业道德水平。文件涵盖思想观念、制度规范、环境条件、体制机制四大方面，力求实现师德师风建设的系统性提升。2024 年，学校紧跟时代步伐，以党的二十大精神和市、区教育"十四五"规划为指引，制定新一轮师德师风建设三年规划，持续推动师德师风建设的深化发展。

（二）深化师德师风专题教育

师德师风专题教育是落实师德师风建设中长期规划的首要方式。学校通过主题教育活动、师德师风专题教育大会等形式多样的活动，激发教师的职业荣誉感和社会责任感，引导教师树立以德治学、育人为本、乐于奉献、奋发向上的职业理想。为确保师德师风教育全覆盖，学校实行责任到人制，由党委领导，确保每位教师参与其中。每年至少两次的专题教育大会由党委书记主持，强化师德师风建设专题教育。同时，学校还建立了完善的师德师风档案制度，促进教师自我反省与总结，该制度成为规范师德师风管理的重要工具。此外，通过"和雅教师"评选，学校积极开展优秀教师的选评、宣传，营造积极向上的师德师风氛围。

图 8-9　南京市大厂高级中学党委书记李俊生开展师德师风专题教育

（三）加强意识形态教育

加强意识形态教育是塑造教师正确思想观念与价值取向的关键，关系教育工作的方向与成效。学校以习近平新时代中国特色社会主义思想和党的二十大精神为引领，通过健全教师理论学习制度，开展专题宣讲等方式，利用"周三大讲堂"等平台，结合专家讲座与骨干教师分享，深化理论学习。同时，深入学习习近平总书记关于教师队伍建设的指示精神，通过张贴重要论述、观看主题汇报等方式，广泛宣传"四有"好老师等理念，营造积极氛围。同时，校党委强化组织建设，优化党支部功能，依托"三会一课"等活动，将教师党支部打造为师德师风建设的坚强堡垒，党员教师则成为引领风气、践行高尚师德师风的先锋模范。

（四）提升教师育人能力

育人能力提升是教师专业发展的核心。学校成立"优学课堂研究中心"，结合新课程、新教材要求，深入研究优学课堂教学模式，探索高效教学策略，设计新高考背景下的教学范式，提炼课堂关键要素，显著提升教学效率。2021年，学校成功承办省级教科研基地校专题学术研讨会，展示了课堂教学新样态的探索成果，获得高度赞誉。同时，学校构建"和雅德育工作体系"建设小组，推动全员、全科、全过程育人，将德育融入学科教学，建设"和雅教师"志愿服务团队，在实践中让学生感受幸福。

（五）优化青年教师培训

"教育之本，在于教师；教师之基，尤重青年。"学校高度重视青年教师队伍建设，持续优化青年教师培训体系，强化师德师风建设，构建全方位成长路径。通过创办青年教师研修班，携手南京大学等多所知名高校，以"三课"（课堂、课题、课程）为载体，以活动为中心，激活青年教师发展潜力，提升青年教师新课程实施能力。同时，学校鼓励青年教师将师德师风修养与职业规划相融合，为他们搭平台、压担子，助力其以"大先生"的风范，引领教育高质量发展新篇章。

图 8-10　南京市大厂高级中学校长康红兵为青年教师研修班学员授课

（六）夯实制度文化建设

学校深知制度建设与文化建设是师德师风提升的双轮驱动。制度建设方面，学校将师德师风建设置于战略高度，通过制定并持续优化《南京市大厂高级中学师德师风建设方案》，辅以师德一票否决制的实施，有效提升了管理水平，确保了管理机制的健全与高效运行。同时，学校积极推进优秀文化建设，以"和雅教育"为核心，引领全体教职员工树立正确的价值观，增强立德树人的共识与使命感。在"和雅"精神的引领下，教师不仅致力于专业发展，深化课程改革，更以高尚的师德师风为基，积极投身于新课程、新教材的探索与实践，不断充实与完善自我，在教书育人的道路上实现价值最大化与最优化。他们怀揣使命感与责任感，在成就学生的同时，收获了职业的幸福与满足，成为德才兼备、气韵高雅的"和雅教育"的践行者。

三、成效与思考

近年来，在"1+N"模式的引领下，学校师德师风建设与教师队伍发展取得了显著成效，为高质量教学奠定了坚实基础。2023年高考成绩的再创新高，不仅彰显了学校的教学实力，也赢得了社会的广泛赞誉。这一成就的背后，是学校对教师队伍建设的高度重视与持续投入。

"1+N"模式中的"1"作为目标引领，明确了师德师风建设的方向；而"N"则代表了一系列具体而有效的实施路径，确保了师德师风建设和教师发展的深入落实。在这一模式下，学校先后培养市、区级各类骨干33人，不仅构建了由特级教师，正高级教师，市级、区级学科教学带头人为引领的骨干教师梯队，还涌现出一大批在专业领域取得卓越成就的教师，他们的成长故事成为激励全校教师不断前行的动力源泉。与此同时，年轻教师在各类评比中的优异表现，不仅展示了学校教师队伍的活力和潜力，也反映了学校在教师培养方面的前瞻性和系统性。从江苏省到南京市，再到江北新区，一系列荣誉的获得，是对学校"1+N"模式成效的最好证明。

面对新时代教育发展的新要求，学校将进一步优化"1+N"模式，特别是在师德师风建设上持续发力。一是要突出精准性，以高度的政治责任感和价值导向，确保师德师风建设不偏离方向，有效回应社会关切；二是要增强有效性，通过建立健全师德师风教育、考核、监督、奖惩等长效机制，激发教师队伍的内生动力，让每一位教师都能成为德才兼备的教育者；三是要提升灵活性，创新师德师风教育形式，聚合多方力量，形成协同育人的良好生态，让师德师风建设更加贴近实际、深入人心。

学校师德师风建设"1+N"模式的实践，不仅为学校的内涵式发展注入了强劲动力，更为教师队伍的整体素质提升开辟了新路径。以师德师风建设为核心、融合多元化培养机制和实践活动的体系，有效促进了教师师德修养与专业能力的同步提升，形成了良好的教育生态。展望未来，南京市大厂高级中学将继续深化"1+N"模式的探索与实践，不断优化建设思路，完善路径策略，力求在师德师风建设上取得更加丰硕的成果。同时，学校也将积极发挥示范引领作用，与兄弟学校共享经验，共同推动区域教育事业的繁荣发展。

（南京市大厂高级中学　李俊生）

第九章
打造品牌，彰显特色

在教育的广阔天地里，教师不仅是知识的传递者，更是灵魂的工程师，他们的师德师风，如同璀璨星辰，照亮学生前行的道路，也深刻影响着学校的整体风貌与长远发展。师德师风作为教师队伍发展的灵魂与基石，正引领着每一所学校向高质量、有特色的方向迈进。南京江北新区各校通过构建高质量的教育体系、打造特色化的学校品牌、创新师德师风建设模式等举措，不仅提升了教师队伍的专业水平和整体素质，更为新时代教师队伍的发展提供了宝贵的经验和启示。

面对日新月异的社会变革和多元化的教育需求，学校要想在激烈的竞争中脱颖而出，形成独具特色的品牌效应，就必须将师德师风建设置于战略高度。这不仅关乎教师队伍的整体素质提升，更是学校文化建设、教育理念落地生根的关键环节。一支拥有高尚师德、优良师风的教师队伍，能够以其深厚的专业素养、无私的奉献精神、创新的教学方法，成为学生心中的灯塔，引领他们在知识的海洋中遨游，在品德的磨砺中成长。

打造学校品牌，绝非一朝一夕之功，它需要每一位教师将师德师风内化于心、外显于行，将"学高为师，身正为范"的职业操守融入日常教学的每一个细节。通过持续的学习与交流，不断提升自我，勇于探索教育教学的新理念、新模式，以开放包容的心态，吸收、借鉴国内外先进的教育经验，同时紧密结合学校实际，创新教学方法，形成独具特色的教学风格和育人模式。

在这个过程中，学校应成为师德师风建设的坚强后盾，通过建立健全的师德师风评价体系、激励机制和监督机制，为教师提供广阔的发展空间和坚实的制度保障；鼓励教师参与各类教育教学改革项目，支持他们开展教育科研，让每一位教师都能在追求卓越的道路上不断前行，实现个人价值与学校发展的双赢。

当师德师风成为学校文化的核心，当每一位教师都成为学校品牌的代言人，学校就能够在众多教育机构中独树一帜，以其独特的魅力和深远的影响，赢得社会的广泛赞誉和尊重。这不仅是对学生成长负责的表现，更是对学校长远发展负责的智慧选择。

第一节 红船博物馆：师德师风建设的主阵地

德为立身之本，才为立身之基。从事育人工作的教师，不仅是社会主义精神文明的建设者和传播者，更是莘莘学子的道德基因的转接者。教师的思想政治素质和职业道德水平直接关系着学生的健康成长，关系到国家的前途命运和民族的未来，因此，全面提升教师的思想政治素养，以德立学，进而以德施教，以德育人，对学校的高质量发展起着至关重要的作用。作为一所建校时间仅 8 年的年轻学校，南京江北新区浦口实验小学万江分校（以下简称"万江分校"）面对一支平均年龄只有 32 岁的年轻团队，以"红色基因"为起点，提高教师的职业道德思想，走出了师德师风自觉发展之路。

一、学校品牌内涵

南京江北新区浦口实验小学万江分校建于 2015 年 8 月 31 日，是一所规模为三轨的小区配建校。2018 年 9 月，学校加入浦口实验小学教育集团，2023 年秋季学年，全校开满 18 个教学班，截至 2024 年 12 月，共有 620 名学生、48

名教师，其中党员占比近50%。学校沐浴长江之风雅，汲取老山之灵气，秉承"爱满天下"的学校精神，坚持以"和育文化"为引领，以"精致＋温暖"为目标，深化"特色＋内涵"学校建设，努力打造仁爱明智的教师文化、乐群志学的学生文化、适情祥和的环境文化，全面构建"和谐至爱的家园、梦想栖居的乐园、创新成长的学园"。

二、品牌建设实践

构建高质量教育体系，建设教育强国，必须加强师德师风建设，着力打造一支政治素质过硬、业务能力精湛和育人水平高超的优秀教师队伍。学校紧紧围绕"立德树人"这一根本任务，创新阵地建设，以红船博物馆为抓手，深入开展红色基因教育，增强师德主体意识，提升教师的道德自觉，多措并举构建师德师风建设新样态，推动学校高质量发展的同时，打造了具有万江辨识度的"红色文化名片"。

（一）引红色之舟，强师德之基

2019年8月，学校建成占地近300平方米的红船博物馆。依托红船博物馆，开展浸润式教育，不断丰富师德师风的主阵地建设。

一是"场馆学习"守初心。在红船博物馆内，一艘长约3米、高约1.5米的红船实体模型赫然在目。四周展柜里陈列着师生家长捐赠的老物件，从蓑衣到怀表，从步话机到煤油灯，从旧社会的银圆到新中国的第一版人民币……每个老物件都在默默诉说着新中国成立前后的时代变迁，描摹着波澜壮阔的历史岁月。学校还将科技元素引入馆内，两台触控一体机，一台透明显示交互式一体机，将红船精神指引下中国革命和国家建设所取得的伟大成就生动形象地展示出来。学校每年都会组织新入职和新入校教师前往红船博物馆参观，听"小小讲解员"讲解，观看红色历史纪录片展播，参加红色历史知识大比拼，在多感官师德师风教育场域中不断厚植爱国情怀，坚定教育理想。

二是"实境思政"铸匠心。学校深挖红色资源，丰富实践载体。全体党员在"红船"前重温入党誓词，广大教师在红船博物馆里讲述老物件的故事，在香樟园里学习"总书记点击的经典诗词"校本课程，在尔欣苑里共读徐尔欣女士的不凡经历，探索从"红船精神"到立德树人的教育转换。教师在鲜活的思政实境中，学思践悟，将开天辟地、敢为人先、坚定理想、百折不挠的红船精神根植于自己的血液中，更加坚定了为党育人、为国育才的教育情怀。

三是"红盟讲堂"秉臻心。学校坚持学思用贯通、知信行统一，引导教师在场域化、真切化的体验中，感怀党恩、以德育德，进一步强素养、提境界。教师们共上红色党课，回忆红船历史，重温红船精神，讲述教育故事，交流教育感悟，并精心选录、精美制作和精彩呈现主题微课、微视频与专题小知识、小故事等，成立"红色故事宣讲员"队伍……教师们将红船精神同教育教学工作结合起来，凝心聚力、深耕课堂，不断为学校发展提供强劲的精神力量和强大的行动潜力。

（二）开红色之源，立师德之根

2018 年，学校率先成立"红色基因课程研究中心"。2019 年，学校党建课题"小学红色基因课程研究"作为市级规划课题立项，并通过专家论证。学校以红色基因课程研究中心为载体，以课题研究为驱动，打造专业化、高水准的教师队伍。

1. 在目标共建中激情

教师的发展离不开目标的引领。有了共同的特定目标，教师就能够形成凝聚力与向心力，有效推动团队建设可持续发展。学校将满足教师的需求作为工作的出发点，从四个方面入手，将师德要求和建设目标融于教师工作的日常。一是立足学校"惟和惟进"核心教育理念，结合红色基因教育，培养教师职业道德精神；二是呼应教师的专业诉求，强化校本研修，提升专业能力；三是进行红色基因课程开发，促进教师在实践中增强师德师能；四是立足党建课题研究，通过课题升华课堂，深化课程改革。在目标的引领下，全校教师能从自身实际出发，制订切实可行的个人专业发展规划，并努力通过自身实干实现人生价值。学校上下逐渐形成积极向上、乐学乐教的良好氛围。

2. 在协同研修中增智

学校以红色基因文化研究为抓手，组织全体教师学习党中央和学术界关于红色基因的阐述和研究，了解红色基因历史背景，进一步提炼红色基因的内涵，研究传承红色基因的途径，展望红色基因课程在当代教育中的价值意义，形成学校的红色基因理论体系。通过"三种培训，三种课堂、三种交流"（即集中培训、分散培训、自主培训，起步者课堂、行进者课堂、奔跑者课堂，集团内交流、外区域交流、省内外交流），搭建学习结果展示平台，提升教师的政治素质与业务素质。

3. 在实践探索中赋能

实践是促进教师专业发展的重要路径。为此，学校从真实的问题入手，通过教育教学的深度研讨，课题研究中的探究式学习，让教师行而悟道、行而慧教、行而善创。学校教师共同构建了以红色基因为"根"，以红色场馆学习为"枝"，红色研学为"叶"的树形体系，统筹推进课程内容建设。基于校园里的"红船博物馆""红盟讲堂""红色地标"开发出系列场馆课程；基于万江分校德育特色，分年级开发出红色活动课程，如低年级莲池旁的入队礼，中年级军营里的成长礼，高年级"小浪花行天下"红色研学等。作为课程的编写者和实施者，教师在整个过程中研究课题，实践探索，进一步发展了专业能力，深化了对教育教学的理解，从中不断感悟红色信仰，汲取前进的力量。

（三）播红色之种，铸师德之魂

学校凝聚共识，引导广大教师在党的光荣传统和优良作风中赓续红色血脉，以实际行动诠释对教育的热忱，切实肩负起时代赋予的重任。

1. 以榜样凝聚力量

2017 年，在一次"红色基因寻访"活动中，师生结识了 87 岁的徐尔欣女士。幼年时，她曾见证父亲协助国际友人在南京大屠杀期间设立江南水泥厂难民区，保护两万多名难民的历史，是南京大屠杀为数不多的幸存的见证者之一，工作后，她还参加过抗美援朝医疗队治疗伤员。随后，她又多次来到学校为师生讲述抗美援朝的经历。她不畏生死，奔赴战场；她关心战士，轻声细语；她乐观向上，自强不息。徐尔欣女士的精神正是无数先辈革命情怀的延续，更是社会主义核心价值观的传递。徐尔欣女士的故事像一颗火种，点燃了万江教师传承红色基因、发扬红色传统的坚定信念。学校以徐尔欣女士的抗战故事为原点，向区域内的革命榜样辐射，挖掘他们身上的革命精神，汲取生命营养。以尔欣园为种植基地，开展春种秋收活动，培养师生的劳动观念。学校还成立了"尔欣"基金，编写了《我们与尔欣》《尔欣与我们》红色读本，传承红色精神，传递爱心善举，铸就共同理想。

2. 以初心践行使命

学校组建"尔欣在线"党员、团员志愿者队伍，先后与浦口区残疾人联合会、江北特校签署合作意向书，致力于推进融合教育工作。作为志愿服务者，教师持之以恒地真心奉献，给予这些特殊儿童温暖与关爱，帮助他们打开心灵，大胆交往，自信自强，真正意义上使教育面向每一个儿童。目前，学校志愿者的身影已由校内辐射社区及周边，不管是新冠疫情防控，还是假期托管；不管是清扫积雪，还是无偿献血，教师都挺身而出。教师的以身作则、言传身教、身体力行，以自己的行动给学生做出榜样，也带动了很多学生、家长参与到志愿服务中来。经统计，五年多来，学校开展的各类志愿服务活动达 30 多次，服务 6 000 多人，"尔欣在线"志愿者服务逐渐形成了一张特色名片，树立了万江分校教师在社会上的良好形象。

3. 以精神树立旗帜

学校坚持开展"尔欣在线"志愿者服务，践行红色精神。2022 年，学校被评为南京市"优秀教师志愿服务组织单位"，团队里的党团员志愿者荣获市、区级"优秀志愿者"表彰，充分发挥了教师志愿服务的示范效应和育人功能，使志愿服务成为教师成长的新途径。

三、成效与思考

红色基因具有强大的吸引力和感召力，引导教师崇尚高尚师德，铸就强健意志和高尚情操；红色基因中"勇闯新路""敢于创新""敢为人先"的创新精神和开拓精神同样能启迪教师的创新思维，引导教师不断挖掘自身潜能，实现人生价值和社会价值。五年来，学校红色基因教育的影响力和知名度也在不断扩大，已有 13 次学校活动入选"学习强国"平台，被省、市、区多平台媒体报道。2021 年，学校入选江苏省中小学校"一校一品"党建文化品牌项目。党支部先后荣获"南京市基层服务型党组织""南京市中小学校党建文化品牌示范点""江北新区五星级党支部"等称号。

三尺讲台系国运，一生秉烛铸民魂。浦口实验小学万江分校把师德师风建设与"红色基因"有机相融，以红色基因为根，以红色场馆建设为干，以红色课程开发与建设为枝，把红色文化、社会主义核心价值观等内容根植于全校教师心中。接下来，学校将进一步构建校内外联动的红色空间样态、课内外共进的红色课程样态、师生砥砺奋进的精神样态，建设一支师德高尚的教师队伍。不负强国使命，为国培育英才，自觉履行为党育人、为国育才的使命，努力做党和人民满意的"大先生"。

（南京江北新区浦口实验小学万江分校　胡琳）

第二节　化霖先锋：党建引领教师队伍发展新路径

党的二十大报告对办好人民满意的教育做出新的重大部署，"要深入实施新时代基础教育强师计划，加强师德师风建设，培养高素质教师队伍，弘扬尊师重教社会风尚"。2023 年教师节前夕，习近平总书记致信全国优秀教师代表，提出中国特有的教育家精神，深刻阐述了教育家精神的丰富内涵和实践要求。这让我们产生了强烈共鸣，备受鼓舞。南京工业大学实验小学（别名"童创谷"）在师德师风建设中，与南京工业大学一脉相承，将大国良师的典型代表——时钧先生作为师德师风学习的楷模，传承时钧精神，并在党建引领下通过"化霖先锋"的榜样力量，不断推进新时代师德师风建设的校本化实践。

一、学校品牌内涵

南京工业大学实验小学传承南京工业大学"时钧精神"，积极探索党建引领下教师队伍发展新路径，结合学校童创文化，建设以党团员教师为主体力量的"化霖先锋"教师发展项目。

"化霖先锋"取"春风化雨，甘霖润心"之意，哪里有需要，哪里就有"化霖先锋"的身影。同时，时化霖也是时钧先生的曾用名，以"化霖"命名也包含着传承"时钧精神"的坚定信心。在对"时钧精神"的学习中，学校确立以"忠党爱国、淡泊坚韧、求实惟先、扶掖后学"为师德师风建设理念，并以此强化师德的基本形态，进一步明晰建设什么样的教师队伍、怎样建设教师队伍等关键议题。

二、品牌建设实践

（一）"时钧精神"铸师魂

1. 师"德"为先，铸就"忠党爱国"心

明确师德方向，坚守三个"四"："四有"好老师、"四个引路人"和"四个相统一"；不断涵养"心有大我，至诚报国的理想信念，言为士则、行为世范的道德情操"。

学校党支部带领教师深入学习相关文件，不断提高政治站位。学习中共中央办公厅、国务院办公厅印发的《关于深化教育体制机制改革的意见》，健全师德建设的长效机制，把教师职业理想、职业道德教育融入培养、培训和管理全过程；学习党的二十大报告提出的加强师德师风建设、培养高素质教师队伍的有关要求，弘扬尊师重教社会风尚；学习中共中央、国务院印发的《关于全面深化新时代教师队伍建设改革的意见》，对学校师德师风建设进行总体部署，着力提升思想政治素质；学习教育部印发的《新时代中小学教师职业行为十项准则》，明确教师职业行为规范，划定基本底线，深化师德师风建设；学习《中小学教师违反职业道德行为处理办法》《关于加强和改进新时代师德师风建设的意见》《深化新时代教育评价改革总体方案》等重要文件，引导教师以德立身、以德立学、以德施教，为加强师德师风建设提供制度保障。

2. 砺"行"为本，铸就"淡泊坚韧"心

学校将师德常态化考核纳入管理制度，通过"身边的榜样""童创好教师"等主题活动激励教师静心育人，勤奋钻研，不慕虚名，淡看得失。从学校的童创课堂到多彩营地，从校内跨学科综合育人到校、家、社协同育人，努力营造积极健康的教育生态和学习生态。新建校人手不足，每位教师身兼数岗，晨曦朝露至，披星戴月归，但毫无怨言，并做出骄人的成绩，彰显"坚守理想不移其志，甘于平淡不改其节"的人生追求和精神境界。

3. 专业高"知"，铸就"求实惟先"心

见缝插针做教研，上好家常每一课。教师总是忙忙碌碌，但不能碌碌无为。尤其是在"双减"之后，教师的时间更加紧张。我们提出，"保40分钟高质量"，每节课以"童创三分钟"和"自主一刻钟"落实儿童主体地位，立足教学一线，进行童创课堂的品质提升研究。每周三为学校的行政听课日，全年级、全学科、全员参与，听课当天，交换意见，开展研讨，确保人人有收获。根据校情，我们不断探索学科统整的童创课程的实施。童创谷的每一位教师既要立足本学科，又要打破学科壁垒，积极参与"学科＋"课程的设计与开发。比如，国旗礼仪是"学科＋学科"的多科统整课程；好题分享是"学科＋技术"的数学课程；畅读童谣是"学科＋生活"的阅读课程……我们强调课程设计的长效性，不断提升教师的学科综合素养。我们要求教师人人有课题，用科研指导教学，在教学中开展课题研究。教师的课题由学校主课题延展打开，对教师的发展，学校不遗余力，搭建平台，创造机会，如鼓励教师积极参与江北新区的"五级金字塔"教师培训，参与特级教师名师工作室、鸿雁校长班、领航名师班、专题工作室。学校在校内也不断搭建骨干教师成长平台，为学科领军、学科带头人等多位骨干教师提供引领的舞台。

4. 扶植有"能"，铸就"扶掖后学"心

对学生，培桃育李不求回报。在"双减"背景下，教师化身为"营长"——"先锋成长营""双碳科普营""阳台劳动营""红色文化营""多彩自选营"，每一个项目都深得人心。对同事，师徒结对青蓝相帮。新建校每年都有新成员加入，学校为每年新加入团队的每一位成员安排师傅，发挥"老带新"的作用，使新成员尽快适应并紧跟学校的节奏。师徒身份不受年龄、职称、荣誉等限制，重在让每一位新加入团队的教师用最短的时间融入集体。

（二）"化霖先锋"强师能

1. "化霖"润心，助力学生全面发展

师生关系是最质朴的关系，教师是学生的重要他人。积极关注学生的生命成长与发展，才能在师德方面做到为人师表。与学生共同学习，"化霖先锋"的教师志愿者带领少先队员，走进中铁十四局集团有限公司建宁西路项目部，与大新社区党群服务中心、中铁十四局集团有限公司共同开展"探大国重器 寻工匠精神"实境课堂研学活动。大家佩戴着安全帽，参观建宁西路过江通道左线盾构隧道段，恢宏的建筑和精湛的工程技艺深深震撼着每一位参观者，大家真切地感受到国之重器的磅礴魅力和祖国建设的美好蓝图。（见图9-1）

图 9-1 "化霖行动"——探大国重器 寻工匠精神

2. "化霖"赋能，助力校家高效共育

家庭是人生的第一所学校，家长是孩子的第一任教师。师德师风建设的优质化过程也是教师走进学生家庭教育的过程。良性教育生态非常重视家庭对学生的教育影响。很多家长对孩子的殷切期待已嵌入学生心中，成为教师处理与家长、学生关系的工作基础和价值前提。"化霖先锋"教师团队积极开办"校家社携手、科创梦同行"科技教育家长学校，有效落实培养"拔尖创新"人才教育目标，建立校家社协同育人网络，在"双减"政策背景下做好科学教育加法。植树节，教师和家长、学生共同种下一棵棵树苗，象征着对儿童的呵护与关爱。大家不仅体验了劳动的乐趣，更将环保意识深植心中，为祖国植下希望之树，为未来增添绿色生机。母亲节，组织教师带领学生开展"为你读诗——献给我亲爱的妈妈"主题诗会，在"我眼中的妈妈"和"我可爱的小孩"两个环节中，大家表达日常所不言，传递日常所不显，妈妈与孩子间的亲子情感在心心相印中不断升华。传统节日，组织教师携手家长开展民俗体验活动，不仅培养了学生认识传统、尊重传统、继承传统、弘扬传统的思想观念，也增强了他们对中华优秀传统文化的认同感和自豪感。

3. "化霖"笃行，助力师德提振传承

强教必先强师，强师以德为先。2020 年 10 月，中共中央、国务院颁布的《深化新时代教育评价改革总体方案》指出，"坚持把师德师风作为第一标准"，"健全教师荣誉制度，发挥典型示范引领作用"。在选拔师德典型，树立师德榜样时，我们注重以师德典型的共同经验感染更多教师在职业品德方面的持续性成长。学校特别设置"点亮'化霖先锋'岗——师德典型人物宣传专栏"，通过普通教师彰显的优秀师德品质，唤起更多教师对自身师德师风的关注，同时引发教师思考：我何以成为这样的教师？我为何要成为这样的教师？这是对师德师风榜样的持续追求与自我审视，更是对自身专业成长的深层次追问与反观。师德师风建设不是高高在上地自说自话，而是在建设过程中主动关照学校教师队伍在文化素养、思想倾向、价值观念、教育能力等不同维度上的差异性特征，通过身边的榜样、源于教育场景的实例呈现，还原师德师风本身在教育生活中的道德指向。而这也正是让教师成为一名有道德的人的重要发展路径。

三、成效与思考

1. 聚焦"树品牌"，彰显教师队伍"生命力"

通过全面、系统、深入地学思想、重实践，让学习教育活起来，开展联学活动，推进"'一体化联盟'传递'思政好声音'"大中小学思政一体化建设。在"化霖先锋"项目实践中，学校党建课题成功立项南京市"十四五"规范课题，并与南京工业大学共建，使该课题成功立项江苏省重点课题。

2. 聚焦"立标杆"，提升教师队伍"锻造力"

"行之力则知愈进，知之深则行愈达。"学校将党的创新理论学习与日常工作创新实践相结合，在学思践悟中找思路、受启迪、寻答案。以"时钧精神"为引领，以"化霖先锋"为榜样，孵化"化霖行动"教师志愿者服务项目，该项目荣获 2023 年南京市优秀志愿者服务项目。优秀教师陈诚响应国家号召，志愿前往新疆伊宁支教，学校也与伊宁市第二十八中党支部共建，先后组织七场线上线下的"'伊'路有'宁'"活动，为民族团结作出贡献。开展以"党建先锋树童创，心系儿童育新苗""双碳科普进校园，志愿服务助童创""探大国重器 寻工匠精神"等一系列实境课堂研学，为南京工业大学研究生支教团提供跟岗培训，为祖国下一代健康成长，为贫困地区教育事业发展作出自己的贡献。

3. 聚焦"展形象"，激发教师建队伍"创新力"

学校围绕一个中心（童创），做精两大课题（省"十四五"规划重点课题、2022 年度重点精品课题"'不一样的教室'：儿童参与学习空间开发的案例探索"，2023 年度重点课题"从'科言科语'到'童言童语'——一体化联盟培养学生科创品质的路径探索"），做优三个样板（南京市"巴蜀成果"推广应用实验学校、江北新区未来教育创新实验试点学校、江北新区"双碳"示范学校），做强三大工程（大中小学思政课建设一体化工程、"童创班主任"素养提升工程、"鼎好未来"校家社合育空间建设工程），做实四个项目（"'童创课堂'的品质提升研究""'双减'背景下的幼小衔接课程设计与实践""童创谷：跨学科视域下的劳动教育路径探索""不一样的空间：'童创学习场'师生共建与探索"），在研究和实践中，培养师生团队的创新意识和创新品质。

四、结语

德国教育学家赫尔巴特认为："教育的唯一工作与全部工作可以总结在这一概念之中——道德。道德普遍地被认为是人类的最高目的。因此，也是教育的最高目的。"教师从事教育这一独特的影响人成长的工作，身正为师，德高为范。我们将以培养"有理想信念、道德情操、育人智慧、躬耕态度、仁爱之心和弘道追求"的新时代教师为师德师风建设目标，以教育家为榜样，弘扬教育家精神，牢记为党育人、为国育才的初心使命，以科学而明确的工作理念指导实践，逐步探索形成系统化的师德师风建设新范式，助推学校教育的高质量发展。（见图9-2）

图9-2 "化霖先锋"教师团队

（南京工业大学实验小学 胡红、陈曦）

第三节　兰山先锋：教师专业发展系列品牌活动探索

百年大计，教育为本；教育大计，教师为本；师德师风，为师之本。为全面深化新时代教师队伍建设改革，落实立德树人根本任务，加强教师队伍建设，进一步推动学校教育教学高质量发展，南京江北新区浦口外国语学校高新小学近年来探索出多种师德师风建设的途径，并创设出一系列具有学校特色的师德品牌活动。通过党建引领、思想铸魂、全员育德、典型树德、课题创新等有效举措，打造出一支顺应新时代要求的德高、智高、博爱、创新的高质量教师队伍。

一、学校品牌内涵

南京江北新区浦口外国语学校高新小学坐落在南京江北新区教育高地上，位于高新区兰山路 47 号。学校秉承"汇童心大爱，创未来小镇"的办学愿景，以"让未来充满更多可能"为办学理念，以"学无止境，永向未来"为校训，努力形成"同心同德，共生共长"的校风，"立身立业，乐学乐教"的教风，"自主自省，日进日新"的学风。我校是一所新建院校，最初是一所办学管理改革试点单位，大部分教师都是自主招聘，所以教师来源参差不齐。有来自高校的应届毕业生，有来自各大培训机构的人员，有来自其他学校的校聘教师……不同的教师组成，以及随着班级快速增多而成倍增长的教师数量，给学校的教师队伍培养也带来了极大的压力。近年来，为了推动学校高质量发展，培养出一支有理想信念、有道德情操、有育人智慧、有仁爱之心、有弘道追求的教师队伍，学校不断探索新途径，创设出了适合学校校情、具有学校特色的系列品牌活动，在师德师风建设方面逐渐摸索出一套有效的工作方法，创设出了"兰山先锋""兰山师说""兰山阅读""兰山寻访"等系列特色品牌活动，以达到铸师魂、修师德、强师能、正师风的目的。

二、品牌建设实践

学校借助系列品牌活动实践，以修师德、强师能、正师风为抓手，逐渐建立起一支师德高尚、师风纯正、师能优良的教师队伍。本文将从明师德、践师德、润师德、颂师德几个方面，介绍如何依托各种特色品牌活动来加强师德师风建设。

（一）明师德，强师能

理论指导实践。要想加强教师队伍建设，加强师德师风建设，必须先用理论武装头脑，丰富思想。

1. 常态宣传

为了提升教师依法执教、规范执教能力，每学年初，学校组织全体教师学习《中华人民共和国教师法》《新时代教师行为十项准则》等文件，开展习近平新时代中国特色社会主义思想教育，进行师德宣誓，重温《人民教师誓词》，签订《教师师德承诺书》。每个月全体教职工大会上强调师德师风建设工作，结合当时的负面案例，开展警示教育。在学校工作群内及时转发教育部公开曝光的违反教师准则的典型案例，引导教师时刻自重、自省、自警、自励，坚守师德底线。真正做到把立德树人的成效作为检验学校一切工作的根本标准，把师德师风作为评价教师队伍素质的第一标准。

2. "兰山阅读"

教师的职业生涯是与书相伴的，阅读应该是相伴教师终身的生活方式和生活习惯。学校创建"兰山阅读"平台，开展系列读书活动，定期举行"我是讲书人"教师读书会，教师将所读书籍内容与自己的教育教学相联结，讨论交流心得感悟。交流分享会还与当下时政相结合，积极探索落实"五项管理""课后服务""双减"等工作的方法，切实增强思想自觉和行动自觉，服务国家发展大局。除"同心悦读"分享交流会之外，还有每日半小时午读时光，每个星期开展一次教师进学校图书馆阅读打卡活动，每年寒、暑假期间开展读书活动，活动结束后撰写读书心得。教师通过广泛的阅读、理性的思考，及时反思和总结，在实践中逐渐将自己的隐性知识转化为显性能力。通过读书活动涵养师德师风，引导教师以德立身、以德立学、以德施教、以德育德，做党和人民满意的"四有"好老师。

图 9-3 第五届"兰山读书会"——我是讲书人

3."兰山师说"

为了提高教师的教学能力、组织管理能力，丰富教师的专业知识，完善教师的知识储备，学校创建了"兰山师说"学习平台，通过"鸿雁团队""凤凰母语专家引领""博士进校园""兰山论剑"等各种学习活动，请进名师、专家、博士为教师的课堂教学"听诊号脉"、出谋划策，利用身边骨干教师、优秀教师的亲身示范，开阔教师专业视野，帮助教师增强基本功能力，提高教育教学能力，提升自身专业文化素养，快速成为师德高尚、专业能力强、有创新能力的新时代好教师。

（二）践师德，乐奉献

身教重于言教，加强师德师风建设需引导教师开展社会实践，深入了解世情、国情、党情、社情、民情，强化教育强国、教育为民的责任担当。

1."兰山星火"

《关于加强和改进新时代师德师风建设的意见》明确指出，要充分发挥教师党支部和党员教师作用，建强教师党支部，使教师党支部成为涵养师德师风的重要平台。在党支部引领下，学校专门成立了"兰山星火"志愿服务团，引导教师身体力行去践行师德精神。新冠疫情期间，"兰山星火"志愿者纷纷加入核酸检测工作，服务民众，为街道减轻工作负担；在学校"未来小镇农场"的蔬菜成熟之际，党员、团员志愿者带领部分少先队员走进社区内高龄独居老人、老党员、老干部家里，为他们送上爱心蔬菜。"兰山星火"教师志愿者还走进江北特校，为该校孩子送去爱心画笔，师生一起绘就"爱心"画卷……"兰山星火"志愿团不断创新组织形式，发挥志愿者团队模范带头作用，将师德精神体现于实际行动中，在亲躬力行中进一步提升师德修养。

图 9-4　"兰山星火"志愿服务团走进江北特校

2. "兰山寻访"

为了更好地拓宽教师视野，提升个人素养，汲取优秀文化，学校定期组织部分教师或教师代表走出校门开展寻访活动，在游览、观摩、实践中自悟自省、学践相长、磨炼品格。例如，在党支部的引领下，全体党团员教师、入党积极分子前往陶行知纪念馆，深入学习陶行知先生"捧着一颗心来，不带半根草去"的博爱精神和教育奉献精神，亲身体会"学践相长，知行合一"的行知精神；清明节时，全体党团员教师前往求雨山烈士纪念碑开展清明祭扫活动，随后参观林散之纪念馆感受优秀民族文化，经受红色精神和优秀传统文化洗礼，让心灵得到荡涤，继而领悟使命和担当，将中华优秀传统文化、革命文化和社会主义先进文化融入教育教学。

（三）润师德，享智慧

课堂教学是德育的主阵地，师德师风建设要突出课堂育德，在教育教学中提升师德素养。为了充分发挥课堂主渠道作用，引导教师守好讲台主阵地，将立德树人放在首要位置，融入渗透到教育教学全过程，以心育心，以德育德，以人格育人格，我校每学期举办教师基本功之"我的教育故事"演讲比赛活动和"锦囊妙计"评选活动。

1."我的教育故事"

参赛教师通过讲述发生在自己身上的教育事件或发人深省的教育故事，畅谈自己在教育教学实践中的亲身经历、内心体验和教育感悟，引领台下教师从一个个真实鲜活的、发生在身边的故事中反思，在反思中感悟，从而促使教师不断规范自己的师德修为，修正自己的教学行为，提升自己的专业境界。此项活动不仅是提升教师师德素养的好途径，还是展示教师自我风采的好平台，每期从学校演讲比赛中脱颖而出的教师被推选至区里参加教育故事演讲比赛，也均取得了可喜的成绩。

2."锦囊妙计"

为了加强对新入职教师、青年教师的指导，使其尽快熟悉教育规律，掌握教育方法，也为了促使班主任在实践中不断完善工作方法和班级管理制度，学校每学期组织一次"锦囊妙计"评选活动，每位班主任从班级管理或教育教学两方面总结经验，撰写一篇育人小案例，学校从中挑选出方法新颖、行之有效、可操作性强的经验，经过再次打磨，汇编成师德智慧集锦《问道十二技》

并下发给全校教师。通过学习借鉴别人好的经验、班级管理方法，不断探索优化自己的班级管理方法，积累更好的育人智慧，以提升学校班主任队伍的整体素质。

（四）颂师德，树榜样

《关于加强和改进新时代师德师风建设的意见》明确要求：大力宣传新时代广大教师阳光美丽、爱岗敬业、甘于奉献、改革创新的新形象。深入挖掘优秀教师典型，综合运用授予荣誉、事迹报告、媒体宣传、创作文艺作品等手段，充分发挥典型引领示范和辐射带动作用。开展多层次的优秀教师选树宣传活动，形成校校有典型、榜样在身边、人人可学可做的局面。学校主要以打造"星耀小镇""感动校园人物"两个品牌活动予以落实。

1."星耀小镇"

为展示学校师德优秀教师，弘扬师德，特设立"星耀小镇"栏目，推出"'星'故事"系列，在学校公众号专栏发布，展示学校优秀教师的教育故事。透过这个栏目，大家能看见教师悉心关注学生的身影，看见教师践行初心、勇担使命的先进行为和精神风貌。

2."感动人物"

学校专门设置"感动校园人物"奖，在每学期期末总结大会上隆重颁奖，旨在树立、宣传一批典型的师德楷模，对他们的先进事迹进行表彰和宣扬，为广大教师树立起身边的榜样。学校的"感动校园人物"坚守初心、爱生如子、勇于担当，师德之光如璀璨星辰光耀"星耀小镇"。"感动校园人物"的评选是学校对师德的坚守、传承和发扬。

三、成效与思考

经历了以上实践，学校对基于校情和校园文化的师德师风建设有了更深的理论认识。新时代，国民对教师职业行为、职业形象的要求更高，新时期教师的思想观念又趋向多元化，学校需要在新时代下不断地深入探索和实践师德师风建设工作，在战略上、内容上、方法上要有新的突破和创新。

1. 突出政治引领，坚持理论思想铸魂

在新时代下，加强师德师风建设必须坚持以习近平新时代中国特色社会主义思想和习近平总书记关于教育的系列重要论述为指导，以社会主义核心价值观为引领，以规范教师职业行为和提高教师职业道德水平为重点，全面加强理论武装，开展习近平新时代中国特色社会主义思想系统化、常态化学习，使教师学懂弄通、入脑入心，自觉用"四个意识"导航，用"四个自信"强基，用"两个维护"铸魂。

2. 健全师德制度，落实评价监督机制

精准的评价监督机制是助力师德师风建设的关键方法，要充分发挥各项教师管理制度，实现师德各项管理规范化、制度化、常态化。充分发挥师生民主监督、社会舆论监督的作用，对不良的思想或行为苗头，要及时发现与规劝，帮助其认识和改正。引导教师牢记师德红线，自觉践行教师职业道德行为规范。

3. 系统培训学习，促进专业素养提升

教师自身的道德水平和专业水平的提高，是创造良好师德师风的基础。因此，学校要建成体系化的培养学习机制，有效提高教师队伍教学能力、道德品行等综合素养，如通过开展理论知识培训、教学技能培训、创新技能培训，提升教师教学能力，让所有教师能教、会教、善教。学校深化实施"青蓝工程"青年教师教学能力培训计划，有序开展岗前培训、业务能力与自身修养教育。

4. 深化师德实践，助力全员师德锤炼

实践出真知。实践是提高师德师风的根本途径，教师是否具有优秀的思想政治素养和职业道德水平，能否真正做到"学高为师，身正为范"，只有在教育教学和社会生活实践中才能得到检验。通过教育教学实践，引导教师切实将人才培养作为最核心的本职工作，回归和坚守教书育人的初心正道，强化立德树人责任。通过社会生活实践，组织教师积极投身社会实践，全面了解国情、社情、民情，开阔视野，增长才干，让教师深入到日常工作与生活中锤炼师德。

在上级部门的正确引领下，在教师共同努力下，近几年来，学校在高质量发展考核中屡次获得优异成绩，教师群体在政治素养、师德修养、专业水平等方面不断提高，赢得了周边百姓的良好口碑。学校将继续不断致力于师德工作的建设，坚持以习近平新时代中国特色社会主义思想为指导，勇于担当，求真务实，守正创新，促进学校教师队伍发展，提升育人水平，形成"诚信奉献、爱岗敬业、教书育人、廉洁从教、为人师表"的崇高师德风尚。

（南京江北新区浦口外国语学校高新小学　肖敏）

第四节　"三然"教风：学校教师队伍建设的核心抓手

校园文化建设是一所学校办学历史积淀的必然诉求，富有特质的校园文化是一所学校不断彰显办学特色的重要载体，也是一所学校秉持一种教育理念，不断追求高品质发展的遗传基因。南京市南化第四小学（以下简称"南化四小"）以"养怡"为核心理念，以创设有吸引力的教育为办学目标，培养身心愉悦、各显其长的未来学子。在"养怡"核心理念的指导下，我们以"四有"好老师为行动标准，确定了南化四小教师发展的行动框架：塑造和谐愉悦、积极进取的教师队伍风貌，创生出"欣然、卓然、浩然"的"三然"教风。教风是指学校在教学理念、教学态度和教学方法等方面形成的长期的、稳定的教育教学风气，是教师师德、才学、作风、治教等方面的集中反映，是校风的重要组成部分。良好的教风是学校的一面精神旗帜，对学生起熏陶、激励和潜移默化的教育作用，也是一所学校生存和持续发展的不竭动力之源。

一、学校品牌内涵

学校自"十二五"中期开展了怡然校园文化建设，历时近十年。目前，以"养怡"为核心教育理念的怡然校园文化已基本形成。（见图9-5）

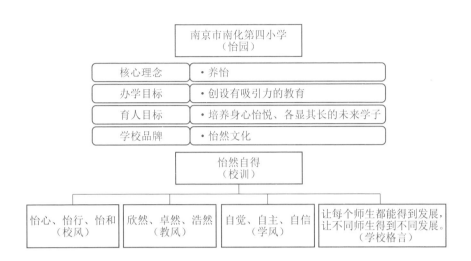

图 9-5　怡然校园文化示意图

　　在这一理念下，学校把"养怡"作为核心教育理念，把"怡然自得"作为校训，意在彰显教育要顺应人健康、和谐、愉悦的成长。"养怡"教育是积极状态下的教育影响，而不是无所事事的悠然自得。要想引导学生在身心愉悦的状态下积极、健康地生长，教师要做到在教育教学过程中有良好的心境，有追求卓越的思想意志，有正直高尚的人格修养。为此，学校在校园文化建设中确立了"欣然、卓然、浩然"的教风。"欣然"，是指教师从教要保持良好的心境，身心愉悦地从事教育教学工作，以乐观向上的精神风貌去影响学生；"卓然"，是指教师自身要追求卓越，做到学高为师，在教育事业中实现自我价值，同时言传身教，培养学生积极进取的人生态度；"浩然"，是指教师要有高尚的思想、端正的品行，做到身正为范，潜移默化地影响学生的人生观、价值观。校园文化建设通过一系列举措，以促进"欣然、卓然、浩然"教风的形成，来践行学校的教育主张，实现教育的美好愿景。

二、品牌建设实践

　　（一）在职业幸福中浸润，是形成"欣然"教风的重要基石

　　幸福观取决于人的生活态度、价值观和心境心态，具有主观色彩，往往还

会受到工作内容、生活环境、他人评价等外部因素的影响。因此，学校在教风建设中，通过制度建设和活动开展，促进广大教师建立教育职业的幸福观。

1. 制度建设，感受爱的幸福

法国著名作家雨果曾说过："生活中最大的幸福是有人爱我们。"学校管理者理应心系和关爱教师。对教师的人文关怀需要建立相应的制度并形成长效机制。例如，在校园文化建设中，学校制定了教师生日休假制度，每逢教师生日，学校管理者会根据教师的特点，编写祝福语，送上生日蛋糕，并让教师休假半天；教师慰问制度，在教师生病或家庭困难时提供帮助，让教师感受学校这个大家庭的温暖；学校人事安排制度，要求学校管理者在安排教师工作前要与教师谈心、沟通，真诚地倾听教师的诉求，安排合适的岗位，确实做到人尽其才，最大程度发挥教师的特长；青年教师专业发展制度，对青年教师专业发展过程中的帮扶、引领、平台搭建、业绩宣传等作出相应要求，其目的是让青年感受专业成长的幸福，同时也提升青年教师获得幸福的能力。一系列制度的建立与落实，让广大教师感受到学校真诚的关爱，也让他们获得真切的幸福感。

2. 开展活动，享受爱的幸福

一个教师如果能以享受的态度从教，那么他的教育生涯就是幸福的。只有教师幸福了，学生才能感受幸福，师生感受幸福的过程也是"养怡"教育的价值体现。学校管理者必须思考：如何让教育事业展现出最阳光的一面。为此，学校在文化建设过程中开展一系列的活动，让教师享受爱的幸福。例如，学校定期开展最美教师宣传活动，把教师在教育教学中的先进和感人事迹以微信推送的形式加以宣传。每次微信推送，都会有大量的学生和家长点赞、评论，这一切都会让教师获得职业的认同感和成就感。再如，"我和我的老师"学生征文活动，用学生的心声，让教师重温过往，让教师感受到学生的进步与认可，让教师感受到辛苦的付出会带来满满的幸福。诸如此类的活动还有很多，如"科研之星"评比活动、"毕业季感师恩"系列活动等。这些活动的开展，让教师享受爱的幸福，增强了幸福的体验，奠定了教师职业幸福感的坚实基础，从而让教师在职业生活中保持永恒的活力。

图 9-6　最美教师宣传图册

除了建立制度、开展活动外，学校还不断优化教师工作任务，减轻教师额外负担，让教师在教育教学中轻装前行。另外，学校也不断改善教师办公环境，建设教师体育运动中心，让教师在工作中拥有愉悦的心情和健康的身体。总之，让教师建立教育职业的幸福观，是良好教风形成的前提，是实现教育本质的需要，也是构建和谐社会的需要。

（二）在专业成长中历练，是形成"卓然"教风的根本途径

教师是教风形成的承担者、责任人，教师在教育教学工作中所表现出来的专业能力、专业素养、工作态度、精神面貌对学生影响意义非凡，而其中的专业能力、专业素养更是教风形成的坚实基础。因此，如何提升教师的专业能力与素养，培育出一支专业能力突出的教师队伍，是校园文化建设过程中的重点内容，也是促进教风形成的重要抓手。现实中，绝大多数教师自身都有积极进取的精神，追求卓越的愿望，学校管理者有责任帮助教师去实现这一愿望，这不仅仅是教师个人发展的需要，也是促进教风形成的需要，更是学校发展的需要。

1. 以怡学课堂建设为抓手，提高教师教学水平

"十三五"期间，学校完成了以"养怡"为核心教育理念的怡然校园文化建设研究。"养怡"教育的本质是追求师生发展过程中和谐、愉悦的状态，而师生发展离不开课堂教学这个主阵地。基于这样的思考，学校确立了怡然校园文化背景下课堂教学的价值追求，构建了以"问·思·行"为要素的怡学课堂模式。以课堂教学改革为抓手，通过名师引领、微团队研讨、学科组研讨、校际联盟研讨等多种形式，来推进怡学课堂建设。广大教师通过研讨、交流、反思、案例与论文的撰写，对课堂教学中教学目标的制订、教学内容选择与优化、教学问题的设置、教学方法的运用等有了更加深刻的认识，从而提高了教师的学科素养以及对课堂教学本质的理解，实现了教师教学能力的提升，同时也促进了教师个人教学风格的形成。

在开展形式多样的教学研讨时，学校积极打通教师研究成果输出与推广的渠道。学校和《江苏教育》《教育研究与评论》《小学教学研究》等期刊进行合

图 9-7　怡学课堂教学研讨

作，组织教师投稿，为教师发表文章创造条件，同时也回应了教师在评优评先以及职称评定中的实际关切，让教师有实实在在的获得感与成就感。

2. 以微型团队为基点，构建教师生长新样态

教师的日常工作是繁重的，这对学校开展规模较大的、集体性的教育教学研讨活动产生了一定制约。为了破解这一难题，学校在不同学科成立了微型团队。微型团队由骨干教师领衔，四至五位教师组成，主要运作方式是立足课堂，在学校怡学课堂建设的背景下，进行课堂教学的深度研磨。学校给予微型团队充分的自主权，研讨的主题、时间、地点、方式等，均由微型团队成员自行决定。学校每年给微型团队提供一定的经费支持和后勤服务工作，确保活动顺利进行。每学期，学校把微型团队研究成果在学科组或年级组内进行展示，形成学科组研讨活动，一方面充分发挥微型团队的辐射、引领作用；另一方面也让微型团队成员获得被认可的幸福，感受成功的喜悦。我们在学科组研讨活动的基础上，升级研修规模，形成团队赛（团队赛以年级组为单位，人人参与。从备课、上课、陈述观点、问题答辩到案例撰写等全流程比赛），以此构建教师专业成长共同体，营造出一种合作、研讨、反思、共进的氛围。

怡然文化映照在教师专业发展之路上，不是追求个别优秀教师形单影只的进步，而是要追求所有教师的发展，同时也追求教师在发展之路上能以怡然姿态行走，让每一位教师在怡然校园文化价值追求中，实现共生共进，获得畅然呼吸的芬芳与自在生长的土壤，永葆对专业成长的期待，与学生一起不断地探索发现、学习研究、创造突破、成就自我。这是教师队伍发展的动力源泉，是形成良好教风的根本途径。

（三）在师德自省中升华，是形成"浩然"教风的重要保证

"教师是人类灵魂的工程师。"教师对学生的人格培养、灵魂塑造有着深远的影响，因此高尚的德行、浩然的正气是为师的首要素质。教师要不忘初心，扎牢师者立足之根，树正气，扬师德，依法执教，真正担负起知识传授者、学生灵魂塑造者的责任。因此，打造风清气正的教师队伍，促进良好教学风气的形成是学校管理者不可推卸的责任。

依法治教、依法执教是建设社会主义法治国家的时代要求。在学校工作中，要把师德建设放在突出位置，努力建设一支身正为范的教师队伍。在怡然校园文化建设中，学校坚持组织教师开展师德教育活动，帮助教师牢固树立起依法执教的意识，增强遵守教育规章制度的观念。例如，在教师节，通过教师集体宣读教师誓词，介绍师德模范标兵的事迹等活动，增强教师的光荣感、使命感。我们利用后进生转化的案例交流与分析，让教师懂得，只有真正尊重学生，有爱心，有耐心，才能找回学生成长的动力，才能在后进生转化工作中找准方向，才能事半功倍；只有真正尊重学生的人格尊严，关爱全体学生，才能在日常的班级管理和教育教学中，建立起平等、民主、和谐的师生关系。

学校开展事迹宣传、案例分析、民主讨论、评比等多种生动活泼的教育活动，一方面是提升师德教育实效性的需要，另一方面也是怡然校园文化建设的需要。只有通过具体活动，才能把对教师的行为要求内化成教师自身的价值追求。只有教师自觉追求身正为范，才能真正造就一支风清气正的教师队伍，才能让教师队伍的浩然之气历久弥新。

三、成效与思考

在"三然"教风的熏陶下，学校先后获得江苏省教育工作先进集体、江苏省优秀少先队集体、江苏省青少年科技教育先进集体、全国信息技术教育创新基地、红领巾阅读推广优秀组织单位、南京市文明单位、南京市青奥示范学校、南京市智慧校园示范学校、南京市语文先进教研组、南京市语言文字规范化示范校、江北新区教科研先进集体、江北新区教改先进集体、江北新区学科建设基地等多项殊荣。不仅如此，学校先后培养了杨树亚、胡红两名江苏省特级教师；杨树亚、胡红、储莉被评为南京市语文学科带头人；储莉获得南京市"斯霞奖"；凌悦被评为南京市德育学科带头人；张震萍、李镝两位教师被评为市优秀青年教师；徐慧、江朝清等10位教师被评为区学科带头人；范凌红、曹俊等25位教师获得区优秀青年教师称号；高俊丰、潘亚楠被评为市德育学科带头人；徐妩优、高俊丰被评为区德育学科带头人；耿艾昕、赵静怡等6位教师被评为

区德育优秀青年教师。一批职初教师获得区教坛新秀称号；谢云龙、江朝清等
4人先后获得江苏省"杏坛杯"数学竞赛一等奖。几年来，教师在省级以上期
刊发表文章六十余篇，获奖论文三百余篇。青年教师多次在省、市、区赛课中
获奖并在各级公开课中崭露头角。教师发展的同时也带动了学校的发展。如今，
怡园教师队伍已成为南化四小怡然校园文化中一张闪亮的名片，他们取得的丰
硕成果是"养怡"核心理念下不断塑造"三然"教风最为掷地有声的回应。

图 9-8　怡园教师团队

学校将坚定立德树人的建设目标，结合学校怡然文化的核心理念、育人目
标等，关注教师个人发展，着眼教师团队建设，形成对新时代背景下教师队伍
建设的认识，探索教师内外素质提升并能保持和谐愉悦状态的策略与路径，研
究教师在发展中获得怡悦满足的措施，让怡然校园文化与教师发展互相影响、
相辅相成。

卓尔四小、芬芳怡园。只有锻造出一支欣然从教、追求卓越、风清气正的

教师队伍，才能有浓厚的校园文化氛围。只有形成"欣然、卓然、浩然"的教育之风，才能让"养怡"教育这一文化标识，变成怡园每位教师生命的图腾，才能让"养怡"教育成为怡园园丁的梦想并逐梦前行。

（南京市南化第四小学　葛春庭）

第五节　三大共同体：新时代学校教师队伍发展的文化场

南京江北新区玉带实验学校地处长江之滨的农村地区，秉持"润德创行"核心理念，践行"砥砺有恒，阳光大爱"的办学精神，立足"读书、劳动、创造、感恩、健体"玉园学生"成长十字"，旨在将学校打造成特色鲜明、书香氤氲、小而精致、老百姓信赖、师生快乐的幸福乡村学校。学校发展有赖于教师和学生两大群体，学生群体包括乡镇的留守学生及城市回流生，教师群体主要是年龄结构偏大的乡村教师及少量新教师。立足学情，为促进教师队伍整体提升，学校进行了三大共同体建设，以期打造以师德师风建设为核心的新时代教师队伍发展的文化场，在不同空间、不同领域都有激发教师发展的原动力。

一、学校品牌内涵

师德师风不仅是一所学校的灵魂，更是振兴教育的时代要求。党的二十大报告强调，要加强师德师风建设，培养高素质教师队伍，弘扬尊师重教社会风尚。师德师风建设是新时代需要解决的重大教育问题，牵引着教师专业成长，关乎教师队伍发展。学校地处偏远，对扎根在这里的教师来说，须耐得住寂寞，守得住清贫。这里有一批师德高尚的老教师无私地爱着孩子。随着新教师的加入，这支队伍在不断发展，然而也有部分新教师不能接受这里的育人环境选择离开。针对面临的现实问题，学校从志愿服务、校本研修、阅读行走三个维度，进行三大共同体建设，从学生交往维度建设志愿服务共同体，提升师爱水平，让师生之间充满温情；从教师交往维度建设校本研修共同体，提升师能水平，让教师之间充满热情与吸引力，让乡村教师的交往与发展有支持、有方向、有引领、有持续不竭的动力；从自我提升维度建设阅读行走共同体，促进教师全方位发展，让教师充满斗志与事业心，让乡村教师注重教学水平的提升，立体打造以师德师风建设为核心的新时代教师队伍发展的文化场，在不同场域都有激发乡村教师发展的原动力。

二、品牌建设实践

（一）志愿服务共同体促进师德提升

2016 年教师节，习近平总书记提出"四个引路人"，第一强调的就是"做学生锤炼品格的引路人"，所谓亲其师信其道，教师职业的主体性和示范性直接决定了教师必须品德高尚。一个思想意识、生活作风有问题的教师尽管教学水平高超，也是无法立身于校、立身于教的，因为教师不仅是传授知识的"教书匠"，更是塑造学生灵魂、锤炼学生品格的"大先生"！

教师职业道德的核心是"爱"与"责任"。这份"爱"一方面是对学生的喜爱。学校地处江北新区偏远地区，教师的招聘与留存都存在问题，不少新教师到校门口看了一眼就决定离职。面对这种现状，想要留住新教师并提升教师师德水平，应该从让教师爱上学校的孩子开始。2014 年 8 月，学校组织成立"相携相伴共成长"教师志愿者项目。该项目旨在关爱留守儿童，相携相伴共成长。每月组织一次本校留守儿童参与的活动，在留守儿童家里，教师志愿者开展亲情沟通、心理疏导、学业辅导等服务。寒暑假，组织教师针对性开展较长时间的服务活动，有学业辅导、兴趣特长提升、文艺汇演等。学校还组织亲子沟通、留守儿童家长会等活动，给留守儿童家庭以足够的关爱。尤其是在新冠疫情期间，青年教师制作系列微课、抖音视频、微信推送，多角度宣传抗击新冠疫情的感人故事与自我防护的方法；体育教师指导留守儿童居家运动，开阔心胸，增强体魄。教师志愿者多方沟通联系，给留守儿童送上网络课必备设备，单独给留守之家的学生答疑解惑并开展心理疏导，让他们安心在家生活及学习；还组织志愿者给他们送去必需的防疫物资，解除他们的后顾之忧；对个别心理存在障碍的留守儿童，教师志愿者还设法去家访，送上特殊的关爱。此项目得到社会的极大赞誉，也成功获评南京市优秀志愿项目。

　　校园里，乡间道路上，留守儿童家庭、社区，处处有志愿者忙碌的身影。在教师志愿者的陪伴下，一张张充满自信的笑脸洋溢着青春的气息，充满着正能量。留守儿童在教师志愿者的关爱下，必将快乐健康成长。在一次次谈心关怀、入户家访中，教师志愿者感受到留守儿童的困境，他们说："只有真正爱护学生，并让他们感受到这种爱，他们才能以极大的努力向着我们所期望的方向发展。"

图 9-9　教师志愿者家访

（二）校本研修共同体促进师能提升

根据心理学中的参与改变理论，个体态度的改变依赖于其参与群体活动的方式。个体在群体中的活动方式，既能决定其态度，也会改变其态度。学校倾力打造校本研修共同体，通过同伴互助实现共同发展。同伴互助是校本研修的基本形式。学校搭建"333"校本研修共同体，以期提高师能。三级研修包括校级主题研修、组级课例研修、个人反思研修。每次研修活动由教师个人进行自我反思，自我反思是校本研修活动的起点。在校级研修中体现课程领导力，提升教师课程理解力，让教师呈现给学生的课程知识与学生获得的知识对等。校本研修包括材料学习、课题观察、微型讲座、论坛交流四个部分。学科组是校本研修的主阵地，无论是国家课程、地方课程还是校本课程，学科组都要通过组级研修实现针对学情的课程重构。学科组从组级研修和实践提升两个角度突出课程重构力，提升课程实施力。三维研修材料包括课程理解力、课程实施力、课程反思力。教师获得更大能力的一个方面是要增加感知场的能力。学校组织的三支研修队伍——学科组长、骨干教师、青年教师，除了常规的学科组研究形式外，学校还成立校骨干教师名师工作室，由名师引领个人成长。名师工作不仅在于学科指导，还包括德育，校彩虹工作室就培养出了一批优秀的班主任，并获得区优秀班主任工作室称号。学校还成立青年教师发展学校，让教师在同伴互助中汲取力量，也聘请了专家作为他们的引路人。

研究表明，最成功的教师专业发展是那些长期在教师学习共同体中受到鼓舞的发展。这些类型的发展得益于共同创造，分享经验、共享资源、共同决策。通过校本研修体系的逐步建立和完善，搭建多维度的教师研修共同体，培育校本特色的研修文化，开发教师的成长课程，丰富教师的课程智慧，提升教师的课程能力，从而真正做到提升师能。

（三）阅读行走共同体促进教师全方位发展

"师者，所以传道受业解惑也"，教师作为教书育人的职业，传授知识乃是本职工作。信息时代，学生了解社会的途径越来越多，接触到的知识面也越来越广。传统单一型的知识课堂已经无法满足学生日益旺盛的好奇心和求知欲，丰富的知识储备是时代对教师提出的更高要求。陶行知先生说教师要"一面教，一面学"，教师作为知识和学生之间的桥梁，只有在教授学生之前使自己明白，才能在教学过程中使学生明白。在教学工作中贯彻终身学习理念，无疑是让教师先自己"学而不厌"，最终才能在学校里真正做到"诲人不倦"。

学校依托书香校园建设，建设青年教师阅读行走共同体，定期开展读书会，读书主题包括党史国史、专业发展、课程改革、文学著作、自然科学等多方面，期期有分享，期期有创新的表达。除了共读、共享，还有共行，学校组织青年教师走进红色基地、博物馆、特色学校，真正做到读万卷书，行万里路。在阅读和行走中实现教师有效积累，补充教育理论知识，改善自身知识结构，提升教师理论和实践水平，助推教师将读书所得运用于实践，推进课程改革进程，有效改进自己的教学行为，促进专业发展。在读书活动中，创设良好的学习研究氛围，引导教师养成"爱读书、会读书、读好书"的好习惯，提高教师教育科研能力。在读书活动中，加强教师队伍的建设，形成积极进取、努力学习的氛围，积极建构学习型组织。

图 9-10　阅读行走共成长

三、成效与思考

目前三大共同体建设已经初见成效，定期和不定期活动时时开展，线上线下同发展，教师开展志愿活动上百次，每年志愿服务时长超过 1 000 小时，累计服务关怀玉带地区留守儿童千余人。三大共同体建设真正做到了四提升，即教师政治素质和师德素养上有新的提升，在服务社会、服务家长、服务学生上有新的提升，在树立教师良好形象上有新的提升，在推进学校各项工作和教育教学质量提高上有新的提升。在三大共同体建设过程中，涌现出一大批优秀的案例与事迹，育人故事在全区德育年会分享，令听众感动落泪。

中国特色社会主义进入新时代，建设教育强国是实现新时代目标的基础性工程。教师作为塑造灵魂、塑造人的职业，对办好人民满意的教育的重要性不言而喻。师德是社会道德的基本组成部分，是教师知、情、意、行等不同方面的道德规范的总和。学校以三个共同体建设形成强大的学习场域，从师德、师能、自身发展三个层面，引领教师形成高尚师德，为乡村教育贡献自己的力量。

（南京江北新区玉带实验学校　易容）

第六节　扶轮精神：红色基因引领教师专业发展

南京江北新区浦厂小学（以下简称"浦厂小学"）始建于 1918 年，至今已有 100 多年的历史，是一所具有非常深厚文化底蕴和历史积淀的学校。浦厂小学是近现代中国教育史的参与者，是中国工业从起步到辉煌的支持者，是中国共产党百年光辉历程的亲历者。在不同的历史时期，学校不断调整着教育的站位，以培育有爱国情怀、担当精神和创新思维的栋梁之才为目标，以"扶轮精神"为动力，在教育发展的历程中，留下了深深的印记。常言道，桃李不言，下自成蹊。一代代浦厂小学教师默默耕耘。因此，在实际工作中，学校根据自身情况并结合红色历史，将王荷波清正廉洁的高尚品德和师德师风相结合，致力于培养一批"廉洁为师、铸品扶学"的教师。

一、学校品牌内涵

浦厂小学是在革命先驱王荷波的关心下成立的。王荷波清正廉洁的高尚品德及品重柱石的崇高精神，影响和激励着一代代浦厂人。浦厂小学的教师继承和学习王荷波的高尚人格，发扬红色革命精神，做新时代廉洁自律、敬业爱岗、师德高尚、追求卓越的人民教师。

为了进一步加强师德师风建设，深入推进校园廉洁文化建设，每学期初，浦厂小学开展教师廉洁从教大会，让廉洁文化更好地融入校园，营造更加良好的教育氛围，让廉洁为师的意识深入人心，筑起捍卫师德的铜墙铁壁。

民族振兴，教育强国。浦厂小学的教师不断加强自身师德修养，身体力行，以德修身、以德立学、以德施教、学为人师、行为世范，做学生成长之路的引路人。

二、品牌建设实践

（一）明"廉"史——开展"知荷波，学荷波"参观学习活动

每学期开学，学校都会组织全体教师参观王荷波品德教育馆，听取并学习王荷波事迹，了解其革命的一生，奋斗的一生，廉洁的一生。王荷波曾说："对我的子女加强革命教育，继承我的革命遗志，千万别走和我相反的路。"一辈子牵挂党的事业，这种精神，深深印在教师的脑海中。学校从现有条件出发，在校门口处布置了廉洁文化橱窗，展示了王荷波生平以及教师廉洁从教的事迹。学校设立了王荷波品德教育馆，定期带领教师进行廉洁教育。学校王荷波广场边上，建有廉政文化长廊，它分成廉政、警示、励志、教育四个板块，以图片和文字相结合的展示形式，文化长廊被装点得既美观又雅致。学校的扶轮书院也设有廉洁文化图书角，让教师切实感受到校园廉洁文化的落地。另外，学校还定期组织教师参观江北新区王荷波纪念馆、南京工运纪念馆、浦口无名烈士

纪念碑，旨在增强教师廉洁意识，弘扬清风正气，以此形成共识。通过学习与廉洁有关的历史，使得"品重柱石勇担当，清廉品质代代传"的精神，成为全体浦厂小学教师廉洁为师的不竭动力和精神源泉。

图 9-11　教师在王荷波品德教育馆学习

（二）承"廉"诺——开展"知荷波，学荷波"师德承诺签订

学校为了进一步深化师德师风建设，塑造为人师表的教师形象，在开学之初，就召开新入职教师师德培训会议，由分管师德的领导先向新教师详细介绍浦厂小学的悠久历史以及革命先驱王荷波精神，接着从爱国守法、爱岗敬业、关爱学生、教书育人、为人师表和终身学习六个方面，强调了师德师风是评价教师队伍素质的第一标准，是一所学校的灵魂所在，要求每一位新教师真正把教书育人和自我修养结合起来，做有理想信念、有道德情操、有扎实学识、有仁爱之心的"四有"好老师。同时要求新教师签订《师德承诺书》，学习王荷波精神，继承学校红色传统，廉洁从教，为人师表，远离有偿家教，严格执行南

京市"三要八不准"等相关规定。教师节前夕，全体教师在王荷波广场进行宣誓，重温教师誓词，承诺廉洁从教。在浦厂小学，这些都已成为惯例。

（三）演"廉"事——开展"知荷波，学荷波"廉洁文化演出

浦厂小学的教师深受红色文化的熏陶，校领导积极带头把"廉"字教育带进了思政课堂，结合历史，弘扬优秀传统文化，带领全校师生学习王荷波精神，朗诵王荷波诗歌，演出王荷波事迹。不仅传承红色基因，还将廉洁的种子深植学生内心。课堂上，教师和学生一起将王荷波的事迹编成课本剧演出，使整个校园充满了积极向上的正能量，全校师生生动地感受到红色文化在校园内的传播。学校还定期利用升旗仪式开展"廉洁从我做起"的倡议，校园内拉横幅，开展师生廉洁书画展览，大力宣传廉洁文化的意义。每年 11 月份学校都会组织王荷波纪念日活动，全校班级都开展廉洁专题的黑板报比赛，学生创作手抄报比赛，营造了良好的校园文化环境。廉洁文化和廉洁从教的思想深入人心。

图 9-12　王荷波纪念日活动，全体师生默哀

图 9-13　王荷波纪念日活动，党员教师献花

（四）评"廉"绩——开展"知荷波，学荷波"廉洁业绩评比

在学期结束的教师师德考核大会上，学校根据师德考核内容进行廉洁从教业绩评比，开展"知荷波，学荷波"——我身边的感人事迹主题党日演讲评比活动，表彰在一学期的廉洁工作活动中表现突出的教师。同时，学校每一次的评优评先、晋升晋级等活动都将廉洁从教作为一项重要考核内容，如有违反廉洁从教等内容的，实行一票否决制，以此激励每一位教师坚守先驱精神，爱岗敬业，履职尽责，廉政从师，敬业从教。

三、成效与思考

（一）成效

1. 制度成常态

学校将廉洁文化与学校的日常管理工作相结合，通过校园廉政文化建设活动，把廉政文化建设渗透到学校党建文化建设中，形成了党支部、年级组、研究团队等师德师风研究阵地，初步形成了浦厂小学"廉"字当头的师德师风管理流程。

2. 活动成常态

学校利用升旗仪式开展"校园文化廉政周"活动，并向全校师生发起"廉洁从我做起"的倡议，校园内拉起了横幅、师生廉洁展板，大力宣传"校园文化廉政周"的意义。全校各班级开展了廉洁专题的黑板报、学生手抄报设计，营造了良好的校园文化环境。廉洁文化与校园文化相结合，灵活地开展廉洁文化渗透性教育。

3. 评比成常态

学校提高师德师风在教师评估中所占的比重，建立公平、公正、公开的考核、激励、评价制度，重点对教师职业道德、廉洁从教进行专项考核，并将其与教师的绩效奖金、福利津贴、聘用晋级等实际利益直接挂钩，全面调动了教师师德师风建设的主观能动性。在以"廉"字当头的师德师风建设中，学校树立并宣传了一个个师德典型，以点带面，互促共进。2019 年，学校获评南京市廉政教育示范点；2020 年，学校参加了江苏省廉洁文化实践探索视频展示活动。

（二）思考

1. 要完善"廉"字当头师德课程体系

一个教师的永恒魅力不仅仅在于对人文精神和文化学习的坚持，更在于对学生的热爱。师德师风是一个长久的话题，新时期、新时代的教师如何做到以"廉"字当头，基于学校的红色文化，铸造更高尚的师德师风！学校教育的内容和形式如何做到与时俱进，与时代的发展同步伐？我们一直在思索，还有很多事情要做。

2. 要强化"廉"字当头师德监督机制

在学校这个大家庭里，教师、学生以及家长"三位一体"的监督体系要建立起来，建立多种形式的监督方式，如学校师德投诉电话、举报平台、公开举报渠道，及时获取师德动态，及时纠正不良倾向和问题。

3. 要构建"廉"字当头师德宣传机制

充分利用学校校园网、微信公众号，拍摄宣传片等，面向社会、家长、学生进行多种多样的师德宣传报道，加强教师正面形象的宣传，如"年度师德标兵""学生心目中的好老师""感动浦厂年度人物""红色班主任""王荷波中队"评比等温暖、激励人心的校内评比活动，让教师真心感受到教书育人、无私奉献的乐趣，从而爱岗敬业，严谨治学。

基于学校良好的工作氛围，教师忠诚于教育事业，呕心沥血，默默奉献。学校也在考虑创新方法、完善机制，在"廉"字当头师德师风课程体系初步形成的今天，进一步创新与优化，与时俱进，铸造一支师德师风高尚、教学业务精湛的教师队伍。

（南京江北新区浦厂小学　曾慧慧、弓静）

图书在版编目（CIP）数据

从胜任到卓越：以师德师风建设为核心的新时代教师队伍发展研究 / 黄海旻，董刚，钱淑云编著. — 上海：上海教育出版社，2025.3. — ISBN 978-7-5720-3426-8

I . G635.12

中国国家版本馆CIP数据核字第2025SV2850号

策划编辑　刘美文
责任编辑　姜一宁　刘美文
装帧设计　王鸣豪

从胜任到卓越：以师德师风建设为核心的新时代教师队伍发展研究
黄海旻　董　刚　钱淑云　编著

出版发行　上海教育出版社有限公司
官　　网　www.seph.com.cn
地　　址　上海市闵行区号景路159弄C座
邮　　编　201101
印　　刷　上海普顺印刷包装有限公司
开　　本　700×1000　1/16　印张 16.75
字　　数　246 千字
版　　次　2025年5月第1版
印　　次　2025年5月第1次印刷
书　　号　ISBN 978-7-5720-3426-8/G·3061
定　　价　68.00 元

如发现质量问题，读者可向本社调换　电话:021-64373213